中国作家访谈实录

张英作品

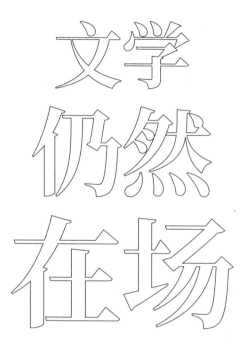

文学仍然在场

张英——著

中国作家访谈实录

浙江文艺出版社
Zhejiang Literature & Art Publishing House

图书在版编目（CIP）数据

文学仍然在场：中国作家访谈实录 / 张英著.
杭州：浙江文艺出版社，2025. 3. -- ISBN 978-7-5339-
7862-4

Ⅰ. K825. 6

中国国家版本馆 CIP 数据核字第 2025AT1291 号

策划统筹　曹元勇
责任编辑　易肖奇
文字编辑　张嘉露
营销编辑　耿德加　胡凤凡
责任印制　吴春娟　睢静静
装帧设计　道　辙 at Compus Studio
数字编辑　姜梦冉　诸婧琦

文学仍然在场：中国作家访谈实录
张英　著

出版发行　浙江文艺出版社
地　　址　杭州市环城北路 177 号
邮　　编　310003
电　　话　0571-85176953（总编办）
　　　　　0571-85152727（市场部）
印　　刷　浙江新华印刷技术有限公司
开　　本　880 毫米 × 1230 毫米　1/32
字　　数　341 千字
印　　张　13.75
插　　页　1
版　　次　2025 年 3 月第 1 版
印　　次　2025 年 3 月第 1 次印刷
书　　号　ISBN 978-7-5339-7862-4
定　　价　69.00 元

访谈的深度

潘凯雄

初识张英具体是什么时间已记不清，但至少在 20 年前则是肯定的。这 20 年的时间中，我们见面并不多，有时一两年都未必见得上一面，有时也只是在某个大场合上匆匆点头而过。然而，或许是由于我们和复旦大学先后有过交集，共有一些尊敬的先生或相识的师兄弟，因此也就莫名地近乎与信任。与张英见面虽不多，但他的文字我却读过不少，特别是那些与文学大家的深度对话，读后常有受益。现在这些对话即将由浙江文艺出版社以《中国作家访谈实录》之名结集出版，张英嘱我在书前写点文字，面对这洋洋近 50 万字的两册，确有些惶恐，但既被称为师兄，也只好恭敬不如从命了。

张英步入社会后，工作岗位好像换了不少，似乎是个不怎么安分的主儿，但有两点好像又比较专一。一是无论他端饭碗的"庙"如何挪动，但大抵不离新闻出版这个大圈；二是无论在哪家庙里化缘，盯着文学名家做深度访谈这个活儿一直都没放下，特别是他在《南方周末》工作的那几年，更是将此做得风生水起。从收入《中国作家访谈实录》的 20 篇访谈中，我们可以清晰地看到张英这些年阅读与思考的轨迹。

一般来说，访谈多是记者干的活儿。真要做"深度访谈"而且还是高质量的"深度访谈"，可就不像简单的记者工作那么容易了。不仅不容易，而且还是一件颇为费心费力的事儿。所谓"深度"，绝对不是简单地等同于"长度"，我过往在谈及这一问题时曾用过的一个说法叫"深度"来自"厚度"。什么是"厚度"？就是指采访者对被采访者及其所在领域的专业知识和相关情况所掌握、所熟悉和所理解的程度，对知识与情况越熟悉、理解越透彻，"深度"随之增长，反之亦然。新闻传媒业的所谓"深度访谈"实际上是件苦活、累活、专业活、技术活，当然也是见出采访者自身功力如何的功夫活。具体到张英这《中国作家访谈实录》所涉及的深度访谈，当然也不例外。

首先，这绝对是一项苦活、累活。《中国作家访谈实录》中接受张英访谈的 20 位文学名家，皆属生产力旺盛者，哪个的产量都不低，少的也是百万字的量级，多的则肯定超过了千万字，这 20 位名家的总产量累积起来，超过 5000 万字应该没问题。虽说这些不是全部都需要采访者去阅读，但他们的代表作及重要作品，作为"深度访谈"前的必做功课绝对是免不了的；还有对这些名家的一些代表性评说，特别是有争议或不同意见的相关内容，恐怕也是访谈者需要了解与知晓的；再就是这些个名家的生平或重要经历，自然也应该是进入访谈前的必修课。如果将这几项"必修课"的内容累积起来，又会是多么庞大的一个文字体量？这些个内容，且不说一一精读细读，即便是浏览式地快速过一遍就绝对是一桩苦活与累活，而这些个功课做得如何将直接影响到访谈的广度与深度，比如对受访者提出哪些问题、从什么角度提问题等，这些在相对专业一点的读者那儿都是绕不开的，是很难糊弄得过去的。我虽算不上专业的读者，但至少也熬到了资深职业人的份儿，所以看张英在《中国作家访谈实录》中与受访者的一问一答，或穿插于其间所展开的对话，再判断他开始访谈前做了哪些功课，做得如何，基本心中还是大致有数的，一言以蔽之：不容易。

其次，这何尝只是一项苦活、累活，同时还是一项专业活。所谓"专业活"，意味着访谈者必须要懂访谈对象所从事的那个专业，否则这"对话"就如同鸡和鸭讲，根本不在一个调上，"话"也无从对起。《中国作家访谈实录》中的 20 位访谈对象，个个都是文学名家，而且这"名"还绝对不是虚名、浪名,在他们中间,年长者生于二十世纪二十年代,年轻的也是六十年代生人了,从事文学创作的成就期则大抵都是我们习称的那个"新时期"。别看这个"新时期"不过寥寥二三十年(学界对此认识不尽相同),但这绝对是天翻地覆、令人眼花缭乱的二三十年,各种文学现象、文学思潮接踵而至,世界百年的文学风貌在我们的这个时段被浓缩成一种特别的文学景观,而被张英访谈的20位文学大家不仅各有各的个性,而且其中相当一部分自身就如同一个多变的魔方,在不同的日子呈现出不同的画风。所有这一切都需要访谈者去了解、去理解,缺少了这二"解",所谓访谈设置的话题就一定是皮相的、肤浅的,访谈的走向也难免处于一种静止的或停滞的状态,这样一来,所谓"深度"二字就仅仅剩下一副皮囊。

从上述苦活累活和专业活这两个角度看,张英为了这《中国作家访谈实录》的确是下了不少的功夫,包括大量地阅读受访对象不同时期的代表作品或某个时段的重点作品以及社会上对这些作品的反应与评价,包括梳理自己对受访对象创作的理解和他们创作中所涉及的相关专业问题以及由此辐射开去的文化思潮及社会思潮等,而且还能抓住不同访谈对象在文坛的特色与个性、坚持与变化以及社会对他们的关注重点或议论焦点设置话题,并努力在交流过程中推动对这些话题的思考走向深入。

比如与王蒙的对话。面对这位年近九旬、阅历丰富、产量惊人、文体文风多样的长者与智者,张英的访谈却偏要从王蒙自1971年开始写作、40年后又花了四个月的时间修订完成、出版后即获得第九届茅盾文学奖的长篇小说《这边风景》开始切入。这部70万字的长篇小说在王蒙眼中"虽然今天来看是一部过时的作品",但"小说更多的是记录了那个时期维吾尔族人的生活风貌,维吾尔族人的衣食住行、吃喝拉撒、婚丧嫁娶,什么都写到了,人物鲜活,细节生动,而且从头到尾都是掏心窝子的认真，真情实感，这是我今天再也无法抵达的写作状态了"。而且"从文学创作的角度来看，没有那个时候的王蒙，也不会有以后的王蒙。我不可能颠覆我自己，不可能对年轻的自己打一耳光，那个我也是王蒙的一部分"。看了王蒙的这番夫子自道，我想读者对王蒙创作这部作品的背景和40年后还愿意花精力再行修订出版的初衷，以及对这部作品本身的理解，想必都会更别有一番感受。顺着这样的思路，张英与王蒙接着又讨论了他究竟应该当部长还是做作家、如何看待传统文化、如何理解当下是文学创作最好的时代、作家应该如何表达对现实的态度等一系列问题，而且这种讨论也不只是限于简单的你问我答，而是有来回有交流，访谈的"深度"就在这访谈过程中问题的设置和彼此的交流里显现出来。

　　类似这样的例证在《中国作家访谈实录》中并不稀见，比如与余华的对话。这篇访谈的切入口选择了余华那部颇受争议的长篇小说《兄弟》，这本身就比选余华影响力更大的那部《活着》更见出一种"深度"。关于《活着》，毕竟谈得太多且基本有了共识，但《兄弟》则不然。果然，对这部作品余华自己这样说："开始写《兄弟》中'文革'部分的时候，我突然找到了进入当代生活的方式。以李光头、宋钢这两个年轻人的成长（为线索），他们从'文革'时代走进一个改革开放的时代，他们的人生会有什么样的变化？按着这条线，改革开放以来这20年的生活顺理成章就进入了我的小说。我可以写现实了，而且是不躲闪，迎上去，这对我按理说是一个巨大的变化。所以《兄弟》这部小说为什么对我意义重大，因为我能够对现实发言，正面去写这个变化中的时代，把人物的命运作为主线，把时代和他们联系起来，他们的命运都是这个时代造成的。"说实话，我对《兄弟》的看法并不像当时社会上流行的那么不屑，尤其对上部的评价还是比较高的，但像余华本人这样的认识我还真没想到。当然是否认同是另一回事，但至少我们由此多了一个观察与评价《兄弟》的维度，这就是"深度访谈"带来的效果。顺着大家当时对《兄弟》的评价，余华也说到了自己对一些问题的看法，诸如创作与批评的关系，对所谓现代派、先锋的评价，对读者的尊重与自己写作最终遵循什么的关系等。特别是关于《活着》，余华当然不会掩饰自己对这部作品的喜爱，但并不认同《活着》就是自己写作的某种标杆，认为不同的作品总是会有自己的新追求。这些本都是对作家作品研究很有价值的重要材料，也是"深度访谈"的独特价值，但遗憾的是这些有价值的作家自述又往往为人们所忽略。您瞧，今年余华的新作《文城》面世时，依然有不少人以《活着》为准绳来衡量《文城》，对一般读者而言，这当然无所谓，但对专业读者而言，则着实是不应该的。

在《中国作家访谈实录》中，进入张英深度访谈视野的还有一些曾经很热门的作家，他们的作品影响力也颇大，但当下在文坛则"出镜率"甚低，有的甚至已有多年不见文学新作面世，比如刘恒、杨争光、卢新华、潘军、洪峰、王刚等。但这几位又确各有他们自身的独特性：有的后来转向以影视文学创作为主，甚至自己就在直接从事着那个产业；有的之后写与不写都是新时期文学无论如何都绕不过去的一个客观存在；有的则是自己的性格使然，不善交际不爱热闹……在他们心中，文学其实从来就没有消失或者远去。选择他们作为访谈的对象，本身也是展示深度的一个角度，当然这同样需要访谈者做好访谈前的预习。于是，我们就在这些访谈中看到了他们视野和心中的影视业现状，看到了他们在进入另一产业后对文学的一些新感悟与新认识，看到了一个特立独行者与置身于某一群体中的作家心理上的细微差异……这些其实也都是在深度访谈后可以生发的颇有意思的话题。

在对《中国作家访谈实录》的阅读过程中，我个人的确是始终怀着一种矛盾的心理：一方面，我真诚地以为张英所做的这些是很有意义也很有价值的事情，他为此一定付出了许多的时间与心血，很不容易，令人钦佩；另一方面，以张英自身对文学的感悟以及他投入这方面的时间与精力，他完全有能力有条件去做另一些于他个人更"光鲜"更"实惠"一点的事，而未必只是以现在这样一种"访谈者"的形象出现。当然，客观地说，能够开出这样一门"课"且又有了相当的影响更不容易，既然如此，那我就还是希望张英能够持续地完善与优化自己已具有某种独占性的这门文学课吧。

是为序。

2021 年 8 月于北京

是倾听，也是对话

阎晶明

我并不确知张英的年龄，也没打听过他的出身和经历，从我认识他时，他就好像是一样的体态、一样的表情、一样的不年轻也不见慢慢变老。见他时，总觉得他是刚刚从另一场合赶来，而且后面还有急活儿等着。他似乎总是在路上。但张英又给人一种可以沉静下来好好聊一聊的好感。

他是一位好记者，而且特别懂文学。或者说，他就是带着浓厚的文学情结去做记者的。当然，更准确的说法应该是，为了当好记者，完成好一篇访谈，他每每要下作家收集素材、构思作品，学者搜求资料、整理观点的功夫。而所有这些工作，又不会模糊他的记者身份，从未磨损他的职业敏感以及谈锋上的犀利。这样的文学记者真的不多。

日积月累，张英的作家访谈颇具规模，而且采访对象、访谈节奏、对谈风格十分相近甚至统一。现在，他要把这些访谈文章集成一书，书名原定为《文学课》。凡称"课"者，势必是认为可以为人授业、解惑，张英的这部作品是否也有这样的抱负和作用呢？我看过后的答案是：可以有！至少我自己读过后收获颇丰。

这是一次对文学充满敬意，对作家怀着真挚感情展开的对话之旅。长期以来，张英在北上广等不同的城市间往来穿梭，在不同的媒体上奋笔疾书。对活跃在中国当代文坛、创作上取得重要成就、为读者所熟知的著名作家所做的访谈，是他在变动不居中坚持20年以上的不变。如今集为一体，可谓洋洋大观，颇有阵势。这些访谈并非蜻蜻点水式的三段式提问，而是就一些重大的文学问题、作家曲折的人生经历、作品中的某个细节或某种风格进行的深入探讨，可以激发作家的对谈热情，使一次本来是浅直的采访变成一场内容极为丰富的围炉夜话。

为了达到这样的对话效果，张英不但以自身的文学天分、自己的文学梦想作为对话前提，更要为每一场对话做充分的准备。他需要阅读访谈对象的几乎所有作品，熟知对方的人生经历，而且要有对这些作品从思想到艺术，从内容到主题的多方位的、准确的把握。他要同这些作家就某一部作品中令人纠缠、颇有争议的部分进行不无"对撞"味道的探讨。比如在同王蒙所做的访谈中，就其小说《这边风景》的创作历程、时代印记、当代价值以及人物塑造、艺术风格等进行了深入讨论。王蒙与张英的对谈，是我读到的王蒙关于这部长篇小说的最详尽的分析和论述。

不仅如此，张英还同这些大作家就文学阅读、文学经典的评价、文学影响的方位和选择等做了深入讨论。比如，在与马原的对话中谈到了霍桑的《红字》和海明威的《永别了，武器》；与余华讨论了加西亚·马尔克斯《百年孤独》的世界性影响；格非对世界文学范围里的"长河小说"，如巴尔扎克的《人间喜剧》"各部之间关系松散，甚至毫无关系"的特点进行了分析；迟子建则谈到了川端康成的《雪国》里的一个细节，从而证明其在短篇中显示出的大师手笔。这些讨论既是内容上的丰富，也对作家们的审美理念、阅读喜好、观察世界的方式有了极为重要的揭示。这些信息即使对专业研究者和评论家而言，也是十分重要的一手资料。

这是一部具有问题意识，在尊重前提下平等对话的交流之书。在每一篇对谈中，张英具有明确的身份意识，他是来做访谈的，充分尊重访谈对象是前提，专注于访谈对象个人的创作历程和文学观念是重点，激发他们说出文章之外的文学话语是策略。尊重访谈对象看似只是一种礼貌，事实上却有丰富内涵。他必须熟知一位作家在创作上有哪些分期、风格上有哪些变化、读者反应尤其是评论家们的关键性评价，等等。除了掌握这些信息，张英还要求自己做到一点，一定要有自己的观点，绝不做"为什么写这个""今后还有什么打算"的人云亦云式提问者。但同时，还要做到不以专家自居，仿佛一位已经掌握了不可更改的创作原理，或认为可以代表所有读者来诘问的自以为是者。

这样的分寸拿捏起来并不十分容易。我这里说的"拿捏"，并不是访谈时临时做出的某种姿态，而是一种深厚文学素养和阅读积淀促成的既自信又谦逊的状态。这种状态正好可以激发访谈对象的谈话热情，又不至于变成力图平起平坐的据理力争的"抢戏"者。这恰恰是一个成熟的新闻采访者，一个老练的媒体访谈人职业素养的体现。张英以某种亲切的方式同对方进入漫谈，以某种"引诱"的方式让对方说出平常并不一定透露的心迹。有时，他也会突然用一个不大不小的问题刺激一下对方，让对方面对一个有必要澄清或说透彻的真问题。

做到这一点真的不容易，张英自有他的技巧和套路。在这些访谈中，我们可以看到，读者关注、网络上热议、评论界争论的很多热点、敏感话题不时出现，吸引读者的关注，引发对创作、对文学的深入思考。这种自觉的问题意识和高妙的访谈技巧，是这部书非常重要的价值所在。比如在同王蒙的对话中，张英适时提出这样的问题："《这边风景》夺得茅盾文学奖，我看了《这边风景》，小说讲述的是1960年，新疆伊犁一个维吾尔族村庄推行'社会主义教育运动'背景下的故事，很吃惊。这完全是《金光大道》《创业史》《红旗谱》那种类型的作品，歌颂集体、人民公社、合作化。你为什么会选择在30年后出版这个小说？"由此展开王蒙令人信服的一长串解析。没有尖锐的问题，就没有有内质的对答。

在同金庸的访谈中，张英调用了自己深入阅读的优势，就武侠小说的理论问题与金庸小说进行了专业性极强的讨论。他还联系到了学者严家炎的观点来提问，从而让读者知道，原来金庸"写《倚天屠龙记》的时候，和鲁迅的《铸剑》有一点关联，有点把他的思想融进去"。

在同陈忠实讨论《白鹿原》时，又提出"有人称这部作品为'笔记县志体'小说，对此你有何看法"，以及《白鹿原》以"修订本"得奖等难题，让我们读到一向谦和的陈忠实，慷慨激昂地表达了自己独立的看法和坚持。向余华指出"现在更多的是大量的人不理解你"的现实，以使其说出自己的创作理念和抱负追求。所有这些访谈，让人读来既熟悉又新鲜，既有现场的即兴讨论氛围，又不失作家成熟的创作思考。

总之，与20位当代作家所进行的访谈，是一次漫长的文学对话，对读者来说，阅读这些访谈，必是一次收获满满的文学课，而且不乏生动和精彩。对专业的文学评论者而言，书中也有大量独特的观点和可信的资料值得留存。

张英仍然在路上，而且脚踩文学与新闻两只船。他的文字仍然值得期待！

是为序。

2021 年 8 月 30 日

是文学课，更是人生课

朱永新

张英的《中国作家访谈实录》就要出版了。

他嘱我写一个序言。其实，张英的《一个人的文学梦》，就是最好的序言了。他讲述了自己的文学梦，讲述了自己走上非虚构文学创作的心路历程。

张英是一位阅人无数的记者。他先后采访了两百多位名人名家。仅仅是这部书，洋洋两大卷，就收录了他对于王蒙、金庸、陈忠实、贾平凹、刘震云、刘恒、杨争光、卢新华、祝勇、张炜、马原、洪峰、余华、苏童、格非、潘军、迟子建、王刚、虹影、毕淑敏20位作家的访谈。

张英最初把这部访谈录命名为《文学课》，一个初衷应该是让读者朋友通过他的文字，更好地理解这些作家的作品，更加地理解文学。是的，如果我们读完这部书，知道了王蒙先生从北京到乌鲁木齐再到伊犁的故事，知道了他在新疆16年的生活经历，知道了王蒙关于文学与政治、文学与学术、文学与人生的主张，再去读王蒙的《这边风景》《活动变人形》，再去读他的《季节》四部曲，就会有完全不同的感受，甚至再去读王蒙的早期作品《组织部来了个年轻人》《青春万岁》，也会有新的感悟。我想，这与任何一位语文老师在讲解王蒙作品时介绍的背景知识，绝对是不可同日而语的。通过作家走进作品，无疑是好的文学课需要的路径。

但是，我更愿意把这部书视为"人生课"。为什么这样说呢？因为这些优秀的作家，每个人的人生经历不同，他们的生活、他们的阅读、他们的个性，塑造了他们各自的文学，也塑造了他们不同的人生。

我一直认为，读文学，其实也是在读人生。美国亥伯龙出版公司（Hyperion Books）的总编辑威尔·施瓦尔贝在《为生命而阅读》中说过："伟大的作家会在时光的长河里互相对话，写书的人大多都是读书的，而大多数书里都留着丝丝缕缕成千上万本作家下笔前读过的书的痕迹。"我们每个人生活的时间、空间总是有限的，而通过阅读，我们能够打破时间空间的限制，看见不同的生活、不同的风景、不同的人生。我们不需要通过自己尝试错误获得智慧，而能够通过观察别人的生命、了解别人的活动来增长自己的智慧。很重要的一点是，"大多数书里都留着丝丝缕缕成千上万本作家下笔前读过的书的痕迹"，也就是说，其实每本书的智慧，不仅仅是作者本人的智慧，更是包括了他阅读许多其他作品获得的智慧。人类的智慧，其实也是这样逐步积累发展起来的。

读文学，不仅仅是在读人生，更是在欣赏作家们创造的精神风景。记得文学评论家谢有顺先生曾经说过："作家是创造精神景观的人，也是感受痛苦、体察孤独、永远在无所希望中希望的人。他不应该被坚硬的现实或消费主义打败，而是在任何时候，都不放弃在人性中寻找神性。有了这个精神维度，作家的视野才是健全而不残疾的。"是啊，伟大的作家就是伟大的建筑师，他创造的精神景观，其宏伟、其瑰丽、其奇妙，绝不亚于任何伟大的物质的建筑，甚至也不亚于大自然鬼斧神工的作品。但是，如何才能创造出伟大的精神景观？这就需要作家自己的修炼，他参与生活与观察生活，他理解人性与寻找神性。伟大的作家，是能够引导人们向善向上，引导人们扬善弃恶，给人信念和力量的。伟大的作家，是能够帮助人们独立思考，坚守人格的。因为，他总能够在黑暗中看到光明，在人性中看到神性。伟大的物质建筑可能会遭到战争、灾害的毁灭，伟大的精神建筑，却能够永恒屹立。

文学不仅仅反映生活、反映人生，不仅仅创造伟大的精神景观；伟大的文学作品，还能够帮助我们更好地理解生活、看清人生，帮助我们拥有更美好的人生。美国哲学家赫舍尔说："人的存在之谜不在于他现在是什么，而在于他能够成为什么……我们对人所了解的，不过是人身上潜在要素的一小部分。描述人类现在是什么，是很容易做到的；但我们无法设想人类能够成为什么。"人的已经有的存在，是人的现实性。这是能够看见的，也是相对容易了解和把握的。而人能够成为什么，那是一种未知的存在，是人的可能性。人的可能性，是不容易看见的，需要更敏锐的观察力和想象力，才能够看见。人具有无限的可能性，这是人的神秘之处，也是人的伟大之处。优秀的作家，总能够在人的现实性的基础之上，不断追问人的可能性，而且努力去创造人能够抵达的可能性。这就是谢有顺先生所说的，在人性中寻找神性。

所以，文学与人生是可以互相映照、互为补充的。文学来源于生活，来源于人生；文学又反馈于生活，反馈于人生；同时，文学更能够超越生活，超越人生。正如王蒙所说的那样："人生是美好的，也是短促的，而文学可以抵抗时间的消磨，文学比人生更集中，比人生更宽阔，比人生更长久。"

文学与人生的这种互动互补性，在张英的身上也是表现得淋漓尽致的。在采访了两百多位文化名人之后，他深有感触地说："他们对我的影响，除了在阅读和眼界提升上，更多是在工作的认真和敬业上。让我知道，人生和命运，其实都与工作认真有关，没有任何捷径可走。"我想，这也是读了张英这部书的人，会拥有的共同感受。

张英说，他已经是快50岁的人了，在写作上刚刚步入成熟期，在新闻写作的道路上，还有很多可能性，也有好奇心，他还想走得更远。一句话，他还在新闻的路上。我祝愿张英能够在文学和人生的路上走得更远、更好。

最后，我也祝愿这部书的读者，能够通过张英的《中国作家访谈实录》，走进那些作家的作品，走进那些伟大灵魂，走进书中作家的人生，也创造属于自己的生活，书写属于自己的人生。

2021 年 8 月 30 日，写于北京滴石斋

（朱永新，中国陶行知研究会会长，新教育实验发起人，国际儿童读物联盟"IBBY-Iread 爱阅人物奖"获得者。）

一个人的文学梦

张　英

小时候，我曾经想做一个伟大的作家。但那时候我没想到，这辈子，我会成为一个记者和编辑。

做新闻当记者之前，我的职业梦想是当作家。仔细想一想，这大概是受我父亲的影响。我父亲自幼喜欢读书，喜欢舞文弄墨。打我小时候起，就记得家里到处都是书。除了父亲的书房，客厅、厨房、卧室的床头柜，甚至厕所，摆放的都是书。

在我们家里，最多的东西就是书了，屋里乱糟糟的，但是随手可及随处可见的除了书还是书。在空闲的时候，父亲、母亲手里都捧着一本书或者是某本文学杂志。我印象最深的是满满的书架和父亲在昏黄的灯光下写作的身影，还有在劳累之余母亲在阅读图书的时候的愉快和轻松。

大约在中学时代，父亲就开始在一些报刊上发表小说和散文。在当时所在的孝感地区，也算是小有名气。只是因为"文革"的影响，父亲的文学梦却未能实现。他在上初二时，以二姐为原型写的短篇小说《姐姐》，已经收到湖北的文学刊物《长江文艺》的稿件录取函，雄心壮志的他，打算在这条路上大干一番。

然而谁也没有预料到大时代的影响。因为当时特殊的政治和社会运动，《长江文艺》突然停刊。父亲那篇原本已经发排的小说，最终未能刊出。这给了父亲巨大的打击。原本被文学激发出热情、兴高采烈的他，却被泼了一头的冷水。

在一切机会都让位于"革命"的年代，正常的教育也被停止。父亲顿时失去了人生的目标，迅速被当时的街头政治运动左右。他参加了"红卫兵"组织，也是"毛泽东思想文艺宣传队"的成员，也有和同学们一起从武汉出发，手持红旗抵达了长沙、韶山、上海、北京的壮举。但随着政治运动的结束，青春狂热过后，父亲只能回到家里的书桌前，继续他的文学梦。

高等教育恢复后，父亲也获得了到孝感师范学院读书的机会，但因为此时他已结婚，生育了四个孩子，他最终放弃了这个机会。父亲考虑到当时的社会现实，他放弃了小说创作，改成写地方剧本、民间故事、科幻故事，也在当时的报刊上发表了一系列作品。不管在云梦县，还是孝感地区，他也算小有名气，参加过几次省里的改稿会。

迫于生存压力，父亲也经常给《湖北日报》《中国农民报》《光明日报》《人民日报》写稿。因为经常发表新闻作品，当时地区的《孝感报》也聘请他去当记者，到最后考虑再三，他都没有去。原因很简单："记者会采访作家，为很多人服务，作家可能采访记者吗？"哪怕他写了很多新闻作品，但喜欢文学的父亲依然看不起新闻这个行当。

由于时代和环境的限制，父亲的文学积累还是薄弱了。1979年以后，先是伤痕文学，接着是因为思潮解放而产生的寻根文学、先锋文学，父亲原来写的那种现实主义小说，受《金光大道》《创业史》等影响太深了。我看过他当时的一些小说手稿，总是盯着自己家族或者是双脚站立的那块土地上人们的悲欢离合，根本就不曾被变革时代的文坛接受。

迫于生活的压力，父亲经历了从希望到放弃的过程。一个人要养活妻子和四个孩子，加上时代与社会的变化给文学和文学环境、文学观念带来的变化，人到中年的父亲的文学观念和价值观念显得是那么不合时宜——他已经被那个时代的文学河流抛弃了，全社会都在急剧地变化着，文学也在急速地变化，西方文学取代了苏联文学对中国文学的影响，文学的价值观念全部都变了，像父亲这样受时代制约的人要跟上文学的变化，实在太困难了。

也许是被退稿的次数多了，加上抚养四个孩子的压力，父亲最后远离了书桌，远离了黑夜，远离了昏黄灯下的写作，开始踏踏实实地工作和生活。从教师到地方剧团，最后下岗回家到大街上去摆摊。父亲一步步后退，最后彻底被生活打败，变得和他的朋友们一样，为生存而奔忙。

但父亲是不甘心的。他后来把自己未竟的心愿，都寄托在我的身上。我发表的诗歌、散文、小说，他看了比我还高兴，很认真地放在家里的书架上。他很希望我成为一个小说家，能够出人头地，加入作协，在他认为的一流文学刊物上发表小说，然后出书，作品在广播电台里被朗诵播出，最后拍成电影、电视剧。

那是一个文学的时代，那么多的人都热爱文学，都在谈论文学，甚至心怀文学的梦想，在阅读别人的作品以后开始提笔写作。因为文学，许多陌生人都成了朋友，甚至发展出爱情，最后走向家庭。"文学青年"在那个时候是一个褒义词，不像今天生出了不一样的意味。

但在我的时代，文学已经成为一个越来越不被人关心的行当了。我曾经辞掉工作一年，在租来的房屋里从事自由写作。但问题是，文学杂志的发行量也越来越少，小说、散文的稿费只有千字50元，诗歌的稿费就更少了。

自由撰稿人的生活，说起来浪漫、自由，但除了写稿是自由的，别的环节都不自由，作品发表的决定权都在别人的手上，很难满足基本的生存。我微薄的积蓄很快在交完一年房租后见底了。在花一年的时间，写了平生第一部长篇小说后，为了维持生计，我最后去报馆做了一名记者。

从二十世纪八十年代末期到九十年代，在当年各种各样的民间文学报刊上，我认识了许多作家、诗人，像今天在文坛上活跃的邱华栋、海男、虹影、朱文、韩东、吴晨骏、刘继明、洪烛、伊沙等。

在当时，他们还都是虔诚的文学青年，对文学有着狂热的爱好（从本质上来看，这狂热像是一种极端的宗教崇拜），都是文学的信徒。经过多年的坚持，他们在九十年代中期都出头了，在文坛上抢到了自己的地盘，在文学历史上插上了自己的旗帜。如果按照约定俗成的说法，他们应该算是"新生代作家"了。

当时，还有许多的有才华的人，只不过离开大学以后，他们中的很多人就不写作了，有的人成为文学的读者，有的人自此以后就不再读文学谈文学了，大家在社会中间和丰富的生活中间找到了乐趣和兴奋点，各自找到了自己的道路。

我记得有很多在当时有才华的被当时作家、评论家看好的文学青年，尽管也在文学报刊上发表了不少作品，但是他们在工作以后都选择了沉默，都不再提笔写作。毕竟，生活和现实是残酷无情的，文学的浪漫在冰冷的现实面前，会被击得粉碎。这些我当年的朋友，才华横溢的文学青年，慢慢地淡出了我的视野，消失在了岁月的河流里。

从 1993 年起，在不同的时期，我曾经为《沿海经济时报》《青年报》等工作，在一边做新闻的同时，我还给《新民晚报》《羊城晚报》《文学报》写固定或者不定期的文学专栏，在《山花》《作家》等杂志开始连续发表作家专访，慢慢在上海的文化圈和文学圈内也算小有名气。

父母的反应是巨大的，他们从我的文章得到的欢乐，要比我从自己文章得到的欢乐多，就这样，父亲把他自己的理想寄托到了我身上。对文学的梦想也渐渐成为我和父亲两代人的梦想。

在媒体做文化新闻的过程中间，我突然冒出一个浪漫的想法：能不能对那些我喜欢的作家进行深入、细致的采访呢？我天真地以为，这样我可以在文学之路上获得捷径，了解作家创作的经验，而且还有助于自己以后的写作。就这样我开始了一次次的作家采访，从而解读那些隐藏在作品背后的奥妙，认识和了解那些躲在作品背后的作家。在他们的作品和谈话里，我确实学到了很多东西，我对时下的中国文学有了真正的认识，对作家这一职业有了全新的理解。

那会儿的想法是这样的：做个文化记者，采访作家、学者、导演、演员、画家、音乐家，应该是和我个人兴趣爱好距离最近的。回看当时的我，还有点天真：以为可以借职业的便利，采访喜欢的小说家，顺便偷师学艺；而且新闻能够让自己认识很多不同的人和生活，可以积累素材，方便自己以后写小说。

我做的新闻，对象通常是公众知道的作家，每一次采访却要有新料出来；为一个人物，采访两小时，资料收集和采访提纲可能是两到三天的准备，加上采访、写作，可能是一周或者更长的时间；通常一个热点有几百家媒体采访。可见有多难。

每次采访，我都做精心的准备。自己也舞文弄墨，喜欢读书写作，因此去采访作家、学者就没有隔膜，问题也能够得到采访对象的认真回答。写出来的文章也受到读者和圈内记者的欢迎，包括采访对象的认可。这让我有一种被认同的成就感。

从事新闻工作20多年里，我采访了两百多位文学艺术领域的名人名家，印象深刻、对我有直接影响的人，包括叶永烈、金庸、王蒙、余华、刘震云、王志文、陈道明、周迅、姜文、张艺谋、贾樟柯、方力钧、徐冰等。

回想起来，这些文艺界的名家，他们对我的影响，除了在阅读和眼界提升上，更多是在工作的认真和敬业上。他们让我知道，人生和命运，其实都与工作认真有关，没有任何捷径可走。

工作久了，渐渐知道自己的长与短，我开始放弃当作家的念头。

如果写小说、散文，凭着自知之明，我顶多算个三流的，但如果把精力花在新闻上，做一个职业新闻人，我有可能做到一流。

我同意海明威和马尔克斯的说法，一个好的小说家，年轻的时候，都应该做几年记者，对他身处的世界和社会有真正的了解，知晓这世界大部分人的生存处境。海明威和马尔克斯，年轻的时候都做过新闻工作，当过记者，两个人也有杰出的非虚构写作和新闻作品。

马尔克斯一生撰写了大量新闻报道，"我为文学和新闻之间的关系着迷。我在哥伦比亚以记者身份踏上了职业道路，在某种意义上，我一直都是一个记者。新闻工作帮助我与现实保持联系，这一点对文学来说至关重要"。马尔克斯曾说，记者和小说家的工作都是为了找出真相，他一直认为他最好的职业经历是记者。

工作多年，直到现在，我才意识到，从那些优秀作家那里获得写作的捷径和秘诀，会对自己的写作起到直接作用从而使我走向成功的想法是天真、可笑的。因为，新闻逼迫记者大量阅读与研究，会让记者变得眼高手低，失去对自己写作的信心。

在这样的认识过程中间，我的文学梦离我越来越远，而且在阅读这些优秀作家的作品时，看着我以前发表的一些文学作品，发现它们是那么的差，我非常羞愧。世界上已经有那么多伟大的文学作品了，有那么多优秀的作家了，你自己的素质那么差，准备那么不足，怎么就敢开始写作？什么时候才能写出来，走向成功？我一直在问自己。

唯一能够安慰自己的是，我的工作还与文学有关。比起那些在生活、现实面前一再妥协和退让的同龄人，我的妥协要小得多。起码，我的工作和我喜欢的文学还是有些关系的，即使不能成为作家，作为一名文学的读者和文化记者也还是幸福的，因为离我的文学梦想很近。

《中国作家访谈实录》的出版，对我来说，只是开始。

现在我已经快 50 岁了，在写作上刚刚步入成熟期，在这条道路上，我还有很多可能性，也有好奇心，我还想走得更远，做一流的新闻记者。做记者 20 多年的奔走，对文学的了解更深了，也有自己的眼光和洞见了。如今，非虚构写作的兴起，让我看到了希望和可能。

现实的世界是如此的单调，文学的世界是如此的丰富，所以，我非常喜欢陈村的一句话：写作和阅读的人可以多活几辈子。因为这个理由，我的工作还将进行下去，我的阅读与采访也将继续下去。

但我父亲并不因此为我自豪和骄傲，他知道，我是不可能实现他的文学梦想了。原因很简单，他认为："记者一辈子总是采访别人，传达别人的声音，为别人服务，没有自己的声音。"

对于这个问题，我已有自己的答案：如果去写小说、散文，我顶多算个三流的作家，但把同样的精力花在新闻上，我能成为一流记者。

那就让我做一个为文学服务的好记者吧。

目　录

王蒙

■

人生再艰难，文学仍然在场

2019年，王蒙先生86岁了。不管在什么场合，他依然精力充沛，说话条理清楚、幽默机智，做事风风火火、神采飞扬。

王蒙的新书《王蒙陪读〈红楼梦〉》由四川文艺出版社出版。这套书是王蒙"评点红楼梦"的第四个版本。此次新的"陪读"版，采用120回足本"程甲本"为底本，集合了王蒙多年读《红楼梦》的感悟。

评论家李敬泽说："王蒙点评《红楼梦》最合适。200多年来，要论文人懂世事、明白人情，除了曹雪芹就是王蒙。由王蒙来陪读《红楼梦》，让我们了解中国的人情、世事，中国人的心。王蒙陪读《红楼梦》、批注《红楼梦》，就是厉害，不用别人去打，自己先打起来了，自己左右手互搏，一口气出四版，每一版都不一样，得找四版对着读，才能看出王蒙每一版新加了什么，为什么要加这些，很有意思。"

此前，王蒙写过《红楼启示录》《双飞翼》《王蒙活说红楼梦》《不奴隶，毋宁死？——王蒙谈红说事》《王蒙的红楼梦：评点本》以及《王蒙的红楼梦：讲说本》。

中午饭吃到一半，扔掉作陪的刘心武等朋友，王蒙就离席走了，原因是游泳时间到了，要赶到游泳池去游泳。86岁的高龄，依然精力充沛，时光流逝，岁月仿佛没有在他身上留下痕迹。

今年第一期的《上海文学》杂志，在小说头条发表了王蒙的《地中海幻想曲》和《美丽的帽子》两个短篇小说。此外，他还新写了五万字的中篇小说《生死恋》，这三个小说的主题都是爱情。他还在《读书》等各种报刊继续发表文章，表达他对世界和社会的看法。

文学创作以外的时间，是各种"传经布道"，除了完成中国海洋大学文学院的工作，去年王蒙去了十几个城市，包括上海、广州、深圳、郑州、宁波、青岛等地，做了十几次各种有关传统文化和读书的演讲。他还去了很多地方旅行，包括古巴、巴西、智利，还坐邮轮游览意大利与希腊。

平时在家，他每天坚持游泳、走路，在微信头像上晒自己的健身成果，笑称自己是"耄耋腹肌男"；看电视新闻、电视剧、电影，还玩微博、刷微信，偶尔也看看其他视频，在喜马拉雅开起了讲读孔孟老庄的音频节目，对新生事物不仅有好奇心，年轻人流行的时髦爱好一样不差。

"我特别爱看电影，很多电影完全超出我的想象，《布达佩斯大饭店》《飞越疯人院》《忧郁的星期天》，太好了。"电视剧他也没少看，《汉武大帝》《潜伏》……"'神剧'也没少看，好处是看着不累，睡完一会儿回来，一瞧，还是这德性！"

《这边风景》：尘封 40 年的小说

张英　《这边风景》夺得茅盾文学奖，我看了《这边风景》，小说讲述的是 1960 年，新疆伊犁一个维吾尔族村庄推行"社会主义教育运动"背景下的故事，很吃惊。

这完全是《金光大道》《创业史》《红旗谱》那种类型的作品，歌颂集体、人民公社、合作化。你为什么会选择在 30 年后出版这个小说？

王蒙　我是在 1971 年，38 岁时写的这个作品，那时候我还在新疆伊犁的"五七干校"，我开始写了部分章节，几年时间里，我都在写它，一发不可收，写了70万字，完全是一个大长篇小说的篇幅。

40（多）年前的中国，在"文革"中，国家、社会都高度政治化，任何一本公开出版的书，都要看它的政治立场和政治倾向，《艳阳天》《金光大道》是这样，《春潮急》《西沙儿女》《闪闪的红星》也是这样，都是按照当时的宣传政策写的。

《这边风景》也不例外，它没有写到"文革"，但它的话语表达受了"文革"的影响，我无法超越时代去批判"文革"、挑战"文革"。在那个荒谬的时代中，我没有歌颂极"左"，还尝试批评极"左"、控诉极"左"，用毛主席起草的"二十三条"来批评社会主义教育运动中的"形'左'实右"。

"文革"结束，中国青年出版社想出版这个长篇小说，我花了两个多月的时间改稿完成。但出版社考虑到小说展开的背景是毛泽东批判"四清"运动后总结出来的"桃园经验"，以及中共中央文件《农村社会主义教育运动中目前提出的一些问题》的出台，在"文革"结束、改革即将开始的背景下，出版《这边风景》，在政治上显然很不正确，于是放弃。

我也试图挽救，考虑删改这部作品以发表出版，但小说体量太大，快70万字，小说人物达100个，不可能推倒重新来过，索性就尘封起来。

我没有把它彻底废掉，而是选择发表和出版，它是对二十世纪六十年代小说写作空白的弥补，人们在小说里能够看到那个时期的生活。政治运动再严酷，生活仍然在继续，能够消解"左"的政治和"假大空"，艺术和文学仍然在场，不可摧毁。

40年后，王山和刘颋找到了手稿，非常喜欢，也让我有了自信。我觉得也到了可以淡化政治和时代背景的阅读时代了。你在北戴河采访我的时候，我正在校订这部作品，大概花了四个月的时间订正完，后来交给了花城出版社。

张英 《这边风景》写于 1974 年至 1978 年，是在"文革"特殊的政治文化背景下写出来的长篇小说。很多作者，即使是写过这样的作品，也不会把它拿出来发表出版。如果作者不是王蒙，可能这本书根本就出版不了。重读作品，为什么"百感交集"？

王蒙 从文学创作的角度来看，没有那个时候的王蒙，也不会有以后的王蒙。我不可能颠覆我自己，不可能对年轻的自己打一耳光，那个我也是王蒙的一部分。

《这边风景》记录了我在二十世纪七十年代的生活，我 38 岁到 47 岁之间的人生，就像一条鱼的中段部分。在 79 岁的时候，我眺望到 38 岁时的我，那个时候是多么有理想，多么真诚，响应伟大领袖的号召，上山下乡，去边疆、去偏远的地方，到劳动人民中去，到水深火热的一线基层去扎根、去劳动，锻炼自己，让自己脱胎换骨，成为全新、完美的革命者。

虽然今天来看是一部"过时的作品"，写到了当时的"极'左'的东西"，有谨慎的"社会主义"与"修正主义"、"无产阶级"与"资产阶级"你死我活的斗争，但小说更多的是记录了那个时期维吾尔族人的生活风貌，维吾尔族人的衣食住行、吃喝拉撒、婚丧嫁娶，什么都写到了，人物鲜活，细节生动，而且从头到尾都是掏心窝子的认真，真情实感，这是我今天再也无法抵达的写作状态了。

我也受当时的影响，拿《这边风景》来说，这里面尼牙孜这个人物多少受赵树理笔下的人物"小腿疼"的影响，我笔下的"我"也受他的影响；因为浩然塑造过忠于人民公社集体经济的肖长春，我写伊力哈穆也受影响，但我笔下的伊力哈穆比浩然写的肖长春多了一点人间烟火。为什么？因为在伊犁的少数民族，人性上更放开点。他还有一个弟弟艾拜杜拉，艾拜杜拉爱上雪林姑丽，雪林姑丽是从南疆喀什噶尔来的。

我当时去新疆就是这么想的，全国的阶级斗争，让人没有办法活了。新疆土地辽阔，山河处处，多民族的地方，文化多元，应该可以正常地生活。

张英 这正是《这边风景》的有趣的地方。你通过一件粮食盗窃案，借一个维吾尔族村庄为舞台，演绎"阶级斗争必须年年讲、月月讲、天天讲"的政治主题；另一方面是浓墨重彩的维吾尔族人的日常生活，独特的风土人情的描述，个性分明鲜活的人物。你怎么看这个矛盾和冲突？

王蒙 当年讨论我的小说《狂欢的季节》的时候，毕淑敏感触特别深，她讲到小说反映的历史时期："极'左'政治扭曲了生活，而生活又消解了极'左'政治。对'文革'的清算是我们这个民族的未完成事项，它粗重地横亘在我们历史的道路和心灵的道路之上，阴影绵长。极'左'的政治扭曲着人们的生活。反过来，生活本身消解极'左'的政治。"

不仅如此，《这边风景》的最大不同之处，是一面接受着某些"左"的公式，一面在沉痛地控诉极"左"，控诉对于人的政治诽谤与政治诬陷，它挖空了心思，做到了这一点。

我在伊犁基层看得很清楚，北京的《人民日报》《解放军报》和《红旗》杂志，当时两报一刊社论多厉害，但它的影响力到了伊犁，到了伊宁县农村，影响力微弱，有时候一点儿没有了，这儿完全无所谓。你把政策放到生活里面去，生活本身的力量是无敌的，再怎么搞极"左"，老公老婆还要一块睡觉，还要一块做饭的，父母还要打子女屁股的，吃喝拉撒睡要照常进行。甭管谁当领导，该吃饭还得吃饭，喝酒的还得喝酒，不让打麻将，至少允许打扑克，还有喜怒哀乐，还有七情六欲，生活一来，你说一大堆政治口号，喊一堆空话，有什么用？

怎么样才能活下去，这永远是工农大众面临的首要课题。要出工，至少是因为，不出工队里不会痛痛快快地给你发口粮。要砍柴割草，伊犁冬天长，雪大，小半年天寒地冻，人要烧炕取暖，牲畜要吃草过冬。他们反复打扮自己家的小院，今天在这里搭一个棚子，明天在那里砌一个炉灶，后天拆掉原有的狗窝，大后天又挖掉果树下的小块菜地改种鲜红的玫瑰花——为的是活得更舒服一点。

生活是不可能被政治和革命摧毁的，爱情是不可能摧毁的，文学是不可能摧毁的，世界是不可能摧毁的。

张英　《这边风景》引起了截然相反的两种意见：一种认为它是重新书写了"十七年文学史"（从中华人民共和国成立［1949年］到无产阶级"文化大革命"开始前［1966年］这一阶段的中国文学历程）的杰出作品；另外一种观点认为它是一部40年前严格按照当时官方钦定的模式来投机写作的作品，除了文献学的意义，毫无文学价值，根本不应该出版。你怎么看这个作品？

王蒙　也有学者拿《这边风景》和《艳阳天》《创业史》做比较，认为过去所说的"十七年文学"，"文革"前的文学，到浩然的《艳阳天》结束。《艳阳天》歌颂合作化集体化，但也写了很多农村的风土人情（浩然后来的《金光大道》搞路线斗争，变成"文革"文学）。现在看来《这边风景》才是"十七年文学"的真正结束之作。

我看到了《艳阳天》《创业史》，我不糊涂，也想改变自己的命运。写这个小说前，我细心研究琢磨了当时大红大紫的浩然、柳青，分析了他们小说的框架、结构、手法，后来写的《这边风景》。小说的故事框架尽量做到符合当时的政治命题，或者称之为命题作文。

我写到农村的"阶级斗争"，写到伊犁的风景，写到维吾尔族的风情文化，记录了当时的生活风貌。从对人性和生活的描写来说，《这边风景》在我的作品里面，可以说是最具体最细腻最生动最感人的，它也是真正的文学。

我的作品绝对跟浩然的不一样，绝对跟赵树理的不一样，他们根本不可能写出像雪林姑丽和爱弥拉克孜这样的人物来。我在创作中，不得不考虑当时的政治背景，作品里也有政治口号和政治运动，但是我的小说细节、人物形象、人物性格与人物命运，都是文学层面的。

我的《青春万岁》，明显是歌颂革命、歌颂共产党、批判旧社会的。可是《青春万岁》不够"革命"，没有写知识分子和工农相结合，学校里要写结合，除非让他们全退学，所以没办法，过了26年才能出来。

《这边风景》更离奇，过"左"了，又是人民公社，还有阶级斗争，"革命"得太过了，所以现在才出版。我把人民公社的生活写得理想化，写得相对光明。可我也没有回避有些东西：开支很困难，没有现钱；人斗人，上上下下，风水轮流转；开会乱七八糟，乱成一团，通知4点开会，9点不一定开得成，开会时有的人睡着，有的夫妻骂起来了。

因为我写的是生活，写的是人，男男女女，爱怨情仇，高低贵贱，写了汉族、满族、蒙古族……十几个民族，吃喝拉撒睡，柴米油盐酱醋茶，维吾尔族人怎么打馕、怎么结婚，什么都写。几个农妇，张家长李家短，一边喝茶掰馕吃一边说话，煮茶的人鼻涕落到茶里，擦擦鼻子给大家盛茶，喝茶人看到了，（说，）我肚子不能喝茶，只能喝白开水。这类细节，我很得意，现在（是）写不出来的。

如果大家把小说当文献考证，我也不反对，因为小说里很多细节，都是真实的、源于生活的。

新疆让我成为如今的王蒙

张英 二十世纪八十年代初，你创作了"在伊犁"系列小说，描述你的新疆生活。作为一个作家，你不留在北京这样一个文化中心，当时为什么会选择去新疆？

王蒙 这个不能说是我个人的选择，我是被动的，我头上的右派的帽子虽然去掉了，但我写的短篇小说发表不了，《青春万岁》审来审去不能出版，面临彻底被封杀的局面。我在北京西山听了周恩来总理和周扬的谈话录音后，知道新的运动马上要来了。开始强调"千万不要忘记阶级斗争"，我知道政治形势越来越艰难了，在北京我没有别的出路了，我想离开北京也许是一个选择，在和一些省市负责文艺的领导谈过之后，新疆作协秘书长王谷林当时就表示可以办理调动，安排我到《新疆文学》工作，我就这样去了新疆。

当时的乌鲁木齐，真的是很美，盛世才时期的南门大银行还在，苏联援建的人民剧场也有气势，南门外的大清真寺也很独特，办公大楼都是橙红色的，大街小巷的商店招牌从右到左写的是维吾尔语店名，放的都是维吾尔歌曲，市民的房屋都是土坯做的，屋顶是清一色的洋铁皮。现在回想起来，那完全是一幅凝固的油画，只是没有保存下来。

张英 但你也有过另一种高调的解释，把去新疆归结于你响应毛泽东《在延安文艺座谈会上的讲话》的行为，"到水深火热的劳动一线，到生活中去，和劳动人民在一起，劳动结合，脱胎换骨，改造自己，做个全新的人"。

王蒙 回过头来看，我并不以热烈拥戴毛泽东《在延安文艺座谈会上的讲话》而著名，并不以动不动表态热烈拥戴、痛哭流涕而著称，但是我响应了毛泽东的号召，履行延安座谈会讲话精神，以实际行动践行这一要求。毛泽东要求文艺工作者到农村去，和农民在一块，脚上有牛屎，脸上不干净，要脱胎换骨。我在新疆一待十几年，在一个少数民族的地区，和维吾尔族农民一块，同吃同住同劳动，一间屋睡觉，日常生活用维吾尔语言和他们交流，哪个作家能做到这一点？没有！

张英 你到了新疆，还是没有摆脱政治的纠缠，开始是在乌鲁木齐，后来又怎么到了伊犁，接着又下到了伊宁县，去农村大队当副大队长？

王蒙 把我派到伊犁，是当时自治区党委的意见。从个人来说，自治区党委分管文教的书记林渤民，对我印象不错。他们觉得王蒙是一个犯过严重错误的人，虽然帽子已经摘了，已经回到人民的队伍来，但是不能从事文艺工作。王蒙放在乌鲁木齐变成一个大的政治斗争目标，弄得他们都很被动，后来就干脆派我下乡搞社教，结果被人家从"四清"训练班退回来了，理由是王蒙政治成分不好，怎么有资格到农村搞社会主义教育运动？

1965年4月份，乌鲁木齐雪化完，我就去了伊犁，住到了第一生产队阿卜都热合满－努尔家里的厢房里，真的是和农民打成一片，心连心同吃同住同劳动。当时新疆农村里面伊犁条件最好，我去那里至少不会饿肚子，能吃饱饭。这个还是人道主义的关怀，不是为了整我，也没有惩罚的意思，北京已经惩罚过了。我可以把家属带过去，过正常的家庭生活。工资自治区文联照发，还可以在那里兼任大队级的副职，对我这个已经开除党籍的人，已经是非常好的待遇了。当时没有别的选择，你也离不开体制，没有革委会介绍信，没有任何地方敢收你住宿，没有全国粮票，有钱也没饭吃。你能有别的选择吗？离开体制就等于死无葬身之地。

张英 你不委屈吗？《组织部来了个年轻人》被毛泽东点名表扬，然后你又突然成了右派，被开除党籍，贬到新疆农村。

王蒙 就是在那种情况下也没有这个愿望，没有这个念头。从我自己主观上，这个也是说实话，我没有要和体制站在对立面，因为我觉得新中国建立起来本身很好的。

像毛泽东讲的那些话，经风雨，见世面，知识分子要经风雨见世面，风雨就是群众运动的大风雨，这个世面就是群众斗争的大世面，听着我觉得有道理。只不过发生了一点误会，或者这个政治上的不幸是一个过程，还是会向好的方面转换的。

在"文革"的处境下，知识分子的选择空间非常小，张志新他们说了一些不同的话，后来遭到了杀身之祸，我想这是一种；还有一种就是干脆不闻不问做所谓"逍遥派"，还有一些人在范围之内，做点有意义的事情，学一点东西。"文革"当中，我（用）在写作上的时间，远远没有（用）在研习维吾尔语上的时间多。

张英 你这个大队长当了多久？在农村待了几年？

王蒙 劳动锻炼，锻炼是无休止的，只要活着就可以锻炼。我就在那个村庄住下了，半年以后老婆也接去了伊犁，每周末可以家庭团聚，我再无他求了。在那里，我不挨打，不戴高帽子，不按脖子。

我是北方人，吃米饭也吃面食，也吃羊肉，馕接受起来很容易的。那时候我知道了什么叫美好，不管政治运动怎么变，南疆北疆的维吾尔族农民都种玫瑰花，家家门前屋后都是果树，我知道了杏树、桃树、枣树、苹果树，也认得了无花果、哈密瓜、石榴花，还有维吾尔族人缓慢的生活节奏，一天可以在喝酒、喝茶、吃馕、聊天中度过。当然，我也看到了山高皇帝远，基层办事难，种地的农民办事一等公社党委书记就是一天，自己带着馕吃，用手舀起路边水渠里夹泥带沙的水就喝。

我在那个村劳动锻炼六年多，但我的户口在伊犁，家属一直在伊犁市里的学校当老师，我后来在伊犁住了两年。伊犁八年，乌鲁木齐前后八年。后来，有老外问我在新疆16年里做了些什么，我开玩笑说，读了16年大学的维吾尔语，从预科读到博士后，就学会使用这门语言了。

维吾尔族的幽默改变了我

张英 1979年6月，你离开新疆，坐火车回北京时哭了，说"新疆保护了我，培育了开拓了我，尤其是维吾尔族的幽默改变了我"。16年的新疆生活，究竟给了你什么？

王蒙 新疆庇护了我，保护了我一家，平平安安。底层老百姓生活里来的智慧，也让我一辈子受用。那么严酷的政治运动，巨浪般的影响力扩散到新疆基层，就剩下一朵小浪花了。那么严酷的"文革"，还有人民公社、集体制、合作化，也没有改变房屋私有、自由买卖；当地维吾尔族人的婚礼，按照政府的集体新式婚礼仪式办完了，回到家晚上一定会按照维吾尔民族传统婚礼规矩再来一遍，喝酒、宰羊、唱老歌、跳舞。这些事情，如果不是我亲身经历，我也不会相信。

比如当时生产队长开大会，说县里开了三级干部会，今年夏收最重要，今年的夏收期间一律不许回家，所有的劳动力都要住在地里、吃在地里。维吾尔族老百姓都鼓掌说好："坚决落实！"第二天，没有一个人带被子、住在地里。我夫人所在的市中学搞"三反五反"，宣传队要求老师们集中学习、住宿，当时维吾尔族老师都表示坚决照办，第二天没有一个维吾尔族老师带铺盖，几天坚持下来，硬是把学习班拖黄了。

又比如生产队长开会时讲，现在苏联修正主义，亡我之心不死。底下农民嚷嚷："别废话了，到底让我们干什么？让我们修大渠，还是浇小麦？别在这儿说空话。"农民不怕，他已经在最底层了，光脚的不怕穿鞋的。他什么都不怕，你最多送劳改队，有的人马上说，劳改队吃得比咱家好。生产队长没办法。

在新疆，生活本身消解了政治，人的生存不可能用政治口号解决。政治没有消灭日常生活，民族文化也没有被改造消灭，大地还是大地，人还是人。

伊犁每年打麦子的季节，当地人绝不给牲口戴上笼嘴，汉族人看着就特不习惯。有时候，马一口把好多麦穗都咬进去了，消化不了，屎拉出来全是麦粒。可维吾尔族农民说："一年就能吃饱这么两三个星期。我们为什么要管它呢？"上级检查的时候，他们赶紧把铁笼嘴给马戴上，领导一走就拿下来了。

维吾尔族人喜欢说一个词：塔玛霞儿。大约相当于"玩耍"的意思，有一种自然而然、随遇而安、走哪算哪的人生态度。维吾尔族有句极端的话："人生在世，除了死亡，其他都是塔玛霞儿！"这样的人生态度，对我影响深远。

张英　你学维吾尔语花了多长时间？

王蒙　我花了半年多的时间，就可以和当地维吾尔族人简单交流了，能够一起聊天。熟悉地掌握，应该是在两年以后，我在生活当中学习。

我找了一个课本，《新疆行政干部学校读本》，我又找到中国科学院社会科学学部（那时候还没有社科院）民族研究所的研究员朱志宁在《中国语文》杂志上的一篇文章《维吾尔语简介》，光这个简介我就学了一年。

除了劳动和家庭团聚，我其他时间就是学习维吾尔语言，读维吾尔语版的《毛泽东选集》，唱维吾尔语的颂歌。所有和维吾尔语言相关的书籍，当地农村家庭有的书，苏联出的维文小说，鲁迅的《呐喊》《彷徨》，高尔基的《在人间》，都有维语版的，我都读。

我那个时候看了很多书。1986 年，我第一次去美国，费正清还活着，我去看望他，我说他那本《美国与中国》，我看了特别有兴趣。他不相信："你上哪里看去？"其实当时是在 1971 年，他那本书被作为反面材料使用，我才看到的。这个世界很奇怪，在最严厉的控制之下，有时候会出现一些窗口，或者是漏洞。

在日常生活里，特别是和维吾尔族朋友们一起喝酒，那是更好的学习场合。不管什么时候，抓住任何机会我都用，我也把汉族的许多故事用维语讲给维吾尔族群众听，从而赢得了他们的友谊和信任。很快，我就掌握了这门语言，在生产队的会议上我也能够用维语表达了，当地群众非常欢迎，还要给我评"五好"队员。

我在《狂欢的季节》末尾，不无感慨地写道：革命需要世俗，需要考虑普通人的生活需要，革命不可能是全社会人人都参加的事情，不能要求人人都是崇高的理想主义者，历史、革命最终的落点都是日常生活，革命者要理解和尊重普通民众的生活，而不是将之改变。

张英　你在新疆的时候，还给当地报纸写过报告文学。

王蒙 我刚刚到新疆去不久，采写了《春满吐鲁番》《红旗如火》等一系列散文和报告文学，拜访了如今已是中国工程院院士的吴明珠，她在新疆工作了一辈子，教维吾尔族群众种西瓜、甜瓜，是新疆甜西瓜育种事业的开创者。我还认识一个在北京农业大学毕业的兽医，（他）在牧业大队干了一辈子，四处随同牧民们在草原上迁徙，为他们的牲口治病。

在当时的体制下，干部真心实意帮助维吾尔族群众。大家有苦一起吃，有活一起干，吃住也没有太大差别，贫富相差不大。王震在新疆主政时有这么一条政策：进入新疆的一些干部和战士，凡是学会维吾尔语，通过考试的，行政级别一律提一级。

这样的政策，让干部和官员沉下去，能够和当地老百姓交流沟通，和老百姓打成一片，减少语言障碍，促进彼此的感情和友谊。今天，还有多少干部能够做到这一点？

张英 在你的《中国天机》里，你甚至还直接提出了治理边疆的意见。

王蒙 当时，毛泽东主席说，国家的统一，人民的团结，国内各民族的团结，这是我们的事业必定要胜利的基本保证。我们每个人，都不希望国家四分五裂，内地的人到了边疆，都是带着好好干活、发展边疆的理想去的。当时也有个背景，苏联也提倡年轻人去远东，到农场去工作，发展远东和西伯利亚地区。我年轻的时候，还唱一个苏联歌曲《到远东去》，和我们当时到西部去的背景完全一样。

我觉得，历史上几十年的援疆的一些经验和教训，值得我们现在研究和反思，好的经验要坚持，不好的要调整。当年条件那么艰难，环境那么艰苦，干部和群众都能够和当地的老百姓打成一片；现在经济条件那么好，资源多，硬件条件也好，老百姓的日子也比几十年前好过多了，干部群众关系、民族团结应该更进一步。这里当然有"三股势力"破坏的问题、对敌斗争的问题。

这些年，中央让各地政府支援新疆发展建设，力度很大，建设了很多项目，从城市到乡镇，高楼大厦，医院、学校、剧院，去的人很多，花的钱不少。当地政府的评价非常高。但我提个小小的建议，咱们做了那么多项目，能不能直接融入当地的老百姓？

比如，内地人去新疆工作，能不能本地化一些，和老百姓打成一片，吃些羊肉吃些馕呢？至少不用自己带厨师去吧？能不能让当地老百姓切身感受到社会发展、经济发展带来的好处？多和他们沟通交流，增进友谊，团结住了各族人民，就能使"三股势力"没有容身之地。

张英 以前的自治区区委宣传部部长李学军，专门给《这边风景》写书评，他是从党群干群关系角度解读小说的："党和干部们能不能深入下去，到村镇农家、田间地头、厂矿车间去，听到群众的真心话，与基层干部群众敞开心扉交流，跟各族群众交朋友，了解到基层真实情况，熟悉少数民族群众的传统文化和风俗习惯，了解和熟悉少数民族群众的宗教信仰和宗教活动，面对面、心贴心地与基层群众沟通，解决他们的生活和工作问题，巩固民族团结，增进友谊和感情，让老百姓打心眼里拥护我们的党、信任我们的干部、支持国家统一和民族团结。"你怎么看这样的评价？

王蒙 李学军的大意是，在新疆工作的汉族同志，应该像王蒙那样，下得去，跟少数民族打成一片，接触各族群众，抓实事解决问题。(这)对目前新疆下基层的驻村、蹲点干部如何开展工作提供了难得的经验。

这让我很意外，也很欣慰。我觉得，实事求是，为人民服务，这些话，不是空的，怎么把它做实，这才是问题。

离开新疆多年了，但我对新疆的写作和回忆从没停止过。各民族之间需要爱、理解和沟通相维系，换句话说，需要一种精神层面的"混凝土"。

我把《这边风景》和"在伊犁"（这些）以新疆为背景的系列作品，视为自己对新疆的回报。我希望通过自己的写作，为民族间的了解与团结尽一点微薄之力。

走第三条道路

张英 《中国天机》真是一本了不起的书。一个老作家，敞开心扉，总结一辈子的工作经验和人生经验，书里苦口婆心，一切有来源，一切有出处，一切都是自己经历和抚摸过的，这是一本大书。但你也说了，你不写就没人会写，为什么呢？

王蒙 这是一本负责的书。现在，作家表达自己对社会事务，对公共生活的意见，困难在哪里呢？有几方面的因素制约着你，从读者方面来说，现在是一个网络的时代，是一个碎片化的信息时代，比如微博的好处就是多多少少也能够反映一些民意，它的坏处就是（使）大家习惯于浅阅读、飞速阅读，习惯于浏览。

现在，我们很难看到年轻人坐在椅子上，拿着一本很厚的书连续两三个小时阅读，很难看到这种场景了。这种浅阅读和速浏览当中，要想吸引眼球就需要有刺激，需要有谩骂，连用词上都必须稀奇古怪，和我们正常的汉语写作拉开距离。

我说没有别人写，只能是我写，不客气地讲，作家里有谁写了一些政治上的见解，能够达到我这个程度，能达到我的这种直白，同时保持一定的锋芒？我看是很难有人超过我。

其他人写会有这么几种情况，一种情况是追求刺激，由于追求刺激，就有可能不被容忍或者不被容许。另外还有一种情况就是技术性方面的问题，但你究竟了解不了解这些问题。如果说是抨击时弊，拿这个角度来说，网络天天在那儿抨击，任何一种社会事件，一个交通事故，或者一个食品上的安全问题，都会被放大、被炒作，或者被痛斥，任何一个消息，都会上升到政治层面，受到严厉的责备。

张英 （这）也是你作为老作家的本事和高明之处。

王蒙 这是一个事实，我能够掌握维护体制这样一个方针，我很直白地发表了许多带棱带角的意见，揭示了一些真实存在的挑战和困惑。

我觉得这也还不是我所追求的。我追求的，在今天中国来说，已经变成了一个非常重要的（文学创作）前提，就是能够有一些建设性的意见，有一些建设性的揭示，有一些建设性的呼吁，有一些建设性的诉求，这个诉求是建设性的，但是它也很有尖锐性。

如果有一些人，提了几个不同的观点，但都是在那儿谩骂，这时候，有一个人带着建设性的、理性的，甚至于中庸的态度出来，他冒的风险不见得比他站在某一面谩骂小，甚至会遇到几面一块来夹攻的情况，我这一辈子常常品尝被夹攻的滋味。

比如说某本杂志，曾经有一度每一期都有文章专门批判我的，其中上纲上线到说王蒙属于党内的不同政见者，给我扣帽子；另外又有一批愤怒的中年文化名人，批评说我是一个卖身投靠来讨好政治权力的人，他们动不动有机会就要宣布这方面的讨伐。

所以，我现在发现就好像两边吵架，都吵得非常凶，你上去很平和地说，你们不要这么吵了，咱们坐下来谈谈，也许两边的人会同时骂你，认为你在那儿装腔作势，认为你是一个伪君子，等等。

张英 我们绝不允许第三条道路存在。

王蒙 对，您这个问题说得特别好。我曾经很欣赏咱们一个哲学家，就是庞朴教授，他主张一分为三，他说一分为二是很可怕的，实际上一分为三是正确的。

很多事情很复杂，千万不能简单化处理，用非黑即白的形式，用左的或右的形式出现，事实上它黑白之间、左右之间，有许多中间地带。比如说在拥护与打倒之间，在歌颂与批判之间，完全还有大量的中间地带；在圣人和败类之间，在英明和昏乱之间，都应该允许有大规模的中间地带。

张英 要么对要么错。宁为玉碎，不为瓦全。要么是敌人，要么是朋友，没得选。

王蒙 是。我们这方面的情况比较严重，这也不是偶然的，因为我觉得一个是从咱们的历史上、咱们文化的传统来说，往往是二者取其一。我觉得还有一个非常重要的原因，就是我们在文化上，在政治上，从来都是非常自信，在过去根本不知道世界上有许多国家存在。除了我们，其他的一个是海洋，海洋对于中国人就是荒凉，什么都没有，但是可能有神仙，就是海上有仙山；再就是周围小的番邦，这些番邦在蛮夷之地，即使他们在战争中打败了中原的民族，他们也是蛮夷，来到这儿以后他（们）必须学习中原的文化。

可是在鸦片战争以后，我们乱了套了，我们慌了神了，就觉得这是一个民族生存问题，也是一个中华文化的危机。所以这种急躁的心态，1949年以前其实就有了，我也屡屡写到，确实都是一种急躁的心态。

我过去写小说也写过好多这种东西，但是写小说有时候别人看不了那么仔细。我写过一个小说，就是说有一个人他有好几个儿子，都特别孝顺，由于过于尽孝，老父有一点病就用各种方法来给老父治疗，相互之间认为只有自己那种方法是对他有好处的，而认为另外的方法是在残害父亲，所以相互之间打成一团。最后这个老父就吓跑了，不敢让孩子看见自己，不敢让孩子尽孝。

文学与政治生活

张英　在中国当代作家里，文学与政治纠缠不清，文学和政治相互影响，从《组织部来了个年轻人》到《青春万岁》，到《这边风景》，相互成全，于是有了今天的王蒙。

王蒙　文学来自生活，当然也不能回避政治。孔子也曾说："诗，可以兴，可以观，可以群，可以怨。"就是指出了文学的一些社会功用。

文学和政治，同为公共性的社会活动，都必须借助于语言加以表达与传递，文学家与政治家拥有同样的激情来从事各种活动，这种种相似使得文学与政治并不能完全剥离开来。

实际上任何一个作家，都不是遵照上峰的指示来写作，但是也不可避免地，在自己的作品中包含某些政治的内容。因为政治在我们的工作和生活中无处不在。作家也好，文学也好，你很难把政治的爱恨、政治的经验、政治的情感、政治的情绪从作品中淘洗干净、彻底清除，这是不可能的！因为它是生活的一部分。

李白、杜甫、白居易、李商隐、韩愈、王安石、苏东坡，他们是当时的文学家，也是他们所在朝代的政治家、官员，也参与过政治活动。文学有一个好处，它比较直观，比较丰富，比较复杂，需要人性，需要性情。文学写的是生活的经验，还要有自己的想象，更要写自己内心的情感。内心的情感、想象、梦幻、经验不会成为某种政治观点、政治见解的注脚。

文学家具有的道德理想主义与批判现实的姿态，成为他们参与现实政治的强大推动力，这是好事，也有可能是坏事。单纯的道德理想使文学家与现实政治存在相对的隔膜，他们能不能处理好理想和现实之间的巨大差距，解决好具体的实实在在的问题，处理好方方面面的关系？

文学活动与政治活动既可以相生相长、相得益彰，同时也会互相产生负面影响。

张英 你怎么看待"文以载道"的文化传统？

王蒙 这里所谓的"道"用现在的话说就是表达某一种价值观，或者说是一种价值系统、价值观念、价值标准。不光中国，国外也有啊，我所接触的一些外国作家，虽然他们没有"文以载道"的观念，但是都非常注意"道"。比如南非作家戈迪默，她是得到了诺贝尔奖的，在反对种族歧视，为南非的民主、自由和黑人权利斗争方面，表现是非常激烈的。不仅如此，南非的许多作家，包括白人作家，都曾经因种族斗争被关进监狱过。他们那种斗争的热情、对社会的关切是非常激烈的。

还有现在中国青年作家们都很崇拜的加西亚·马尔克斯，他本人就强烈反对美国对伊拉克的战争。1986年在美国纽约举行世界作家笔会的时候，美国政府就曾经不准加西亚·马尔克斯入境。还有得过诺贝尔文学奖的葡萄牙作家若泽·萨拉马戈，曾经到过中东，他非常同情巴勒斯坦，强烈谴责以色列。

又如英国女作家多丽丝·莱辛特别同情被压迫的黑人，还有玛格丽特·德拉布尔更是一个关怀社会的作家。与她们坐在一起交谈时，谈论的话题都是关于民生、劳动者状况、环境污染与文学对改善社会的作用等问题。所以"载道"是不会过时的，关键在于对这个"道"是怎么理解的。在作品中表达一种价值、一种追求，或者表达对某种价值的希冀和愿望，对于艺术来讲是不可避免的。

张英 《王蒙自传》三部曲和《季节》四部曲，一个是非虚构的自传，一个是虚构的小说，放在一起看，就是一个完整的王蒙用生命完成的思辨与写作。

王蒙 《王蒙自传》三部曲就是我对自己的人生命运的记录和回忆。《季节》这四部作品本身就有我的经验在里面。我的作品是为大家写的，也是为自己写的，为自己留下一份立于世间的凭证，保留一份美好、珍贵、不会随着时间而走样的东西。

我的所有的作品大致上可以有一个排列，这个排列既是一个写作的过程，又是一个生命的过程。我写这四部小说的时候，有一种不能自己的、非常急于为这几十年的历史提供一份证词的感觉。人生是美好的，也是短促的，而文学可以抵抗时间的消磨，文学比人生更集中，比人生更宽阔，比人生更长久。

就是说，我只是作为一个普通人，我写的并不是历史，但是我是历史的一个见证人。我也没有结论，没有任何判决，但是我提供一份个人的证词。中国在这一时期的变化是非常快的，包括我写过的东西，人们很快就会忘记，但是无论如何我要把这份证词留下来。

张英 从《活动变人形》开始，你非常注重小说的形式与结构的变化。《季节》四部曲也是，每一部的创作手法、结构和语言都不同。

王蒙 在小说写作上，我不爱形成一些固定的模式。我讨厌重复、人云亦云。比如写反右派，开始的时候，把右派写成《槐树庄》一类的作品，写成一群脸谱化的人物；后来呢，又时兴把在反右派中被冲击的人，写成一种背十字架的英雄，高大上，还是漫画式的人物。

从纯文学的观点来说，我也应该有调整，应该更节制，应该更注意结构，风格写法上有极大的改变。我不是完全有意识要怎样怎样写，因为有时候你想怎么写，不见得能写出来。任何一部作品在没有完成以前，谁也不知道会写成什么样。

"文革"结束之后，我重新开始创作，那个时候批判"四人帮"的文艺理论，强调恢复现实主义，我觉得那样写有点束缚自己的手脚。我当时说过，他们是反现实主义和伪浪漫主义的。也就是说，我们需要恢复现实主义，也需要真正的浪漫主义。我向来都是看重作家的主观激情、幻想的，如果说有意识，就是这些方面有意识。

我在很早就提出这样一个理论：中国作家的小说作品写得不真，但是又太实。文学中应该有一些虚的、想象的东西，应该发挥人的想象力，如诗如梦，犹如雾里看花、镜中望月。过去一些作品写"开会"，就和真的开会一样；写"两口子打架"，像真的打架一样，这是一种方法，但不是唯一的。

张英 从你的各种文字就可以得出一个结论——你的阅读相当庞杂，读书数量大，而且什么书都读。回头来看，你受谁的影响比较大？

王蒙 这个问题难回答。我在二十世纪五十年代走上文学创作的道路的时候，是受现实主义的影响，尤其是苏联、俄罗斯文学的影响比较多，法捷耶夫、西蒙诺夫、安东诺夫、纳吉宾、契诃夫，我曾用心研读过；但很快，我的阅读兴趣就转移了，转向了欧洲，巴尔扎克、狄更斯、雨果、王尔德、梅里美——但是这些东西对我的影响，有吗？我相信有，又不能说得太绝对。从理论上说，雨果是浪漫主义，但是雨果的作品我也看得进去；王尔德的作品是唯美主义的，包括他那些写得稀奇古怪的东西，我也看不出来跟我有什么格格不入的。

八十年代以后，我开始接触一些西方的新作品。我觉得他们的写法不拘泥于写实，比如美国的杜鲁门·卡波特的《灾星》，这部作品写一个女孩子出卖她的梦，写得非常委婉，非常美，其中一些描写的感觉是非常奇特的。作品中写一个女孩子穿着一双高跟鞋，从台阶上走上去、走下来的时候，她想到的是小勺碰玻璃杯的声音。我的作品《风筝飘带》就有《灾星》的影响在里面，虽然内容完全不同，还有社会主义文学的色彩。

还有约翰·契弗的作品也很神奇，他特别善于写主观感觉，而且这种感觉是非常独特的。他还善于将逻辑上没有线性和因果关系的情节和感受串在一起。一般来说，写一个故事的逻辑是线性的，比如说两个人结了仇，由于某些外部原因仇恨加深，可是他不是，他的叙述带有一定的跳跃性，他的这种写法对我也有一定的影响。比如我的小说《深的湖》，有意识地这句话说到这儿，那句话说到那儿，中间留出一段空白，需要读者自己去寻找。像这样的作品是有的，但并非主要的。

我的创作中占主导地位的，也是我一贯主张的是：我对任何写作的手法或方法都不承担义务。什么意思呢？用一个粗俗的比喻，就像打乒乓球，既可以打上旋球、下旋球，又可以打削球。也就是说，一切方法、一切流派、一切对风格的追求都是为我所用的。我并不是为了创造一种风格而写作，而是用什么风格或手法能更好地表达，追求一种与众不同。这一点是最重要的。

张英　写了一辈子，文学奖对你重要吗？

王蒙　谢谢你没有问我诺贝尔奖的问题。我回答几十年了。文学奖是给作家的礼物，安慰一下自己，鼓励一下自己，很好。不管什么国家，不管什么社会，各行各业，奖都很重要。

有两种得奖：第一种得奖情况是你写得不好，但你得了奖，成为畅销书作家，原来书20年卖掉了1000册，一得这奖3天卖出了100万册。这种事是有的，也是让人非常高兴。还有一种得奖，托尔斯泰，始终没得奖，那么受损失的是这个奖，而不是这个作家。

但还是要平常心。我相信，所有作品的写作，是在获奖之前。比如我们谈中国文学，谁的作品最牛？李白的诗、屈原的辞，楚辞汉赋、唐诗宋词、元曲、明清小说。曹雪芹没得过大奖，李白也没有得过，他们的作品怎么样？流传至今。

中国当代文学，有一批很好的作家，韩少功、张炜、王安忆、铁凝、莫言、余华、刘震云、迟子建、毕飞宇、阎连科、张承志等，他们的作品，比奖更重要。

当作家，不当部长

张英　你说，"政治仍然是伟大的事业"，为什么？

王蒙　中国有几个人不尊重孙中山？美国有几个人不尊重华盛顿、林肯？政治当然是伟大的事业，有的领导人在政治上起了巨大的推动作用，给他的国家、民族造福，这样的例子也是存在的。

至于中国政治，尤其是革命政治，我相信，有许多人在投身于革命政治的时候，是抱着献身的精神，是抱着一种历史的使命感，甚至也是抱着"我不入地狱谁入地狱"的这种精神的。中国参加革命的人，有很多人是家庭出身非常好，很富有，他连家也不要，迷上了马克思主义，迷上了这个社会主义，迷上了这种革命的奋斗、献身的精神，被一种伟大的理念唤醒起来了。

但是问题是，不管政治也好，革命也好，实际情况和理念，它永远是不会完全一致的，永远不可能百分之百地兑现，而且兑现的开始它就不再是理念。2010 年，我在和美国作家交谈的时候，还特别提到这个，我说作家是非常喜欢做梦的人，但是当他的梦想成真了以后，他会感觉到他失去了梦想。那么在他梦想老是不成真的时候，他会逐渐地忘记自己的梦想。

我为什么在 19 岁时，1953 年的 11 月开始写《青春万岁》，就是因为我体会到，那种年龄，又赶上了中华人民共和国的成立，青年人的激情，它不可能永远存在，永远处于激动的状态。但当你把它写成一个小说的时候，当你用 20 多万个字，把它排列在那、放在那，把一切都记下来的时候，它有可能比你的记忆、比你的感动更长久，有可能在你衰老的时候，这些文字还没有衰老。

张英　现在，总有人叫你王部长。你喜欢政治吗？

王蒙　不由得我喜不喜欢。当时我想了一些办法，我想免除对我这个文化部部长的提名，但是你越这么奔走，越谦虚不想当，上面的领导的决心越大。所以我当时是提出来：我可以做三年。

因为实际上你说卷入也好，投入也好，我投入政治生活已经是一个事实，已经无法改变这个事实。从我最早提笔写《组织部来了个年轻人》开始，小说发表以后，不由得我喜不喜欢、愿不愿意，我已经摆脱不了政治对我的文学和人生的双重影响了。

再有一个，从我的性格上来说，我有过非常感情化、形象化、细节化、文字化的这一面，但是我也有喜欢分析问题、喜欢表达意见、喜欢出声音的这一面，就是这后一面，使我有这个缘分，才有文化部部长这么几年这方面的历练。

这个岗位，它也有我机遇的另一面，它能表现我另一些方面的特长。比如说我很会辩论，比如说我从小就在共产党内过组织生活，我知道一些话该怎么说，有些东西建议该怎么提，什么时候该接受哪些东西，或者在接受当中还可以有所保留。所以在具体事情上我在有所保留的同时，又可以发表自己的一些见解，起到一些积极的正面的作用。

我还跟您说一句很有趣的话，您知道上海的王元化先生，他是相当有书生气的一个知识分子、一个学者，没有人拿他当政治家、当官员看待。但是他当过上海市委的宣传部部长。他有一句名言，对我也起作用，他说我们当一个什么官员，起码顶掉一个坏人。他很有趣的一个说法是，如果好人全都拒绝任何职务的话，就只能让坏人来主宰我们的命运。

张英　吴冠中先生生前接受我采访说，他当年在海外留学，很自豪地回新中国了，跟这个土地同呼吸、共命运。但是他后来看到很多不平事，觉得他应该学政治，他说只有当政治家才能真正地改变世界，美术治标不治本。

我相信，一个人想改变某一些事件、实现自己的某些愿望和理想的时候，政治可能是一个最有效的力量和工具，可以立竿见影，达到这种效果。

王蒙　我觉得这个事情是这样的，第一我并不赞成，我觉得每个人的情况不同，各式各样。美术有美术的作用，唱歌有唱歌的作用。

如果从谁的格局更大来说，那是政治。所以我曾经在论述李商隐的时候，反复地强调，李商隐不仅仅有无题诗，而且有政治诗，他的政治诗，扩大了他的艺术格局。但是也有另一方面，你在想通过政治来改变某些东西的同时，政治也在改变你。而且政治的格局最终也可以吃掉你这个个体。

我从 1988 年就开始辞职，到 1989 年，我就坚决地辞去了我这个文化部部长的职位。这里头的原因之一，我说如果要让我继续干文化部部长的话，我就不会继续再辞职了。为什么呢？我卷入这种惊心动魄，又曲折神秘的政治斗争，那么我的那种好斗的心也会起来，我的那种跟别人斗智斗勇的心情也会起来，那王蒙就没有了。写小说的王蒙就没有了，写诗的王蒙更没有了。

所以政治也有这一面。也不能说从政就好，我个人对我目前的状况挺满意。我觉得我在中国，我了解中国的政治，我也参与了中国的政治生活。但基本上，我还保持了一个写作的人的身份和形象。

张英 辞职后，你后悔吗？如果继续坚持下去，也许就能成为茅盾之后，和郭沫若、周扬那样，非常成功的一个管理文化的领导人。

王蒙 不，我非常庆幸在 1989 年离开了文化部的工作岗位。你看，人民文学出版社出的我的作品集，这 45 卷，最多的就是在我离开文化部之后写的作品。我当文化部部长之前，大概是七卷或者八卷，其他三十几卷都是离开文化部以后写的。

所以我不但不后悔，反而非常庆幸，这是从写作上说。再一个，我喜欢旅行，我出访过全世界 60 多个国家和地区，其中 40 多个地方也是在我离开文化部的岗位以后，我有了时间才去的。

所以从各个方面来说，我是觉得离开文化部的工作岗位，对我来说比较好。而且从我个人的性格上来说，虽然我也能言善辩，虽然我也能够有一定的政治上的敏感和机敏，但是我毕竟还是个文人、作家，更喜欢一些性情上的东西。

我更希望有机会能够脱离一下那个官化的谱系，能够给自己精神上、语言上、写作上更多的空间。所以从艺术空间这点上，我相信大家就会理解我不想长期地，或者不想把自己主要的身份，变成一个官员。

我觉得要是再做下去，我就回不来文学了，回不到这种创作的心态，而这种文学创作的心态，我是宁可放弃别的，都不能放弃这个。

张英　你在小学三年级的作文中，就宣称"假如我是一只老虎，我要把那些富人吃掉"。如今"仇富论"再次成为社会现象，你怎么看？

王蒙　从历史上看，有些仇富的口号非常有煽动性，比如说"杀富济贫"。中国的农民起义者认为社会秩序便利了那些优胜者，由此要扭转这种社会秩序。毛主席从中国历史上总结成四个字"造反有理"。

"造反有理"的意思是，如果要想造反，必须依靠劣败者，不能依靠优胜者，当然这个"劣"和"胜"都是加引号的。优胜者往往主张这个社会保持适度的稳定，而劣败者希望把它折腾得翻天覆地才好。所以所谓革命格局，提出来的都是天翻地覆，叫"天翻身，地打滚"，都是这种词。这种心态要是保留到中华人民共和国成立以后，很容易就变成所谓"仇富"的心态。

打破文学和学术的禁区

张英　现在在文学创作中，还有少数禁区，怎么看这个问题？

王蒙 我们在某一个时期说，不要纠缠这些意识形态上的问题，你该干什么干什么，我特别能够理解。但是30年过去了，大家还不能谈这些问题。如果再过30年，还不能谈这些东西，它就会造成一种危险，就是大家也不知道我们是从哪儿来的，也不知道要到什么地方去。

我们上上下下，能不能都用一个平常心面对这个问题？比如说1949年中华人民共和国成立以后，我们共产党走了许多弯路，在改革开放以后，我们也走过各种不平坦的道路。对这些历史，我们要理解它，又要从里头总结经验和教训。

我们要学会一种面对的精神，就是鲁迅所说的"睁着眼睛看"。什么事不能不好看就不看了，或者不好看就不提它了，因为你可以一时不提它，但它不会因你长久不提就不存在。

张英 中国很多学者在民国史研究、国民党史研究上面，基本上大事情全部搞清楚了，但是（对）新中国史和共产党史（的研究），是一个问题。

王蒙 单是党史我就非常感慨了，1998年我到美国去，到匹兹堡大学讲研。接待我的是一个女教授，我就问人家，你的专业是什么？她说是中共党史。（她）是中共党史专家。所以这个党史，不仅仅在中国是一门学问，或者还是一门必修课——当时对于党员来说，也是党课教育很重要的内容——那么在美国它也是一门学问，人家有人研究。

另外有人告诉我，1949年以后的中共党史，中国台湾地区有版本研究，早在我们出版书以前。现在我们也出了一些书，出了一些，也没有引起特别大的重视。这正说明这个东西可以由一些不同的版本来丰富完善。

文艺的处境是中华人民共和国成立以来的最好的

张英　在前 30 年，文艺曾经是中国政治的一个重心，但到后 30 年，文艺似乎无关大局。你怎么看这个变化？

王蒙　现在大家都去发展经济、发展生产了，传播手段也现代化、大众化了，文艺变成了一个解闷的东西、娱乐的东西，里面的思想含量越来越少，无厘头的逗笑越来越多，真正的文化越来越少，表面上做样子吸引眼球的东西越来越多。一方面我们在破坏很多文物，一方面我们又制造很多伪文物，这个也是让人担心的问题。

张英　你说，1979 年以后对新中国文艺来说，是最好的时期。这句话是在什么基础上的表达？

王蒙　有一次，美国前驻华大使芮效俭和我聊天。我说，从中国古代历史上看，灾荒、内战、暴政、造反、民族争斗太多了。像二十世纪末至二十一世纪初的这段时期，全国上下努力发展生产，提高收入，农民种地，工人做工，作家写小说，虽然它也有各种的问题，但这已经是中国最好的发展时期了。

我就是这么一个意思。至于说最好的时期是否有最好的文艺作品，这是说不清楚的。中国最好的小说是《红楼梦》，到现在没有任何书敢于向《红楼梦》挑战。你不能因为《红楼梦》写得好，就说清朝是文学最好的时期。

对作家来说，好的作品和好的时期，相对而言就是一个好的环境。和历史时期比，从我个人来说，我觉得尤其明显。我生下来到 11 岁，在日本刺刀的刀尖下生活，我不能说那个时期是好时期；然后是从 1945 年到 1949 年，是国民党军队占领的时期，我无法说那个时候是最好的时期；从 1949 年一直到 1979 年这 30 年，"运动"连连，我个人被剥夺了很大一部分公民权，我也无法说它是最好的时期。那从 1979 年以后到现在，对我个人而言，算是比较好的时期。

至于说十一届三中全会以后的这 30 年，是中国历史上最好的时期，我觉得这个是过度解读了。我没有说过现在中国文学作品最好，也没有和外国文学比较的意思，更没有说现在没有问题了，只是说环境相对而言，比以往要好一些。

张英　你怎么看中国几次大的文艺座谈会和文艺政策对中国文艺造成的影响？

王蒙　我在《文艺研究》杂志和《文艺报》上发表过我的意见。谈到文艺和时代这样一个话题的时候，我讲到了毛泽东《在延安文艺座谈会上的讲话》，讲到了文艺和革命、作家和革命的相互选择，还讲到了对于延安文艺座谈会上的讲话也有不同的意见，而且收在中央《文献汇编》里。

回头来看延安文艺座谈会的讲话，脱离不了当时的政治形势和环境。我讲到一个文艺和革命、作家和革命的相互选择，我们中国的作家很多人选择了革命，比当年俄国十月革命的时候选择革命的作家都多得多。另外，延安文艺座谈会的讲话，是希望通过文艺的革命化，来做到群体的革命化。这方面最成功的是对民歌的利用——通过（对）民间艺术的发掘，把民间的艺术，尤其是民歌，加上革命的内容。

张英　今天党的文艺政策，政治和文学之间的关系是怎么样的？

王蒙　现在，一般的文艺工作者跟政治的直接撞击越来越少，文艺的面越来越宽泛了。现在的领导层，对文艺里的政治上的约束、政治上的要求并不明显，不像以前，动不动要求文艺工作者一定直接服务于政治。所谓主旋律，歌功颂德的东西数量也很少。

几年前，伦敦图书博览会，中国是主宾国。我看到去的作家，除了像铁凝、徐坤、迟子建、莫言这些人，也还有一批年轻的网络作家，什么安妮宝贝、当年明月都去了。政府也非常追求中国作家的广泛性，几乎没有政治上的考虑。

张英 今天的文艺政策对文艺还能够起到决定性的作用吗？

王蒙 不能，当然不能。现在的问题是反过来，写小说、写诗歌、写戏的人仍然不少，但跟强势的电视、互联网相比，文学起的作用非常小。电视里起作用大的是民间文艺，像赵本山的小品和一些表演。

影像的功能越来越强大，电视和电脑屏幕的娱乐性非常强，娱乐性的东西越来越多。前一阵到处都是谍战片，但这里头没有任何政治操作上的考虑，这么多谍战片丝毫不意味着我们安全部门为了招收工作人员，或者多招收学生，或者多培养特工，这些谍战片的出现完全就是为了解闷和娱乐大众。

现在文学的刊物数量不少，但订数在逐年地下降，它跟过去的情况完全不一样了。

作家们都有自己写作的计划，很少有人根据一些领导人的讲话去写作的。这（在）过去也不可能，就是毛主席时代也不可能——说听完毛主席讲话，我回去就能写出一篇小说来，这是不可能的。大部分情况下，作家的写作和政治，不发生直接矛盾。

张英 现在就是换了方法，你要写这方面的作品，我给你出版、发奖、资助。

王蒙　这个当然也有，这个也起了作用。关键是你自愿，没有人强迫你。你要是写，能够获奖，拿国家奖，得到一些待遇，也能分房子，还能在各省当个什么作协主席。

但是另一方面，也要看到时代和社会的变化。有的年轻作家，就是靠网络便成了名人了，这是另外一个体系了。点击率非常高，超高，也有很优厚的收入。很可能他的收入比你那个文学奖还多。

比如说郭敬明的收入绝对比你拿一次奖多，韩寒的收入也不会比你拿一次奖少，所以这方面实际还存在着一种逐渐多元化的状态。

为什么没有人文院士？

张英　现在，互联网时代，吸引眼球的东西太多了，你对文学的未来怎么看？

王蒙　我还是相信文学不死。现在有一种说法，说随着视听技术的发展，文学已快要灭亡了。事实上只要有语言、文字，有人的思想感情，文学就不会灭亡。

但也必须承认，互联网视听技术的传播和发展，让文学受到了不小的冲击，人们也逐渐不满足于只有文字的世界。有些新媒体常常以趣味与海量抹平受众大脑的皱褶，培养人云亦云的自以为聪明的白痴，他们的特点是对一切文学经典吐槽，他们喜欢接受的是低俗擦边段子。人们的注意力正在被更实惠、更便捷、更快餐、更市场、更消费也更不需要智商的东西吸引。

但我又相信，影视剧、娱乐视频、影像，还取代不了文学的功能，比如爱情，你看电视剧听爱情歌曲就会满足吗？不会。一个猛男和一个靓女在那儿抱过来抱过去，滚过来滚过去，表面上比你看一部爱情诗过瘾多了。但爱情的时间缓冲，爱情的反复、弯弯曲曲的过程呢？情感的含蓄与体味、欣喜和痛苦、脉搏和心跳、激动人心的情绪和心理想象呢？文学的魅力，影视剧还取代不了。

文学具有一种致命的力量，它可以让人忽略一些得失。加缪说，文学不能使我们活得更好，但能使我们活得更多。文学使人更充实、更丰富、更深刻、更有滋有味，文学使生活各个方面增加了很多魅力。如果完全没有文学，我们的人生，可能比现在活得更单调，更没有意思。

张英 你说你知道主持工作与参政议政之间有多少距离。你是政协委员，提过很多提案，也当过文化部部长，主持工作。切身实地地说，这中间的距离有多大？

王蒙 我当文化部部长，相对来说，主持工作的时间比较短。这个距离在哪？比如说，很多道理上说得很对的一些事情，但是做起来，它受各种条件的限制。

举一个例子，从我在文化部的时候就提，国家对文化事业要有一个荣誉称号的体系，还有一个褒奖的体系。荣誉称号的体系指的是，比如"人民艺术家"或者"人文院士"，像苏联过去还有"功勋艺术家""列宁奖金""斯大林奖金"体系，现在朝鲜还有这样的体系，相当于科学家里头的院士。

再来应该有一个褒奖体系，由国家领导人出面，奖励这些在文化上有独特贡献的人。

中国台湾有一个"中央研究院"，相当于科协。原来胡适活着的时候是院长。英国有一个皇家学会的评价体系，法国有法兰西院士。各国、各地区情况不一样，但基本上文化艺术领域都有类似的评价体系。

如果从我担任文化部部长的时候算起，已经 26 年了，中共十七大胡锦涛报告里也讲过要建立这个褒奖体系和荣誉称号体系，去年的十七届六中全会的决议里又有这个内容，但是这个体系操作起来非常困难，还是实行不了，这就是参政议政和主持工作的区别，就在这里。

张英　为什么非常困难？文艺界多年提出设立"人文院士"，表彰中国文艺界的杰出贡献者，但建议最终没有被采纳。

王蒙　据我所知，设立这个体系，要报到国务院，国务院有关部门，比如人力资源和社会保障部等，要征求他们的意见，他们又要征求一些相关部门的意见。全国总工会很自然地提出，我们的劳动英雄、劳动模范还没有这个体系，你只给文化人发奖不可以；全国妇联提出，现在全国三八红旗手都搞得不正规，我们需要妇女的褒奖体系。总之这样一来，文化的褒奖体系得猴年马月，你不知道什么时候才能够实行。

张英　中国社科院几年前设立了学部委员，地位据说相当于中科院的院士。

王蒙　它现在不管社科院系统外的，就是必须（是）工作关系和编制在社会科学院的研究员，不具备全国性和代表性。因为它如果一牵扯到外面的就又麻烦了，比如说北京大学的学术很叫座，你为什么没有选进来？它的评价体系和评选结果，也不一定是最理想的。

什么时候我们把人文学术和现实操作拉开一点距离，比如说文学艺术，比过去反倒好得多了，不会那么直接作用到现实生活的操作上。如果慢慢往这些方面想开一点，也可能就会做得好一点。

张英 困难很多。

王蒙 鲁迅就讲过这个，他说中国人的特点是这样，远远看见这个题的匾额，这几个人都没有看清楚什么字，但是已经争抢了。这个人说题得好，那个人说题得坏，可以争得头破血流。我们现在也有这个问题，就是这个事情本身并不去把标准、规矩弄好，让这个评选成为一个好事，最后变成了目的和动机都是好的，结果变成了坏事。

如何看待传统文化热？

张英 传统文化复兴热，你很冷静，对这种趋势很忧心忡忡，这是为什么？

王蒙 这等于把新文化运动以来的进步都给取消了。《三字经》和《弟子规》里有一些非现代的东西，只讲尊敬长上，把你培养成特别听话的人，但是它不讲青少年有什么权利，没有讲长上对青少年的基本需要和要求应该有所尊重。

我最反对它这个"勤有功，戏无益"，就是你不可以玩的，你只有勤劳才行，如果玩了是一点好处都没有了，这剥夺了青少年的乐趣和创造性。再比如说《弟子规》里头甚至讲到，如果长上对你不满意，即使是打了你，骂了你，你只能够服从不能够反抗，这些东西太"前现代"了，二十四孝的倒退就更不用说。

鲁迅当年痛心疾首，什么为了孝顺母亲把自己的儿子活埋，什么儿子用自己的肉去喂蚊子，免得咬父母，这种荒唐残酷的事例，现在居然被宣扬，这是历史的大倒退。

张英 现在恐怕不只是学生教育了，在经济生活里，公司企业管理，也在应用儒家学说。甚至一些地方，还有情感咨询和教育领域，也在讲究"三从四德"了。

王蒙　这个其实很简单，据说是很多企业家发现了《弟子规》之后如获至宝，然后就要求全体员工，凡是进工厂工作的，先把《弟子规》背下来。他（们）是把它作为一种管理的手段。

所以我说它没有威权，只有管理，就是一个青年人，或者一个孩子，你要老老实实，听大人话，听上级领导的话，接受管理，服从指挥和命令。现在大家强调这个，就是从管理人的角度来看，这儒家简直好得不能再好了。

张英　因此，也要警惕传统文化里的糟粕、垃圾。

王蒙　有位著名的学者胡绩伟，在改革开放方面走得非常靠前，他是人大代表，他提出来要把这个"孝"规定在《中华人民共和国宪法》里头。一个宪法里规定"孝"，这也是非常"前现代"的一种做法。

所以我到处、有机会就讲邓小平的那句话：我们要"面向现代化，面向世界，面向未来"。当初如果没有邓小平的这句话，弄不好我们会走回头路。

金庸

■

侠是一种很崇高的道德

随着金庸的逝去，一个时代结束了。

从金庸、梁羽生、古龙到巴金、钱钟书、季羡林，谢晋、梅兰芳、袁阔成、单田芳，二十世纪整个中国文艺界的泰斗级人物，从小说到学术，从教育到电影，从评书到戏曲，不管哪个门类，代表人物都离开了人世。

二十世纪中国文艺界的大师们集体谢幕，退出了舞台。

我给金庸写了一段悼词，传真到香港给金庸家人：

金庸先生活了94岁。和很多同时代的大师一样，他们经历了时代和社会的巨变，中国从弱势走到今天的强大。经历复杂，命运多舛，人生的道路崎岖，坎坷不平，能够在乱世和战火中成长，成为文化大师，脱颖而出，不容易。

金庸生长于二十世纪上半叶，受到传统文化的启蒙，在私人学堂和书院读书，中学开始受到新式教育的影响，旧学功底非常扎实，英文基础很好，又接受了西方当时最先进的教育，非常地幸运。

加上金庸个人的努力，从报纸编辑到电影公司编剧，再到写小说的高手，成为优秀的记者、杰出的评论家、英文翻译家，后来自己独立办报，创办《明报》。又是总编辑，要管好内容团队，同时又是老板，还要管理报纸的发行、广告的经营，最后能够成功，非常罕见。

可以说，100年里，像金庸这样杰出、优秀，各方面的综合能力都很强，个人又认真、努力，勤奋刻苦，耐劳、任劳任怨，十年如一日地拼搏进取的文化人，很少见。

如今，他的武侠小说，已经进入了高中教材和大学教材；他的武侠小说创作和学术研究，已经进入了多个大学主编的不同版本的《中国文学史》；根据他作品改编的影视作品、广播剧、舞台剧、漫画、动画、游戏，被称为"金庸现象"。

有华人的地方，就有金庸的武侠。难怪包括了央视、《人民日报》、新华社在内的海内外媒体，不约而同在新闻报道和评论的标题里，称金庸为"大师"。

一个通俗小说作家，写武侠小说的作家，得到如此高的评价，在中国还是第一次。

我在《南方周末》工作的时候，曾经六次采访金庸，三次陪同金庸夫妇去过杭州西湖，还有一次湖南行，一次陕西行。

回想起来，这几次采访金庸，都有一个共同的背景，就是"晚年金庸进内地"。

在中国香港地区、台湾地区，新加坡及东南亚，金庸小说和金庸影视热退潮后，金庸的文化产业在内地找到了新的市场。

不管是三联书店还是广州出版社版金庸小说集，还是张纪中带头制造的金庸影视剧热，还是四高校合并后出任浙江大学人文学院院长，参加马云召开的互联网产业"西湖论剑"、国内旅游开发的"五岳联盟"、陕西的"华山论剑"，包括最后金庸去剑桥大学读博士的行为，都让他吸足了媒体的关注和眼球，也赶上了这些年的社会发展节奏和热点。

金庸把小说版权授予中央电视台，一块钱出售《笑傲江湖》的版权，背景正值金庸在中国香港地区、台湾地区及新加坡等地影视热和武侠小说热退潮的阶段，张纪中找到了金庸。金庸看重的是中央电视台的影响力，一块钱卖了小说电视剧版权。

金庸出任浙江大学人文学院院长，正值（国家）提出教育强国，兴起大学合并热潮。浙江四所大学合并成新浙江大学，向世界一流大学进军，新华社香港分社原副社长、浙江大学党委原书记张浚生盛情相邀，金庸答应出任人文学院院长，成为新浙大最好的文化名片，为其带来了从未有过的影响力和曝光率。

为了开发文化产业，湖南、山东、河南、陕西、山西等地旅游管理机构，提出了借势营销，找到金庸，在湖南衡山召开了"五岳联盟"大会，打武侠文化和功夫文化名号，开发旅游文化产业，金庸先生带着夫人和小舅子也去了。

陕西卫视和华山管理局，专门搞了"华山论剑"大型文化论坛，全程电视直播。华山北峰顶，竖起了"华山论剑"的石碑，还刻上了金庸的字，张纪中带着刘亦菲参加。来自国内外的学者作家，在西安碑林博物馆开了陕西作家学者对话金庸研讨会，还在华山山顶开起了金庸国际学术研讨会。

三次贴身出行，六次采访，我见过真实的金庸，见过他在各种场合待人接物的精明、温文尔雅之下的游刃有余、生活里对夫人和小舅子的贴心照顾，也见过他和主办方因为商业活动多而红脸，还见过喜欢佛学的他，每到一处请教寺庙方丈的场面。

下面的文字，是我从对金庸的专访里精选出来的，系首次发表。

最喜欢的作家

张英　在国内一些媒体联合举办的"二十世纪中国十大文化偶

像"的评选中，你排名第二，仅次于鲁迅，在钱钟书、老舍、巴金、钱学森、梅兰芳、杨振宁等人之前。你认为文化应该有偶像吗？你是否有"偶像"或崇拜的人？

金庸　无论喜欢不喜欢，年轻人总有他们喜欢的人物。他们喜欢我的小说我很开心，或者（因为）喜欢某个电视剧、电影里的角色记住了我，是一种喜欢的表达方式。但我也清楚，我的小说并不是多么重要，它还是一种娱乐性很强的消遣读物，是不能和胡适、陈独秀的作品放在一起比较的。

我选出了我心目中的二十世纪10位"文化偶像"：鲁迅、胡适、陈独秀、巴金、蔡元培、王国维、梅兰芳、齐白石、钱学森、马寅初。他们都是我非常尊敬的人，不仅对文化有巨大的贡献，而且还体现了人格的伟大。

如果只论个人喜爱，我则喜欢鲁迅、吴清源、梁漱溟、巴金、齐白石、沈从文、钱穆、裘盛戎、王国维、朱光潜。

张英　你是一个小说家，你最喜欢谁的小说？

金庸　我喜欢的作家，第一是鲁迅，第二是巴金，第三是沈从文。我是很喜欢沈从文的，他的小说《边城》写得很美，有气韵，文字很有中国人的风格特点，是中国人写的文章。他后来的小说，还有一些改编自佛教的故事，我也很喜欢。

张英　你是一个自恋的人吗？台湾给你出版不定期的《金庸茶馆》，现在大陆也有了《金庸茶馆》杂志，杭州杨公堤开了一家金庸茶馆。

金庸　台版《金庸茶馆》是远流出版公司出版的，他们出我的书很多年，很多读者也写信给我们，后来他们为了交流，办了这个丛书。上海的文汇新民联合报业集团是一番好意，给我组织出版《金庸茶馆》杂志，我知道目前为止，他们成立的金庸书友会有限公司，准备拍摄动画片，把我的作品集改成动画片。除了他们公司，还有其他地方（想要）买断我的动画片版权，我希望文新集团能够成功。

我的读者很多，他们组织一个书友会，希望大家入会成为会员后，买金庸的小说可以优惠，像今天这样的活动，今后也可以优先入场。我没有目标希望能在这里赚钱，我希望《金庸茶馆》能够办得成功。如果动画片能够赚到钱，如果《金庸茶馆》可以赚钱的话，赚的钱够把这个对话的平台长期维持下去，我就满意了。

杨公堤的金庸茶馆，离西湖很近，就是给读者提供一个交流场所，舞文弄墨，那里的茶馆有我的图书，还有一些手稿、作品集的不同版本。西湖是个好地方，大家可以喝喝茶、看看书。

张英　在《金庸茶馆》里，主编万润龙，提出了要把"金庸学"叫响；在西安碑林，你的好朋友蔡澜说，建议研究者不要把你的小说看作武侠小说，改称"金庸作品"就好。你怎么看待他们的说法？

金庸　万先生是我的好朋友，所以他是一番好意在讲，但是对"金庸学"这三个字一直觉得不敢当。大家讨论金庸小说就可以了，不要叫"金庸学"。

蔡先生是我的老朋友，他是爱屋及乌，说的都（是）客气话。不必当真。我的小说，就是武侠小说，不是"作品"。

喜欢当学者

张英　从二十世纪末开始，你担任了国内很多大学的兼职教授或名誉教授。

金庸　我倒很希望年纪大的时候，还保持一种年轻的心态，年纪大的时候，再老气横秋就不好了。到浙江大学教书，我也喜欢接近一些年轻学生，跟他们一起讨论问题，跟一些年轻老师讲课，我也觉得非常开心。

张英　你担任过浙江大学人文学院院长，在任期内，你主要做了哪些工作？

金庸　我这个院长实际上是挂名的，没有怎么做过具体的行政工作。日常的工作由专门分管的副院长他们管，我没有时间和精神管这些具体的事情，有的时候我也给他们出点主意。

我们这个人文学院有七个系，中文、历史、哲学、国际关系、艺术、新闻、社会学系，我的工作重点在中文、历史、哲学这三门学科上。

我从香港来杭州的时候，会偶尔给学生们讲讲课。

张英　你现在带博士研究生，你说会把一半的精力放在教书育人上。

金庸　我现在有三名博士生。去年就收了一个学生，是在清华大学读的硕士。另外我还收了两名学生，一名来自山西大学，另外一名来自杭州社会科学院。

现在，我每年有三个月的时间在内地，大多数时间都在杭州。所以，我会经常找他们谈话，看看他们的论文研究方向，浙大的老师平时也会帮我指点他们。

张英　你说自己晚年的心愿是做一名学者，但是你年轻的时候，第一选择是从政做外交官。后来你做了一名记者，办了一份报纸。为什么会有这样的变化？对社会的发展来说，学者的作用并不见得比记者、政治家起的作用大。

金庸 因为记者、政治家、作家没有真正的快乐啊。我现在觉得自己学问太差，如果照我自己意思，最好小说也不写，从大学开始就专门研究历史，研究外国文学，那么到现在大概跟其他大学教授的学问差不多了。

我在牛津大学、剑桥大学跟这些大学教授也谈过天，觉得自己和他们差得远。他们精通希腊文、拉丁文，德文又好，法文又好，谈到法国史就背一段法文出来，和我真是不同的。就是浙大的教授，我跟他们也差得远。我自己很惭愧。花这么多时间，去做一些现在没有用的事情，我现在真是希望自己有很好的学问。

我花那么多时间写小说娱乐别人，自己却没什么好处得；办报纸给人家看，自己没什么好处得；而做学问是自己得益的，可以有快乐的。

现在我觉得学问不够好，开始学着写点儿文章，觉得这个不懂，那个也不懂，这个文字不懂，那个文字也不懂。如果早一点儿，30年前我学这个东西那就好了。学问不够，是我人生的一大缺陷。

想写《中国通史》

张英 你的历史研究进行到什么环节了？

金庸 我现在主要在研究中国古代史，宋史、唐史，还有罗马史。为什么我会同时进行这些研究呢？因为中国历史和罗马史有关联，当时的两个大帝国，比如为什么当时罗马政权垮台，罗马帝国就四分五裂没有了，中国西汉、东汉政权垮台了，后来隋朝、唐朝又复兴了，我要找出这中间的道理和原因来。

所以我不仅研究中国历史，也对外国历史进行研究，这样对比，更加容易找出答案来。

张英　你为什么要写《中国通史》？

金庸　我为什么要写《中国通史》？周谷城先生的《中国通史》和翦伯赞先生的《中国史纲》都写得非常好。但是，我个人的看法有点不同。我觉得中国人民之所以伟大，中华民族之所以这样强大，主要是与团结、融合有关。

在古代，外国的一个民族征服另一个民族时，习惯做法是将对方斩尽杀绝，文明亦自然中断。在中国古代不然，民族之间的征服杀得很少，主要是将对方人员先当作奴隶使用，随着时间的推移将其升为平民，享受平等待遇。在这个过程中，吸收对方的文化、技术，遂使中华文明得以延续。

秦、汉之后，匈奴、鲜卑人进入，才会有隋唐的大发展；宋朝之后，辽、金、元人进入，女真族进入，才有了明朝的发展；清朝更能说明问题，满汉融合，互相通婚，取长补短，才有了版图的扩张。中国历史上每一次民族融合，都使中华文明出现一次发展高潮。从区域文化来说，黄河流域的龙山文化、云南的元谋文化、浙江的河姆渡文化，在发展过程中也发生了融合。

张英　那么你的历史观是怎样的？

金庸　如果你将来看完了我写的《中国通史》，你就会了解我的历史观了。我的历史观，以前是非常大汉朝主义的，后来慢慢对历史多思考、多研究，就觉得所有民族应该是平等的，这种方面是有进步的。

我试图采用一种新的观点，以中华民族的角度和观点去写历史，用人民的角度和基点去写历史——而不是像以前的历史书，都是从汉族人的观点和角度出发——还有就是客观去呈现中国历史。我认为中国历史和中华民族的伟大恰恰在于团结和融合。

张英　人民怎么成为主角呢？

金庸　我是用人民的观点来写这部《中国通史》的。以前的中国通史大家都用朝廷的观点，到底哪个皇帝打垮哪个皇帝，抢到权位了。

我希望写出一部崭新的历史著作，比如说，我会用人民观点看人民在历史时代起什么作用，他们在当时的生活过得好还是不好。我认为现在新的历史观念应该写人民史，不应写帝王史。

但是，人民比较难写，因为人民都是无名英雄，如果人民中有领袖，大多数后来就背叛了人民了，自己做皇帝去了，刘邦、朱元璋这些都是，本来人民出身，但成功后他（们）就反过头来压迫人民了。

张英　在中国历史中，你喜欢哪个朝代？

金庸　唐朝是武人当政的。唐朝的历史从北周过来，北周是鲜卑的贵族当政，等于是外族当权了。他实际是将军贵族分化出来的，手里有兵权的大将军是很有权的，一般普通老百姓生活还是苦。他派人去收税，有财政权；有法院，立法权、司法权、财政权全部在将军手里。所以唐朝并不是很好的时代。

宋朝也没有太进步，但比唐朝好一点。宋朝对知识分子很尊重。皇帝和宰相上朝，以前唐朝宰相要向皇帝跪下要磕头，宋朝就是皇帝坐在那里，宰相也坐在那里，讨论问题，非常人道。而且宋朝有个好处，宰相大官从来是不杀头的。有些宰相做得不好的就罢免，不让你做了，留职察看，或者下放之类，不杀头。

张英　你不大同意黄仁宇的历史观？

金庸　我认为一个历史学家应该有三个要素：有才能、有见识、有学问。如果历史学家没有见识的话，是不能称为历史学家的。历史观一定和人家不同，如果跟人家完全一样，直接照抄就行了，何必让你去写呢？一定要有自己的见解。

童话和神话

张英　怎么看待那些围绕你小说的争议？比如，武侠小说是通俗小说，不登大雅之堂。

金庸　还是看写得好不好。不管武侠小说、爱情小说、侦探小说，都可能成为好的文学作品。和文学的种类没关系，还是要看作品的内容，是否有很多的文学价值。我倒没有像一些评论家，解读我的武侠小说，考虑对社会的影响，提到文化的高度去进行文学评论。

我当时写小说的时候，我没有想过小说（的）教化作用，没有从这样（的）高度去考虑对社会的影响，因为我本身从小喜欢看武侠小说，一直到年纪大了也看，就觉得这样一种东西好看。大家说我写得好，觉得好看而已，好像做戏这样，做得热闹而已，其实也不见得一定精彩的。

武侠小说本身也不单单等同于是金庸的小说。现在有一批文学评论家，他们反对金庸小说，也不是反对我个人，而是反对整个武侠小说这种文类，反对武侠小说的存在。武侠小说这样一种文类，我认为应该让它存在。如果它有一些缺点，可以提出批评，可以改正。

中国古代长期以来重视诗词，唐诗、宋词、元曲，把它们当正统的文学，后来出现了白话小说，《聊斋志异》《儒林外史》《三国演义》，被写诗词的人看不起，后来出现了《西游记》《金瓶梅》和《红楼梦》，也被人说成是通俗文学，格调不高。

我觉得，写什么不重要，类别、题材也不重要，不管写什么，写得好不好，这是最重要的。我写的武侠小说，我自己不说写得好，但我的读者很多。

张英　你在乎读者的数量吗？

金庸　读者是衣食父母。我是想大家看我的书是为了多一些快乐，看我的书是一种享受。我继承了前人的武侠小说，从唐小说一直到宋朝的话本、明清的通俗小说，也受到"五四"以来这些中国作家小说创作的影响，跟他们学习，这是有的。

还有一些是现代思潮，西方的哲学思想、社会思想，这种影响也是有的，自己想的加进去的东西也是有的。没有什么谈论成就，积累前人的辛勤功劳，加了一点自己（的）创作，幸亏汉语的读者人数是这样多。

早些年，《明报》刚刚创刊，就靠我写的武侠小说连载过活，一直到后来才好转。包括明报出版社，就是靠我的小说，单行本一本本出版撑着的。我很尊重读者，也很感激读者，我相信没有作家会不喜欢自己的读者。

早些年，国家新闻出版主管部门向我提供的数据是，内地的金庸小说的销量是三亿套（册），加上港澳台的图书销量，现在应该不止这个数。从读者反馈给我的信息看，他们还是喜欢我的小说的。有这么多，成亿的读者，跟着我的小说展开想象的空间，对我来说是十分开心的事。

我爱我们这个民族，对古代文化有一种向往和爱好，所以写出来的武侠小说，刚好投大家所爱。所以我非常感谢读者对我的小说的喜爱。

张英 有人说，武侠小说是"成人的童话"。

金庸 我写小说的时候，这个神话、童话的观念是有的，好像是创造一个现实上不大可能的东西，所以这个跟现代主义的距离很远了。

事实上，我希望有一种英雄，特别想强调守信用这个问题。古代有些人为了"信"字失掉性命在所不惜，这种人现在没有了。

所以我写这种人的传奇故事，英雄侠客大概是中国的一种童话、一种神话了，说是一种理想主义也可以。自己觉得，写一写这些人好玩，这种人我很佩服，希望这世间有的。

所以有些评论家反对武侠小说，说看我的小说使得小孩子不上学，离家上山学道，这个是几十年前的事情。现在的小孩子科学思想提高了，不会再去上山学道了，不会再去学降龙十八掌了。

张英 你很在乎评论家的评价？

金庸 我的小说起初写的时候，本身就是为了大家好玩、娱乐，看了开开心心，高高兴兴的就好。我自己在八九岁的时候，就看武侠小说，看到三十几岁才开始写武侠小说。我想世界上的中国人，像我这样的武侠小说爱好者很多，所以就提供像这样娱乐性、休闲性的作品。

后来一些朋友就把我的武侠小说，不成话的小说，拿来研究，有些文学评论家就把它当作文学作品。让我自己想呢，我写的小说中间，有一些是向文学作品走的，有一些是描写人性、表现社会的作品，所以说文学作品也是可以的，但是不能提得太高。

我个人在政治上、在文化上、在哲学上都主张多元主义的，文学也是任何形式都允许的，不能把不同形式的东西否定掉。

我举个例子，我自己喜欢吃江南口味的菜，也决不否定北京菜、陕西菜、湖南菜、天津菜、山东菜，各种各样的菜，青菜萝卜，各有所爱。

大家喜欢看武侠小说就看。中国读者有两种，一种是特别喜欢武侠小说的，一种是根本不喜欢。根本不喜欢的呢，你跟他讲，天花乱坠，他绝对不相信。他看到它就讨厌：这里面讲的都是假的，这一拳出去把人打死了，这是不可能的！是骗人的，武侠小说都是故意来骗人的。

声称有特异功能的人，让人来相信他，说他可以给人治病。他假装治病，就拿人家的钱。武侠小说虽然也有夸张的成分，但并不骗你、让你信以为真。你相信也好，不相信也好，我的书卖了，我收点稿费、版税。

一个人有一个人的看法，武侠小说作为百花园中的一朵小花，你可以允许它存在。不需要把它一铲铲掉，不让它发展。

张英　除了自己的作品，你看别人写的武侠小说吗？

金庸　我本人也是武侠小说的爱好者，从小喜欢看武侠小说。因为自己看自己的书感觉没味道，第一写得不好，第二是书里的情节我全部知道，没什么看头。我一个人写了15部小说，已经非常够了，后来不写了，多写就重复了。我觉得写得够了，过去那些很伟大的作家，作品都不多，写到15部小说，已经很好了。

我看过还珠楼主的小说，梁羽生和古龙的小说我也看过几部，还有几位台湾的作家写的武侠小说作品，我也看过。

一些新的作家能够出新的作品，我会很乐意买来看。一直到现在，我失望的次数比较多。

侠客和骑士

张英 你说你喜欢看杨争光的小说，为什么？

金庸 我看《双旗镇刀客》，很喜欢。后来有人问我，你这个武侠小说现在不写了，小说将来怎么样发展？我就想到杨先生，他的《双旗镇刀客》这一类小说，是可以继续写下去的，我很佩服他。

我跟张纪中先生合作，实际还是杨先生牵线。我看了《水浒传》，就知道编剧手法很好，后来请张先生做制片人。

张英 中国的侠客和西方的骑士有什么不同？

金庸 现代社会里的侠，就是日常生活里见义勇为的普通人，遇到不公平的事可以去帮助人家。在中国社会中间，侠是一种很崇高的道德感，大家都非常重视。中国的侠讲义气，更加讲忠和义，这可能和中国的传统文化是有关系的。

外国人就不重视这个侠，但他们讲骑士，骑士主要就是为上帝服务。我们中国人讲人情，看到别人痛苦，或者别人受到欺负，讲天地良心，他觉得这个事情不对了，贪官污吏违反天地王法，他就挺身而出，就去帮助那些需要帮助的人。

但外国人就认为，上帝认为应该做这个事情，那我就做这个事情，我为了上帝牺牲性命，我死了之后就上天堂了，所以这个动机和出发点完全不同。

张英　人在江湖，身不由己。你心目中怎么理解"江湖"的意义？

金庸　讲到江湖，我觉得江湖无处不在，它就是市井社会，其实你不一定逃避进去就没有了。江湖还是代表中国下层社会、底层社会，或者下层社会跟中层社会之间的这样一个社会现象。

那是我们一般文人不会接触到的一个社会。

下层社会，就像《水浒传》和《三国演义》里描写的社会，底层是穷人的社会，资源有限，有你没我的，我拿了你就没有了，所以弱者要结义，结社团成立帮派，动不动就喝酒就打架。这样一个社会，这种现象，在革命成功之前，是存在的。

我这个武侠小说，让读者在痛苦的时候，在他不开心的时候，拿来消遣消遣，作为娱乐就可以。我倒也不希望大家为了逃避，而进到这个社会，忘掉现在的世界。每个人都会遇到问题，直接面对，解决问题就好。不一定要逃避现实，用武力解决问题和冲突。

张英　北京大学的严家炎教授曾经拿鲁迅《故事新编》里面的《铸剑》跟《倚天屠龙记》进行比较，精神都是反对暴政和暴君。

金庸　严家炎教授和我半师半友，一半当他是老师，一半当他是朋友。他写过一篇很重要的文章，讨论关于《铸剑》的问题，我受很大教育。我写《倚天屠龙记》的时候，和鲁迅的《铸剑》有一点关联，有点把他的思想融进去。

屠龙刀就是号令天下，号召团结武林朋友，大家一起为理想为天下打拼，为老百姓造福，推翻残暴的统治；如果最后造反者被权力腐蚀，又变成了暴君，那么反抗者就会手持倚天剑，砍断屠龙刀，反抗他的统治。

有一把屠龙刀的话，你会得到、统治天下；但如果你是暴君，你欺负老百姓，我倚天剑一剑把你杀死了，这一把剑也可以置你于死地，就这个意思。

倚天剑存在的意思就是，你善待老百姓，大家拥护你，大家接受你统治。但如果你欺负老百姓，我单独一个人也可以置你于死地。

张英　很多学者喜欢你，是因为除了讲故事，你在小说里淋漓尽致地展现了中国传统文化的美。

金庸　我本身是在中国内地受的教育，对故土有一种怀念，恋恋不舍的感情，对中国传统文化恋恋不舍，把这种感觉写到小说里。

因为到了香港，当时是英国人管制。我写小说的时候，也是在发思古之幽情，这种感情是有的。有家归不得的那些在外的人，心中更加热爱中国，这种情怀很自然地、不知不觉地反映在小说中了，爱国情怀自然会加强一些。所以希望国家强大，希望国家好，希望老百姓的日子好。

我自己爱（家）乡，爱祖国，爱自己祖国的文化，这个是与生俱来的，一直到现在还是保持这样子，热烈的感情，有的可能不知不觉地渗透在小说当中，我不是故意想表现这种感情的。

张英　你说，现在有些现代的作家，是用中国的文字在写外国小说，为什么？

金庸　这句话主要是由新加坡一位叫杜楠的记者在一篇访问记里写出来的，我现在讲这些访问，当时是录音的，录音之后，凭记忆写出来的。他把我的两段话并在一起讲，我不是放在一起讲的。

我前面一段话就是说，我们现在有一些中国作家写的文字，思想内容和文化结构都是西方的，但是我后来也提到茅盾、巴金这些大作家，两段不是放在一起的。

茅盾先生是我的长辈，因为他跟我爸爸是同班同学，我小时候见到他，叫他沈伯伯，所以这个话我觉得对于我的长辈不敢再讲了。还有巴金先生我也从小念他的书，我很佩服他，很尊重他，佩服他的人格，佩服他的勇气，也很佩服他的文字，也很喜欢他的小说，所以，对前辈作家有不敬的话，我是不会讲的。因为访问的记者把我的两段话拼在一起讲，有人误会，以为我对这些作家不尊敬。其实我的话就是，有些作家写的文章，好像用外国的结构、外国的语法、外国的语言来表达他的故事，也不是说指那些作家。

我在浙江大学的时候，我们开个会，武大的一位哲学教授，是武大的校长，他就讲过一句话，他说现在人写的文章，这个文字我看不懂，是外国文字，但是每个都是汉字。我想意思差不多，他讲得比较直接一点。

趁这个机会，我更正一下，我没有对前辈作家不尊重的意思，他把两段话并在一起了，所以产生误会了。

三个小说版本

张英　《金庸作品集》的出版社编辑说，这是你第三次修改自己的作品集。而且很多修改，都是读者的意见。

金庸　过去的诗人，比如杜甫，他可能觉得自己的一首诗不够好，但流传出去了，就没法动了。我现在有机会改，多好啊。我的小说，都三四十岁写的，现在年纪慢慢大了，一路写下去，人应该是进步了。

因为我当时的小说，都是报纸连载，每天写一段，我还要办报社、写新闻评论，所以早期的小说有很多漏洞，故事情节接不上，人死了后面又活了，在时间、地点和情节上难免会接不上头。

所以，后来我出书的时候，每次都会通读一次作品，再尽力修改，将前后时间、故事的情节、人物的出场前后、人物的性格成长变化，全部理顺。

张英　新版全集的修改过程是怎么样的？

金庸　我现在每天要花将近 10 个小时的时间来修改自己的作品，所以外出散步和锻炼的时间少了。但是我修改的原则是故事的结果不变、人物不变，只是对一些前后矛盾的情节进行修改。比如《射雕英雄传》中，黄蓉和郭靖的年龄要修改，同时又增加了黄药师和梅超风之间的一段感情。

在修改的时候，台湾远流的编辑、香港出版社的编辑，把他们收集到的资料汇总了给我。我会和几位我信赖的朋友讨论，并尊重这些朋友的意见，然后参考了很多网上"金迷"的意见，再对小说进行修改。另外，我还在新版作品集里，增加了许多帮助理解作品的注释。

在修改的所有作品里，这 15 部作品中，改动最大的是《天龙八部》。

张英　你的作品集有三个版本，一个是报纸连载的版本，一个是后来出书的香港旧版，一个是内地的修改版。有作家觉得旧版更有文学性。

金庸　我小说集的版本很多，在香港出的时候是第一版，后来在台湾远流出的时候，我已经进行了一些修改，内地出的三联版，也改过一些地方，现在等我全部修订完了，我会出一个新版本。

过去几个版本，要再出版比较困难，因为真正喜欢研究旧版的人不多，重新再出版是没销路的。如果不是研究者，你还是看新的版本好了。有的人有兴趣研究，对照一下我为什么修改，或者说我修改得好不好，可以想办法找旧的版本对照。

我不断地改，是因为我自己在成熟，很多小说的旧版本有问题，因为年轻的时候文字不好，第二次改得好一点，第三次改得再好一点，一步步修改，也是对自己的一个帮助。

张英　很多喜欢你的作家，都觉得不应该修改完成的作品。

金庸　我感觉以前写得不怎么好，现在改得好一点，也可能改得坏一点。有的朋友觉得，当时因为我年轻，思想比较活跃，小说有些情节，逻辑有问题，有的细节不对，乱七八糟胡闹的，前后有矛盾的，这些问题多少都有一些。

比如有读者问我，《倚天屠龙记》里面有一个细节，小昭的手脚都被铁链锁住了，一直到张无忌借赵敏的倚天剑才砍断。有一段时间，小昭的手脚都是被绑起来的，那平时她是怎么换衣服、吃饭的？

我当时的回答是，铁链很长，有手铐，她的活动距离很大，手可以拉很长。

现在我思想比较成熟，感觉胡闹的地方就改了一下。原来写的小孩子东西很多，现在全部删掉了。在小说里有这些，不是很好。一些年纪轻的朋友，对于我的删改不满意，他们喜欢看蜈蚣跟蝎子打架，这些情节有趣，删掉了他们觉得很可惜。

张英　你有一句名言：越美丽的女人越会骗人。

金庸　这句话，是《倚天屠龙记》里，张无忌的妈妈教儿子的。这个话不一定是真理。他妈妈怕他受女人的诱惑，受骗上当，所以给儿子预先打个防疫针。

小说的修改

张英　《射雕英雄传》的修订里，增加了有关梅超风暗恋黄药师的文字，为什么会这样修改？

金庸 其实这不是后来的修订，最初已经有伏笔了。黄药师收了一个女徒弟梅超风，后来梅超风跟另外一个徒弟陈玄风结婚了，黄药师大怒，把其他几个徒弟的脚都打断了。其实这有一定的暗示——黄药师对女弟子有一定的感情，否则为什么看到人家结婚，就把大家的脚都打断了呢？

现在的读者年纪太轻，他们是不懂男女间的感情的。有人问我为什么要把脚打断这样残忍，他们不懂男女之间的感情。不过文学作品不想写得过于明显，这里有暗示的，不了解的小朋友，慢慢大了就懂了。

张英 郭靖对杀父仇人完颜洪烈非常仇恨，但对于杀害母亲的成吉思汗爱恨交集。

金庸 《射雕英雄传》里头，郭靖和完颜洪烈没有什么交集，就是一个杀父仇人。可能郭靖跟成吉思汗在一起待的时间长了，有感情了。

将心比心，如果有一个人对不起我，但是大家都是好朋友，有些地方，是可以让步的。

张英 有人批评，《射雕英雄传》里，华山论剑最终入选者，没有一个是剑客。

金庸 我简单解释一下，我起初用这个名字，是一个文雅的讲法，一个代替的讲法，并不是真的要讨论剑法，也不是用剑来比武。有人批评过，你这个华山论剑没有一个人用剑，有的用手掌，有的用手指，为什么用"论剑"。我说论剑是中国人文雅的讲法。

在最新的改本中间，我做了一个比喻，好像请你到我家吃饭，不是说就三大碗白米饭，也包括吃菜、吃鱼、吃肉，喝汤更重要。可能从头至尾不吃饭了，后来吃点面条，喝三杯酒，咱们吃饭就吃过了。或者我要请你喝茶也不一定就单单喝茶了，也吃很多点心。

论剑也和吃饭（一样）的意思，是一种文雅的讲法。

张英 《碧血剑》里，袁承志是个专一的人，他只爱青青，修改后，他也爱上了阿九，陷入了情感的迷茫。为什么？

金庸 这样更加接近现实。人生最理想的是专一的爱情，但不专一的爱情常常有，这样改更接近现实，符合人性。我在武侠小说里，主要是表现一种精神，一种信仰，爱国心呀，信义呀，朋友之间的感情要重视，一种人与人之间的感情，对男欢女爱的爱情要重视，不可以随便对不起人家。

在《碧血剑》中袁承志对青青是一见钟情，专一到底，写何铁手、阿九爱他，袁承志不为所动。但是，我现在把它改为袁承志后来被阿九慢慢吸引，甚至越来越爱她，只是因为道义所限，袁承志一直压抑自己的感情，没有背叛青青。但是他人生里就有了很多遗憾了。

张英 人生没有完美的爱情。

金庸 我希望有完美的爱情。我文章也写过，看小说的时候，你不知不觉把女主角幻想成自己的太太，或者幻想成自己的女朋友，或者幻想成自己的爱人，或者幻想成自己想追求的女人。你可以把很多美好的东西都加在这个女主角身上，幻想自己是令狐冲，幻想自己是郭靖，把很多好的加到自己身上。真到银幕上一看，这个女主角没有想象的好，这个男主角没有想象的好。

所以有人说，爱情是白日梦，是可遇不可求的。如果一个人运气非常之好，碰到一个异性，一见钟情，你喜欢他，他也喜欢你，两个人相处在一起，过一辈子，最后白头偕老，这个是人生最大的幸福，这种运气是可遇而不可求的。

张英　你现在不相信"一见钟情"了？

金庸　一见钟情之后，能不能白头偕老？这个比较困难。在中国以前不能白头偕老，主要就是一方死亡了，但是另外一种更大的可能，就是有一方变心了。现代社会中间男对女的，互相之间对爱情改变方向，也很普通了。

我们中国人对爱情，跟西洋人有些不同。西洋人说爱情无罪，我喜欢这个人，过了几年我不喜欢她了，就换了一个人，西方人可以接受的。我们中国人除了爱情，我们还讲情讲义。爱是可以变的，情、义就不大能变了。男女之间也有情有义。

情和义是中国人感情生活中间很重要的一个主题，我在《碧血剑》中也写了这个问题。所以袁承志爱阿九，但他只能把爱放在心底，和青青在一起过一辈子。

张英　也有人对你有意见，比如你要让《鹿鼎记》里韦小宝七个老婆最后一个也没有，家破人亡。

金庸　我想这样修改的动机是，韦小宝是一个旧社会造就的江湖人物，他好色、好赌博，喜欢骗人、捉弄人。现在我想起来，我在香港、在海外看到这一类的人太多了，当然韦小宝比较集中。

（他）唯一的好的地方是重情义、讲义气，性格中也有一些优点。所以韦小宝我不是全面否定，我想他身上也有一定的优点。写《鹿鼎记》的时候，脱离了以前一些小说的模型，不完全是浪漫主义，加了一些现实主义的情况，从现实生活中间，（找）出来一些认识的人，这些模型也加进去了，来描写这些人了。

但一直有小朋友觉得有趣,写信给我,说想学习他,模仿他。所以,我准备让好赌的韦小宝家破人亡,让他的七个老婆大多都跑掉,这样改的目的是:让年轻人不要学他的样。后来有很多读者反对,那就算了,干脆放弃了,没有改《鹿鼎记》结尾。

张英 你喜欢喜剧还是悲剧?

金庸 我的小说悲剧多,其实喜剧也很多的。好像《射雕英雄传》《神雕侠侣》都是喜剧结束。《倚天屠龙记》基本还是喜剧,《碧血剑》最近有点改动,没有改成悲剧。

我小说里面不大写一个男人和一个女人互相爱上,后来变心了。中国古典小说,传统的章回小说,"三言""二拍",都不大写这个题材。人生里面,人的感情很多种,爱情只是人生当中一种常见的感情,因为很难完美,所以它引人注目。

张英 《神雕侠侣》是你作品中唯一浪漫主义的作品。

金庸 不是,我所有的小说,整个都是根据浪漫主义方式来写作的,对现实主义、真实社会我不大注意,但是对现代人性还是注意的。关于人的性格方面,我是现实主义的,但是社会问题、社会背景,我就比较忽略了,也没去根据现实主义的写法写。

《神雕侠侣》当然浪漫主义成分更大,但是其他的作品,浪漫主义的东西也很多的。

江湖和侠义

张英 你笔下的人物,大部分是顶天立地,愿意为集体牺牲小我，为国为民的英雄，但很少活得自由自在的，唯有《笑傲江湖》里的令狐冲是一个例外。

金庸 《笑傲江湖》的令狐冲，我重视个人的自由发挥，当然人性也不单单包括自由，可以包括一切的。像大哲学家卢梭提到，世界是一个自由与组织的矛盾，这个社会，各人都发挥自由，社会就没组织了，天下就大乱了。

我相信，自由和组织这个观念每个人都应该兼有的，不可以单方面追求自由。在《笑傲江湖》里对自由的强调，其实自由跟义务、责任是相冲突的，你不能因为自由，对社会的义务、国家的责任就放弃了，这些矛盾、冲突怎么解决，是所有作家的问题。

张英 你不止一次说，侠不一定是为国为民的大英雄，社会中的普通人，做好事也是侠客。

金庸 《史记》等古书里，有很多民间英雄故事，都是底层的普通人，在山林中、在下层社会里，也有侠义信义，实际上这些东西早就存在。

孔夫子讲侠义，讲道理，他根据自己所想的凭良心判断，讲天地良心，这个事情不对，我就去纠正。孔夫子也认为，知道不对去纠正是很合理的。

我有一次给中央电视台《感动中国》节目当评委，评选当年全中国最感动人的事情，几十个评委选出来都是见义勇为，我就选的一位女经济学家，她看到一家大公司，它发表的年报不正确，欺骗股东，她就写了一篇短文章，指出这个年报不正确。因为这个事情，后来那个大公司真正地告了她，她是一个特别穷的教授，逼她打官司，她还是坚持到底，她觉得应该见义勇为，不公道的事情我们就应该去主持公道。她不是女侠，也不会降龙十八掌，根据她自己的侠义精神去做，我觉得现在这种精神，在社会上是值得提倡的。

张英 在现代社会里，你怎么看待武侠、侠客精神的作用？

金庸 在现代二十一世纪的时候，我们武侠小说发扬一种中国文化的精神，一方面自己国力要强大起来，为了保卫和平，使得武力强的国家不能够欺负弱小民族。我们要锄强扶弱，打抱不平，要维持世界正义，这是我们武侠的作用。

西方人好战，奉行谁厉害谁是老大的道理，很多外国历史学家认为，西方哲学要征服人家。但现在全世界都给你征服了，你发展到月球上去了，火星也去过了，全世界的资源都给你控制去了。你再控制，也受限于技术，没有其他可能了。所以到最后，也不是打仗谁胜谁负的问题。

中国人的哲学，是大家要和平，要友好要团结，有什么事情要妥协，要互相让步，互相和平共处，这个才是真正的无招。不是说我打赢你我就赢了，打赢你最后也不一定赢的，我跟你和平共处，不以大欺小。最后用精神来感化人家，全人类团结在一起，这才是真正的无招胜有招。

止戈为武是中国古人的理想，中国人自古以来就不希望打仗，就觉得打仗、用戈是不好的事情，能够和平解决最好。

不在乎评价

张英 你的小说的读者主要是华人，为什么在国外没有影响？

金庸 因为我的小说很中国，取材于历史，虽然是讲冒险的、打斗的英雄传奇，但东方味道浓郁，民俗风情、地理环境，跟中国传统文化结合很紧。我想读者之所以欢迎我,当然也不往往依靠故事和形式,中国小说的形式和结构,中国读者还是比较容易接受的。

我也喜欢听西方音乐、西方歌剧,但是我一听京戏的话,歌剧就一概不听了。二胡那个调子其实很简单,小提琴很好听,两个音乐比较起来,我还是喜欢听二胡,这就是中国人的习惯问题。我看一幅国画,我到巴黎、到伦敦博物馆去看,看这些世界非常有名的油画,有些看不懂,也不去管它,看得懂的也还是觉得中国国画味道好。

我想中国人一生下来就喜欢中国东西,这个没办法。听陕北小调,很高亢的,其实内容很简单,但是听起来,比外国的名家歌剧还好听。这个是我们形式的关系,所以我的小说利用了中国的形式,这里有一个取巧的办法,希望争取读者多点的关系。

我的小说当中,有一部分跟大仲马差不多,有一些是冒险的、英雄的、打斗的,但是我的作品当中,中国传统文化知识很多,外国读者不理解,门槛太高了,所以在国外的影响不会很大。

我的作品在法国、英国反应不是很好,但是在日本、韩国、越南的反应都非常好。

张英 早期的时候,你对自己的小说评价很低,看得很淡,现在是不是越来越重了呢?你的小说不仅进入了北京大学教授谢冕主编的《中国百年文学经典文库》,还成为大学的研究课题。

金庸 这是人家给我的评价,跟我自己没关系。人家评价高评价低,你不应该问我,应该问批评家的。

我的小说以前没有大的修改,现在要修改,跟进入文学史没有关系的。我的想法是,把以前小说里的错误进行改正,把留下的遗憾挽回,修改主要是围绕情节来进行的。

张英　在你的小说里，像陈家洛、乔峰这样以天下兴亡为己任的英雄生活多磨难，多以悲剧告终；而像朱元璋、韦小宝（这样）自私自利追求利益不择手段的人却成就大事，活得多姿多彩。但是中国历史的现状往往如此，真叫人沮丧——这是不是你对历史的理解？

金庸　我的小说每一部都不同，不能放在一起讲的。陈家洛、韦小宝是完全不一样的人，是两种类型人的极致。

陈家洛在红花会那种环境里生长决定了他必然会成为那样以天下兴亡为己任的人；韦小宝在妓院那样复杂的环境里长大，他自然就会自私自利、为利益和目的不择手段。这两个人是碰不上的，活动的范围也不同。

韦小宝不是一个平实的人物，是一个不可能的社会当中不可能的人，他在这个社会当中比较如鱼得水。如果在现在的社会当中，韦小宝是不行的，他混不出来，不会成功。有人否定韦小宝这个人，这不对，因为他是历史的人物，否定韦小宝就是否定康熙那个时候的社会。

张英　你曾经说过，"武侠小说本身是娱乐的东西，不管写得怎样成功，能否超越它本身的限制，这是个问题"。你觉得自己的小说解决了这个问题吗？

金庸　我的小说娱乐性还是很强的。我认为娱乐性很重要，能够让人家看了开心、高兴，我觉得并不是一件坏事。小说离开了娱乐作用就不好看了，没有味道，我认为这是一种创作的失败。

张英　目前武侠小说面对的困难是什么？突破点又在哪里呢？

金庸　现在的困难是没有人愿意写武侠小说了，而且因为年代久远，今天的年轻人很难鲜活表现那个时代。现代社会不是武侠社会，武侠世界跟现代社会是完全不相融的。现代社会讲法律，武侠是完全不讲法律的，在古代令狐冲随随便便杀一个人，如果在现代社会，杀一个人公安马上就会到达了。

如果有好的武侠小说，我的出版社是愿意出版这样的作品的。突破点我自己也在找，但是没有找到。

影视剧忠实于原著最重要

张英 你的作品大部分被改成了电视剧和电影，早期的香港版追求娱乐性，台湾版追求煽情，内地版看重的是小说的道德意识和精神高度，正剧色彩比较浓，你喜欢哪一种风格的改编？

金庸 小说是当文学作品来看的，人家都说文学作品有真、善、美的追求，在作品里我只追求美的范畴，把我所喜好的、所见的美好融到作品里面去。

海峡两岸和香港、澳门拍电视剧我不关心，他们追求什么样的风格，和他们的市场有关，跟我没有关系，人家喜欢拍就拍。

我只关注电视剧是否忠实于小说原著，希望不要改动过大，这一点我比较在乎。

张英 只在乎忠于原著？影视剧拍得好不好，观众喜不喜欢也不重要？

金庸 现在我的要求比较少，就是不要改动我的小说，不要增加很多小说本来没有的东西。编出来的电视剧，跟我的小说故事差不多，我就已经非常满意了。

如果电视剧和电影编剧增加很多情节，我就非常不满意。但他们都以为自己聪明，总是对我的小说进行大修大改，甚至把男人变成女人。很多的时候，改编的剧本还不如我的小说，故事也漏洞百出，把人物的性格、个性都改得走样了，苍白无力，没有了魅力。电视编剧应该注重人物的性格、人物的感情，但这个要求很高，要做到很困难。

我跟电视导演倒没有提过，跟电影编剧编导讲过一句话，我说你要拍我的整部小说，一定不行了，只能够拍其中一段故事，男主角、女主角的故事里拿一段情节出来充分地发展，谈情说爱也好，打斗也好，把一段小说放大，把一段故事集中充分展示。

电影只有差不多100分钟，你要把一个故事，比如《射雕英雄传》里的"华山论剑"这部分说好就可以了。总的这样讲下来，长篇小说拍电影，没有时间来发展故事。所以拍电视剧的情况要好一些，好得多，可以拍很长的篇幅。

张英　你为什么这么在意电视剧、电影必须忠实于你的小说原著呢？这可能是那些导演所反对的，因为电影、电视剧是在小说的基础上进行二度创作的，他们认为自己应该有这个权利。

金庸　不仅我在乎，我想读者都在乎。《笑傲江湖》的导演改了一些故事的情节，有五万读者不满意，反对他的改编和自作聪明，在网上骂他。

我的小说并不很好，打个70分吧，但是经过电影、电视编导先生们的改动以后，多数只能打三四十分。他们删减我的小说可以，但是不要自作聪明，增加一些故事情节进去，结果不和谐，露马脚，"献丑"。

我觉得，拍我的小说有一个困难。常常他们讲故事，已经把篇幅全部讲完了。电影和电视剧讲究视觉、画面，打得好看和胜负结果，已经花了很多篇幅了。个人与个人之间的感情，人物的关系和交往，也不大有时间发展，性格、感情来不及（展开）就发展了，所以会有这方面问题。

张英 张纪中改编了《笑傲江湖》《射雕英雄传》《天龙八部》和《神雕侠侣》等作品，你是不是特别欣赏他？

金庸 张纪中的性格很豪爽，有侠客之气，我和他很谈得来。《射雕英雄传》拍得我比较满意，《天龙八部》我只看了一点，我想象也不错的。

在目前的电视剧改编当中，中央电视台还算是不错的。本来《笑傲江湖》的版权我只要了他们一块钱，完全是象征性的，等于就是赠送的，结果电视剧令我不满意，所以《射雕英雄传》就不送了，按市价卖了80万元，因为是央视打了九折，就是72万元，后来看他们还算忠实（于）原作，我就拿出10万元送给了编剧和导演，我自己拿了62万元。

张英 到现在为止，香港TVB（电视广播有限公司）版的金庸剧，观众口碑最好。

金庸 这个问题我跟记者谈过。以前谈话时提到美国的冰激凌不好吃，英国的冰激凌不好吃，上海的最好吃。实际上上海的是最好吃吗？不一定，是因为我小的时候吃上海冰激凌长大的。后来到了意大利，也觉得意大利的冰激凌不好。

实际上这是一种偏见，这里有印象分，小时候的印象起作用，觉得它特别好吃。看小说，读者自己有创造的过程，把自己美好的想象，把美好的向往都加进去，而看到电视（剧）、电影的话，人物就固定了。总之，怎么好都不像你想象的好，比你想象的更好的是很难得的。

美的标准不是固定的，你喜欢谁，最爱谁，谁就最漂亮。你的女朋友，她不一定非常非常漂亮，但你跟她意气相投，总觉得跟她在一起非常开心，非常欢喜，你离不开她她也离不开你，就是这样。

对于《射雕英雄传》，大家看过1983年香港版的戏之后印象很深刻，是不是这次的没有以前的好呢？把张纪中的电视剧拿来跟香港83版比一比，我想肯定比以前的好，因为周迅比翁美玲漂亮多了。

所以《天龙八部》，你们看王语嫣找了刘亦菲演，我觉得是不错的。那么看看刘小姐是王语嫣，可能差不多是这样子，找到这样理想的演员不容易的。张先生花很多很多心思，非常努力去找，这个找对了，其他演员可能观众又觉得不满意了。

不喜欢当导演

张英 在你那么多的电视剧版本中，你最喜欢哪几部？

金庸 大多数演员我都不满意。送我的录像带经常是看几集就看不下去了，觉得他们真是演得够傻的，然后放在一边，不要看了。

到现在为止，我喜欢刘德华和陈玉莲演的《神雕侠侣》，这一版的杨过和小龙女非常符合我小说的味道。还有郑少秋演的《书剑恩仇录》，他那个时候年轻，演乾隆皇帝也演得十分到位。这两部电视剧可以说是我到目前为止最满意的。

张英 徐克的《东方不败》被很多你的读者喜欢，认为拍出了你小说里的味道和精神，你为什么不认可他的改编？他可是个公认的武侠片、动作片高手。

金庸 我不喜欢他，他不懂武侠，把《蜀山剑侠传》拍得不知所云，而且把我的小说《笑傲江湖》瞎改，把东方不败由男人改成女人，并用一个女人来演，而一个男人的变性，在性格上是会有变化的，这个过程是缓慢的、复杂的，有过程的，是不自愿的，并不像电影里表现得那么简单。他后来还要买我的小说拍电影，我说朋友还是做，但是小说不卖给你了，合作的事情不做了。

张英 张艺谋的电影《英雄》制作精良，被认为是武侠片表现形式上的一个分水岭，你看过这部电影吗？有什么看法？

金庸 张艺谋的《红高粱》我喜欢，后来的《菊豆》也很好，最不喜欢《英雄》，完全否定。把历史上有名的暴君秦始皇拍成了这个样，和历史上的形象截然相反，欺骗观众，而且有为他洗身翻案的意思，把人的价值分几等，不尊重生命。这是一部拍得很荒唐的电影，所以我不喜欢。

张英 你去台湾的时候，和《卧虎藏龙》的导演李安见过面，你对这部电影有什么看法？

金庸 我很喜欢他的电影，虽然他对中国古代的历史并不是特别了解。他把一个江湖的老故事讲得很好看，而且电影里的那种味道特别对，非常优雅、飘逸，他是真正懂电影的。

张英 你以前也做过电影导演，现在有没有可能去做导演？

金庸 我也做过编剧和导演的工作，我知道这些工作是非常辛苦的。但是我以前是直接编剧本，我没有改过别人的小说。

做导演很困难的，小说家写小说容易一点，小说一写到华山顶上去了，导演拍戏到华山顶上多困难，演员要化妆再上来，还要制作团队来拍，太麻烦了。我写小说今天在华山打了一架，明天到衡山又去打了一架，要拍戏就困难了。

我很怕麻烦，我觉得做小说家轻松很多。我不喜欢当导演，比如看张纪中先生拍《射雕英雄传》，为了拍摄一会儿要从杭州赶到内蒙古，一会儿又要去沙漠，一会儿又回到桃花岛，而且一个剧组有那么多复杂的人和事，很累的。

写小说就很容易，在房间里写写就可以了。观众觉得这个演员不像郭靖，这个不像黄蓉，他们演得不好，我就可以批评导演。如果（是）小说，觉得不好的话，可以再进行修改。

张英　作为一个不会武功的人，以奇异的想象力用文字创造了很多武功，你是怎么想出来的？

金庸　少林寺派了一个功夫很好的高手，和我见面，说方丈想知道我书里所写的武功是怎么想来的，是不是有拳谱。我说没有，我对武功是外行。他说，他们练的功夫有很多吻合了我小说的描写，有的功夫能够验证我的想象力。

张英　你学过武术吗？比如，太极拳这样的功夫。

金庸　我，简单答复是不会，降龙十八掌、六脉神剑也不会。我是手无缚鸡之力，胸有屠龙之志，我根本不会武功。

张英　你小说里提到，无招胜有招，怎么理解？

金庸　无招胜有招就是，出招之前心里早就有招了。我要画一个什么样的竹？画竹之前呢，心里先有成竹，不是说随便乱画的，心里早就想好了，所谓胸有成竹。

无招有招，我想都是统一的。无招胜有招，只不过是一句口号。

实际上这个无招胜有招，就是大象无形的意思。武林高手真是到了那种炉火纯青的时候，你看不出他的功夫招式来。大象无形、大智若愚都是这个意思，炉火纯青以后，你就看不出他的技巧痕迹，那就是无招了。

高手对阵，拼到最后就是看谁凶。有的也可能是一时之胜，到最后是谁赢谁输，还是很难说的。

未来的武侠片

张英 武侠片是中国唯一被国际电影市场商业上认可的电影类型。你对武侠电影有什么期待？在电影上你希望和哪位导演合作？

金庸 虽然我的小说由中文变成法文、英文在国外出版过，但是我不知道文字变成电影以后会成为什么样子。

我看过一些武侠电影，绝大部分都和小说原著差太远。找我的电影导演很多，但是我不知道谁好谁不好，我在写小说的时候从来都不关心拍电影这些事情。

张英 武侠小说如果适应时代，会不会就成为像现在的动作片、警匪片那样的电影？

金庸 我认为武侠小说是写古代的，跟现在的时代和社会没有关系，现在的手枪、科技兵器跟武侠小说是没有什么关系的。

具体地讲，降龙十八掌是不是很厉害，大家当一种神话来听就可以了。至于一巴掌是不是可以打死人，我的书里边不宣扬这种东西。只是讲了个故事，我也没讲人可以飞上天。我也反对特异功能。

我在北京遇到一个功夫高手，我跟他讨论这些武功的可能性，他认为外功、内功没有什么内力，我也同意内力可能是没有的。但是，武侠小说内力、外力这样写出来，比较有趣。我相信现在人读这些小说，都不会像以前，看了武侠小说就要上山学道什么的。

张英　现在，很多西方的电影以影像创造了武功，像《黑客帝国》《星球大战》等电影。你怎么看待他们（用）想象制造出来的武功？

金庸　我不喜欢。这些动作片，用拳用手枪的电影我还爱看，但是把一些科学、科幻的东西放到武侠片里，这样的电影我绝对不看。我女儿把票买好了让我一起去电影院看《黑客帝国》《星球大战》，我都不肯去看。因为我觉得这些电影太假了。

你打死一个人是有可能的，但是像那种在天上飞的《天龙八部》，我觉得也不可能。

张英　在电影上你希望和哪位导演合作？

金庸　我不知道，都是别人来找我。你老把我的小说和电影、电视（剧）拉到一起，这不好。我以前是拍过电影的，但是我后来就不拍电影了，因为受限制太大。你如果要谈电影，去找张艺谋谈，哈哈。

张英　金庸品牌产业化的想法已经浮出海面，现在已经有了出版、研究会、电影、电视剧、戏剧、动画、漫画、游戏，还出现了桃花岛、天龙八部影视城、新昌影视城这样的旅游景点。你对这些文化产业开发的态度是怎样的？

金庸　与"金庸"有关的企业运作上，我都是被动的。但是别人喜欢用我的名字，利用这个名字搞商业或者开发产业我不反对。拍电影、电视（剧），改编（为）京剧、拍动画片、做电脑游戏、翻译成外文、把人物画成卡通放上移动电话、设立金庸游乐场等，都是经营者向我提议要求商标授权的，我不参与经营。

这些对我没有任何损害，你请求我授权给你使用，那我们就来谈好合同。像今天晚上，请我吃饭的老板想出品一种金庸酒，问我可不可以，我也同意了，但是你必须把酒（拿来）让我看看好不好，我请专家鉴定，好就合作，如果不好，那就对不起了。如果品牌好，酒好，那我们再谈合作的事情。

小说的解禁

张英 在不同时期，你的小说在中国台湾和大陆都曾经被列为禁书，被政治化、意识形态化，现在看起来这自然是非常可笑的事情，你能够谈谈被禁和解禁的过程吗？

金庸 在中国台湾被禁的原因是，那个时候我在《大公报》工作，凡是给这家报纸写东西的人、工作过的人都不能在台湾发表文章。在大陆被禁的原因是当时大陆不管是武侠小说还是鸳鸯蝴蝶派小说，不管好不好，连古典小说都不能发表和出版，只许有一种小说存在。

所以有一段很长的时间，跟革命无关的创作都根本没有人敢写，写一些风花雪月的东西就变成反革命了；任何艺术创作一定要为革命目标服务、一定要有社会作用。

这种思想不止在大陆，很多地方也有。一提到文学作品，人家就马上问这个作品对社会有什么好处害处。文学跟音乐、图画、雕刻都一样，可以有社会功能，也不一定非要有社会功能不可，因为它本身就是纯粹的艺术创作。

张英　你的小说在海峡两岸的解禁，又分别与当时的政治领导人有关，先是人解禁，再是书解禁，这挺有意思的。

金庸　对，是这样，恐怕是和人有关的。蒋经国请我去中国台湾，我去台湾接受采访以后，见到了蒋经国，之后，我的书就在台湾通行无阻了。

邓小平邀请我来内地，见了面以后，后来我才知道，邓小平请我来内地，不光是他看过我的武侠小说，重要的原因是在"文化大革命"的时候，江青、"四人帮"批彭德怀、邓拓，我反对，后来他们又批邓小平，我坚决反对，写了很多的文章在报纸上发表，当时邓小平也看到了，所以，邓小平才会邀请我访问内地。

和邓小平见面完以后，他叫人陪我在全国各地走走，好好玩一玩。这样，我的书在内地也开禁了。我的书在中国香港出版多年以后才进入中国台湾和内地正式出版。

仔细想一想，书的开禁和人的这种关系是分不开的。

《明报》的追求

张英　你在创《明报》的时候，提出公正、善良、独立的办报宗旨。善良在媒介以什么方式体现？

金庸　善良实际上还是两个字：侠气。干预社会，对好的人和事件进行赞扬和表彰，对坏的人和事情进行批评和反对。

一张报纸，它有自己的立场和态度，并不是下三烂地讲金钱的报纸，会屈服于商业利益或者权力。比如我批评你，你说在我们报纸上投放大量广告，给我几百万，要求我撤回对你不利的新闻稿，那我还是不能做。

我评论政治主要还是讲是非观念多，要求妥协比较少，哪边对哪边错，什么是应该的，什么是不应该的，讲这个比较多。

所以，归根结底，人要讲良心，坏事不能做，时间长了，报纸的公信力就有了。

张英 从创刊到现在，《明报》实现了你这种新闻追求吗？

金庸 我办《明报》40 年，我问心无愧。直到现在为止，《明报》不是香港发行量最大的报纸，但是它不传播流言，不制造谣言，没有失实的新闻，在香港的报纸评比中，品行和公信力都是第一，是值得信任的一张报纸。

我办《明报》的时候对记者有要求：言论可以自由，新闻必须真实。如果我发现哪个记者说了假话，写了假新闻，就马上开除。如果媒体不能说真话，那么，媒体就会失去公信力。

而且，当年《明报》确定的"公正无私"、客观报道、客观评论，信守"明辨是非"，靠良知办报的传统直到现在还在延续。读者可以在《明报》看到最靠得住的新闻。

张英 你曾经提出"事实不可以歪曲，评论大可自由"，你曾经批评过西方媒介有报道倾向问题，这也让一些人批评你"左右逢源"，丧失知识分子的独立精神和批判立场，你是真的这么认为吗？

金庸 我办报纸是受当时环境的影响的，不可能老是批判。比如说你主持一份报纸，你的这张报纸上大骂当局，有这种可能吗？事实上是完全不可能的事情。新闻完全、彻底自由是不可能的！你所说的那种报纸可能在一个理想国才会有，是一种空想。

新闻肯定会带有倾向，但是，新闻的事实准确是最重要的。无论是西方国家还是中国，新闻的自由和独立性多多少少会受不同势力、群体的影响，问题是你能够做到多少，坚持做到什么地步，这是最重要的。

总之，我在完全可能的情况下，在办报上我已经做了最大的努力了。新闻的自由是在合适办报的环境里才可能的。

任何事情都是有条件的，没有无条件的，公正、善良也是有条件的。在环境恶劣、有压力的时候，报纸肯定会受到影响，首先你考虑的是化解压力，同时在这种压力之下能够做到什么程度就做到什么程度，而且要做得最好。

在有些时候，适当的妥协是不可避免的。

以前在国民党政府执政时代，共产党在重庆办了一张《新华日报》，周恩来主持这张报纸。这张日报每天都出版，为了应付国民党的新闻检查，很多文章也是反复进行修改，连周恩来写的社论也是一样改来改去。这个东西通不过的，你不要这样写。周恩来不仅修改自己（的）文章，还对其他文章进行修改。适当环境下，斗争的话，你要有斗争的技巧。

做人要讲真话

张英　你当了杭州东方记者村村长，开发商送给你别墅住。你之前为什么把云松书舍捐给了杭州市政府？

金庸　杭州是我工作的地方。我是浙江嘉兴人，出生地海宁县（现海宁市）挨着杭州。人老了，年纪大了，会想念家乡。我觉得在杭州西湖边盖个房子，养老也不错，我就答应了。

现在这个房子，依山傍水，面向西湖，环境很好，但房子盖得太大了，规模太大了，装修完我一看，觉得太豪华了，花了1400万，钱花得太多了。我和太太就两个人，不需要这么大的地方住。我是一个普通人，不要住这么大的别墅，就把它送给了杭州市政府。

我现在在滨江路那边，买了一个小房子，每次来杭州，就在那里住。我对吃点心、住房子，都不看重，舒服就好。

张英 也有人批评"金是文化上的，庸是政治上"的。你的前半生像乔峰，是独立的人，到了后来就成为韦小宝那样的人，你在内地有今天的地位和名望，完全是和政治妥协的结果，你怎么看这个评价呢？

金庸 我觉得不能这样比较的，我天生会赚钱，这和我人好不好是没有关系的。我卖美国股票经常赚钱、很少失手的，天生会做生意，会赚钱，这不是什么坏事。

我一开始做报人，对报纸有一种抱负：评论要公正，要报道事实。有些新闻工作者歪曲事实，毁败人家名誉、造假，我是非常痛恨的。我办报的原则是不讲谎话，不管你给多少钱、多少政治压力，我都绝不讲假话。所以我办报纸有点小小的成就。坚持一个公正的道理，我做人没什么了不起的道德水准，不要做坏人。办报纸的时候我才能想到这些。

我写的武侠小说里边，遇到好坏、是非分明的时候，不要去做坏人，自己做人也应该这样子。做好人不敢当，但你不要做坏人，这是自己的一个信念。

我住在香港写小说的时候，还没有多大收入，收入不大够养报纸，有大的引诱来，坚决拒绝。自己就要想办法去赚钱，幸亏赚钱的头脑还可以，就一直走到现在这样了。

在政治上我是不妥协的。如果我和政治妥协的话，我现在肯定不是单单做一个作家了，可能是一个相当有权势的政治人物，相当有权威的一个大企业家。

当年参加了《中华人民共和国香港特别行政区基本法》的起草工作，做筹备委员会的委员，是因为我在香港得到了很多东西，我希望能够对她做出回报。有人误会我，以为我想做官搞政治，其实我这个人的个性不适合做官。

对历史事件我是不妥协的，我觉得，在大是大非上我是有自己的主见的。

张英 大家都叫你金大侠。你曾经说做人要讲真话，人品最要紧，要有风骨，这也是你的人生信念吗？

金庸 大侠我不敢当。我在香港，他们叫我查大侠或者金大侠，都有。我就说不敢当，我不是大侠。"侠"字在我心目中有一定的意义的。

侠，主要是一种精神，是一种见义勇为、挺身而出，遇到社会上有不公平的事情，为了旁人、为了社会、为了国家牺牲，不顾自己利益，可以牺牲自己的一切，为了主持公道正义、打抱不平，就算倾家荡产、自己牺牲生命，也在所不惜去干去做。这种事情我做不到，所以谈不上大侠。

我喜欢那些英雄，不仅仅在口头上讲侠义，而且在遇到困难、危险的时候，能够挺身而出，而不是遇到危险就往后跑，远离危险、躲在后面的人。这样卑鄙的人在现实生活中却有很多。

我自己正是这样努力去做的。我性子很刚强的。人家要威胁我，不管怎么压迫，我绝对不屈服。所以我年轻时候，在学校被开除几次，在做工作也给人家（开除），那我就不告而别，不受人家威胁压迫就得了。你上司不好礼对待我，我就拂袖而去。

张英 现在有几本《金庸传》，你看了吗？好像有消息说，你会自己写一本《金庸自述》？

金庸 所有的《金庸传》，最近出的和以前出版的，都没有经过我授权，傅国涌先生和香港的冷夏先生，我几乎可以说不认识。

我这一生经历极复杂，做过的活动很多，兴趣非常广泛，我不相信有人能充分了解我而写一部有趣而真实的传记。金庸为人所注意只是一个写武侠小说的人，并无多大价值，不值得为他浪费笔墨。写自传似乎没有资格，而且我这辈子和太多的人交往，有太多的秘密，也不方便公开。

北京的人民出版社曾经约我写一本自传，还建议找一个朋友听我说，他动笔写，我们一起待上十天半个月的，可以写一本权威的传记。但是我现在还没有这样的想法。

陈忠实

■

《白鹿原》与长篇小说创作

记得北大教授严家炎先生曾经这样讲过：人们能从陈忠实的脸联想到黄土地。而此刻，陈忠实就坐在我的面前。黝黑的皮肤，粗糙多皱纹的脸，凌乱的头发，这张脸令我想起了那层层叠叠的黄土高原地带的构造，饱经沧桑。阳光透过他身后玻璃照了进来，于是，他的身影便融在这金黄色的光芒中了。

在中国当代文学中，《白鹿原》被认为是成功呈现二十世纪前50年中国人生活变化的长篇小说。在2006年，《白鹿原》突然成了一个文化热点：北京人民艺术剧院把它改编成了话剧，西安电影制片厂要把它改成电影，首都师大把它改成了音乐交响舞剧，北京一家公司与央视正在运作它的电视剧。

被陈忠实称为"垫在脑袋底下进棺材"的《白鹿原》发表于13年前（1993年），在获茅盾文学奖以后，影响由文学界内部进入社会，成为发行超过160万册的畅销书，还入选教育部"高等学校中文系本科生专业阅读书目"，是当代文学唯一入选的长篇小说。

在这些年里，在文学品质上，《白鹿原》已经完成经典化、大众化的传播过程。在文学创作上，《白鹿原》已经成为一种尺度、价值判断标准。

我采访过陈忠实三次。最早采访陈忠实，是在1996年4月6日，陕西省作协陈忠实的办公室里，他当时正在写《白鹿原》的下部。之后是10年后，2006年，《白鹿原》被林兆华改编成话剧，作为北京人艺的大戏，濮存昕主演。最后一次是在2008年，我在《南方周末》工作，因为一个长篇小说专题，就长篇小说创作，电话采访陈忠实。

《白鹿原》之后

张英　长篇小说《白鹿原》之后，我只在各地报刊看到了一些你写的散文随笔，那么，你近来是否在写小说？

陈忠实　由于我担任了陕西省作协主席，所以大多数时间和精力都放在了一些非文学创作上。近来主要在参加一些社会活动，加之身居其职，在忙一些行政工作，写作写得少了。这两年有一些想法和念头，打算封闭起来，写一个长篇，构思时间比较长。

张英　从你的创作经历来看，你是由短篇小说到中篇小说，最后到长篇小说，发展比较稳定。你喜欢哪一种表现方式？

陈忠实　近来我打算写一部长篇，已经开写了。在短篇、中篇、长篇三种形式上，我比较喜欢中篇。就体裁而言，中、短篇不可能涉及太多的人物，基本上一种构思产生后，人物形象、线条比较淡，情节也不可能太复杂。短篇就更淡，一个人物或一个好情节，把人物写透了就行了。

在长篇形式上，包括一些很成功的长篇小说，线条也很淡，矛盾也不复杂，人物少。但应该说长篇这种表现形式，它可以包容比一般意义上的中短篇更复杂更丰富的社会生活和人物、情节。现在的一些长篇（应该称为小长篇），情节单纯、人物较少，但结构、叙事非常精粹，如米兰·昆德拉的作品，表达出非常深刻的内涵。但总体上讲，长篇规模比较大，人物比较复杂，事件比较多，结构气势雄伟大气，能够反映出一个时代一个民族的生活全景，能够解决中篇、小长篇无法解决的问题。但写这种长篇时，作家面临的选择就比较伤脑筋，需要长时间的准备，花大力气来建构、写好作品。

张英　小说作为我们探测心灵世界的重要形式，曾一度占据创作者的主要位置，也被读者广泛接受。但是在当今社会生活节奏加快的情况下，长篇小说承受住了考验。长篇小说对任何小说家都是一种诱惑，它可以留住作家对自身所处时代的观察、体验和思考，更加完整、详细地记录下作家对人类心灵、生活和世界进行勘察的过程。你自己对长篇小说怎么看？成功、优秀的长篇必须具备哪些要素？

陈忠实　优秀、完美、成功的长篇小说主要是作家自身的生命体验、对世界的认识、对人的感知和自身才华、知识面的积累所决定的，取决于作家把这种体验表达成怎样的艺术形态和艺术追求。长篇小说的成功与否取决于创作者思想体积的大小。如米兰·昆德拉的作品体积小而容量却很大，这和他的追求是有关系的，他通过写自己的某些经历、情感，却表现了整个社会，这里面的差异是由写作者自身决定的。

张英　就我个人而言，我对目前的长篇小说创作极不满意。长篇小说近几年一度走红，这种长篇小说的热销、受欢迎，有很多复杂的原因。目前我国每年都有几百部长篇小说发表，但成功的、好的长篇作品特别少。你对目前这种现象怎么看？请结合自身创作经验谈谈。

陈忠实　是的，有人统计说今年长篇小说会达到1000部左右，但能出现多少优秀的作品很难讲，而能够受到读者欢迎又被文学界重视的长篇又太少。

这种现象的出现，原因太多，既有社会原因，也有作家自身原因。应该说长篇写作是一种自然写作形成的过程。作家根据他自身对社会、对人生、对世界体验到的积累、厚度、深度而决定篇幅、结构。观之现在出现的许多长篇小说，素材只能写成中篇，而作者一味追求长篇，而且作品前半部、中间过渡、后半部常常出现了分裂，有读不下去的感觉，作者力不从心，自身有局限性。这些长篇的出现是一种对自己、对读者不负责任的表现。

当然，写长篇成风的原因也很多：一、长篇这几年销路好一些，出自商业目的、利益的考虑，而且对于长篇小说，文学界比较关注，读者也重视，综合起来，这都成了一些作家写长篇的驱动力，所以出现了"水分多""泡沫多"的长篇；二、长篇的热销刺激了出版社和出版商们，全国几千家出版社和出版商都愿意出长篇，这是商业利益，而且现在有部分出版社按国际惯例实施版税制销售分成，这种付酬方式又直接刺激到作家的创作，一味写长篇。我前几天看一篇文章，讲 1995 年出现了 400 多部长篇，但大多数都是过眼云烟，没有几部好的作品，除了作者能记住他的小说名，没有多少读者知道。有作家讲，写长篇是为了赚钱，改善一下自己的生活、生存状态。我认为，这种想法和长篇创作的规律是相违背的。

张英　这也说明一个永恒的规律：写作不能有太多文学外的目的。另外还有一个原因：优秀的长篇应该能够承受住挑剔的评论家和读者的检验，而且能够承受住时间的检验。这就要求写作者具备许多条件，他在写作时会受到许多制约，如可能是来自政治、经济、市场消费、电影电视等方面，还有一种是受作者自身才华、知识积累的制约，他必须超越这些制约、影响。

陈忠实　不能只是为长篇这种形式而写作。因为文坛有一条不成文的惯例，作家如果没有长篇就好像在文坛上立不住脚，所以有"长篇一举定功名"的说法。正是因为这样，致使有些作家不顾作品的质量而追求篇幅的大小。

从种种现象看来，（这）实际上反映了中国文学的不成熟。一个国家、民族成熟的文学不会出现这种现象。作家写长篇应该是出于自身自觉不自觉的本能，遵守小说产生的规律去写作，怎样的体验、思想决定了小说的不同面貌、特征和风格。成熟的作家不会人云亦云，一味看别人写什么受欢迎我就写什么，或是跟着别人的潮流后面走，或是模仿外国小说，这是不应该的。应该讲，纯文学不能像通俗文学一样去操作，有规律像工厂流水线一样制作，那是另外一码事。

张英　写作在今天的意义已经表现得非常丰富多彩了。但作家从精神类型上大多可以分为两种：一种是真的有人在饥寒交迫中写作，他认为他的作品比生命更重要，不能再拖延，如陕西作家路遥，为了完成《平凡的世界》，付出了生命的代价，为了理想把生死的威胁放到一边；还有一种人总是打着"先解决生存"的旗号，把文学当作谋取功名利益或是谋生的手段，他们写作就是为了名利，别人要什么就写什么。

陈忠实　作家应该守住自己的心灵，"从心到心"，首先是一个优秀正直健康的人，再才是一个作家。服从内心的召唤和体验，不要强求自己，中篇、短篇、长篇，怎样的体裁更接近作家的内心愿望就采用哪一种体裁写作。

当前成熟、繁荣的长篇背后，实际上正透露出作品的苍白，各种利益目的不同的驱动力反而会使那些作家将最好的构思弄坏，产生适得其反的效果。我想有一个例子可以谈谈，供我们比较：海明威写了许多优秀成功的长篇，但他后来又写了许多优秀的短篇、中篇，就艺术价值而言，前者后者谁比谁差，没有高低之分，彼此都无法代替。而最令我惊奇的是，《老人与海》（中篇）只是他原来写的一个长篇的最后一章，他把前面的全都砍掉，只将最后一章作为中篇发表，而这个中篇小说的价值可能要比原来计划发表的长篇小说艺术价值要高。这可以说是海明威的成熟表现。而事实上他的长篇已经完成了，但他担心前面 4/5 会损害后面的 1/5，所以最终把最后一章作为《老人与海》发表了，果然，作品受到了热烈的欢迎和好评，获得了同年（的）诺贝尔文学奖，这证明了他对自己判断的准确。这件事也说明了他对小说艺术创作所持的严谨态度。这是我去年访问美国知道的，反之，我们国家的作家恐怕是没有人能够鼓起勇气这么做的。

艺术只能按照它的规律去做，而任何非艺术、非文学的因素只会损害文学本身，人为的操作帮不上任何忙，文学只能靠文学本身的因素起作用。而现在，充斥文坛的非文学因素太多了，这就需要作家们守住自己，这跟社会非市场经济因素损害市场经济本身、非商业手段损害商业本身是一样的，这种不正当、不正常的竞争表现在文学上也一样。

张英 二十世纪我们进入了后工业时代，伴随着物质、商业经济透明度大幅度提高，市场消费等各方面因素对作家产生的影响与诱惑增多，当下作家的浮躁心态普遍十分明显，能够静心守住自身，潜心观察、写作的作家特别少，（造成）这种浮躁心态的原因也是多方面的，但无论怎样它已经对创作产生了影响。

陈忠实 不是所有的作家都浮躁，但现在浮躁的人肯定不是少数。为什么会浮躁，从根本上讲大多是作家的自身原因。对文学这项劳动的理解差异太大，理解不对，而且作家对文学劳动的理解还有许多非文学因素制约存在着，才容易让社会的浮躁之气把作家也转起来。如果作家自己对创作的理解深刻，没有文学以外的因素影响，他就不会受非文学的干扰而苦恼，能够静下心来搞创作。这种作家具有对世界、对人生的好奇心，能永远保持一种热情，写作中应该张扬什么、呼吁什么，他有着清晰的认识，他对世界、对人生有一种总体思考上的把握和观照，他笔下的人物不但要有时代的特征，更要有超越时代的丰富内涵，他应该忠实于自己的内心，表达出自己作为一个人对这个时代的爱和恨等。

张英 但是，从现在的许多作品看，我认为许多作家的作品与心灵之间有一种断裂，即我们在作品中看不到热情，用一句话讲，在小说中我们看不见灵魂了。作品的表达与心灵、思想间的断裂十分明显，很少有作品能够令我们感动了，这是一种可怕的精神丧失。

陈忠实 确实如你所言，存在着这些现象。但应该有所区分，有些作家把巨大的热情用一种冷静的理智的笔法表达出来，那是一种艺术形态的问题，如"零度写作"。

但起码作家"零度"之下应该有东西，有冰山、火山，如果作品里没有实在的精神、思想撑起骨架，作品肯定是苍白、无力的。《老人与海》写得很理智、冷静，作者没有发表任何看法、议论，就通过写人物和环境、人物动作，把人物情感、巨大的热情和生存痛苦、主人公顽强的意志完美表达出来了。

许多作家丧失了一种精神，作品失败的原因主要在于自身。创作是个人内心的一种需要，体验观察都是个人化的，没有真正地体验社会，（给他）提供再好的环境他也写不出好作品。

乾隆一生写了几千首诗，好诗没有几首。杜甫在贫困饥饿冰天雪地里写的一首诗却流传到今天，千古绝唱。没有对社会、对人生命运、对世界一种深刻的生命体验，你就是住在五星级宾馆里也写不出什么大作品来。我想今天的作家普遍要比普通小市民的日子要好得多。杰克·伦敦生存的状态极为糟糕，写一篇文章只够吃饭，自行车连当了 15 次，他仍然坚持写作，因为他喜欢文学创作，有着自己的追求，对其他能够赚钱的职业他不感兴趣。就在贫困的生存状态下，杰克·伦敦成为大作家。

当然我的意思不是说作家要像过去一样，要向工人农民看齐。起码来说作家生存有保证，写不出好作品没有什么可抱怨的。作家应该专心致力自己的创作，把作品写好，这是最应该做的。作为社会，应该给作家提供好的生存、创作环境。

一种执着的追求、一种永恒的精神，是作家存在的基础，是每个时代的作家都需要的。

《白鹿原》的创作：形象和思想

张英　我对《白鹿原》的人物形象很感兴趣，我觉得其中的人物形象都有着一种象征性，这让我想起了一些经典名著中的那些不朽的形象特征，他们除了具有鲜明的个性外，还概括了特定时代的重要精神特征，他们的背影后面代表了一个时代的群体的存在。我读了你的《蓝袍先生》，感觉蓝袍先生的形象个性和《白鹿原》中的朱先生有着某种联系，对吗？

陈忠实　你的感觉很对。《白鹿原》是另一部中篇小说《蓝袍先生》的副产品。准确地讲，《白鹿原》是由写《蓝袍先生》过程中的思考而引发起来的。《蓝袍先生》写完以后，按说它负载着的最初构思已经完成了，但是这个人物的命运涉及我对民族命运的思考，从新中国成立前引申到当代，这个人物勾起了我对我们这个民族近代命运的思考，也把我过去积累的一些生活素材激活了。所以《蓝袍先生》完成发表了，而这个思考并没有终止。有关民族命运大话题的思考更逐渐深刻起来，促发了一个非常认真的更大的思考，就是去探求我们这个民族近代以来的发展历程。这个命题一经产生就一发不可收，（我）开始酝酿构思。这一年正是 1985 年。

张英 那么，在创作之前，你做了哪些准备？有人称这部作品为"笔记县志体"小说，对此你有何看法？

陈忠实 经过 1985、1986 两年的思考和酝酿，越思考越深入，越广阔越深沉，一晃到了 1987 年春天（1986 年我还写了一些中短篇小说），《白鹿原》的大部分情节、人物、命运的历程都开始清晰明朗起来，大的构架已经完成了，（我）开始着手做一些准备工作。我开始到西安附近的长安、蓝田、户县（现鄠邑区）去查阅县志，正式搜集资料充实素材，1988 年 4 月 1 日开始动笔，历时三年方得完成。第一稿只用了八个月，主体构架都完成了，人物的事件、时间、空间跨度太大太长，给结构带来了不少的麻烦，纵横的摆直、人物命运的推进都很有困难，但最终草稿立起来了。正式定稿从 1989 年春天开始，1991 年定稿，写作过程艰难缓慢，对语言的推敲、情节的琢磨、人物的刻画都是在第二稿中形成的。当时主要考虑到不能再写第三稿，因篇幅太长，手抄一遍人就受不了，所以宁可慢一些写成稿，不能再做太大的变动了。第二稿完成后就给了《当代》，分两期发完。

有人称我的《白鹿原》为"县志"小说，我不能同意这种说法。当然评论和创作是两个领域内的事情，我尊重这种说法，但不接受。

张英 我一直认为，《白鹿原》是新时期文学发展以来不可多得的一部长篇小说佳作，是一部雄奇瑰丽的史诗型长篇画卷，至目前为止，这部优秀的作品还没有得到它应有的评价。对它的思想倾向的指责以及商业操作的指责都是不公正的。对此，你怎么看？

陈忠实　外界说《白鹿原》是商业操作、有预谋的促销，完全是胡说八道。别的作家是怎样做的我不知道，这个长篇小说写完后，我立刻交给了《当代》杂志的编辑。陕西文学界的同人都知道我在写一个长篇，因为我这几年里没有发过任何作品，连短篇都没有写过，他们都很关注我写完没有。仅仅出自这个目的，由《陕西日报》发了一条不起眼的短讯，不到100字的小消息。为这100字我同省报文艺部主任田长山推敲了两个小时，够慎重了吧。我写长篇都没有那样仔细过，仅仅是告诉读者：我的小说出来了，在《当代》上发表，人民文学出版社要出版单行本。任何评价之词都没有。外界反映我领头进行动作，这完全是误解。

《白鹿原》1992年一经发表，就引起很大的反响，到1993年连载完毕，《当代》杂志在西安就买不到了，《当代》一时洛阳纸贵走俏西安，这能怪我吗？要怪只能怪《白鹿原》的艺术魅力打动了读者。连载完毕，中央人民广播电台和西安电台先后开始连播《白鹿原》，这一连播，面就广了，读者扩大了无数倍，《白鹿原》开始在全国产生影响，等书出来，这种热潮已经不可阻挡了。《白鹿原》的首发式，由于原来预约的北大街新华书店正在改造翻修，只好改到北门口的一个小书店举行。老板进了几千册书，书迟迟不能到位，只在报上发了小消息，9点钟在那儿举行首发式，结果早上6点就有人在那儿排起了长长的队，这全是读者的自觉性啊！我承认《白鹿原》在当时掀起了一股纯文学的高潮，但这里面丝毫没有任何人为的因素。作家就是用自己的作品说话。所以对一些报刊的猜测和一些人的指责，我不做任何解释，因为这没有任何意义。读者的眼睛、审美欣赏水平是最好的证明，《白鹿原》重复印刷了好几次，还在全国各地出现了大量的盗版，这说明了什么？

张英 这部长篇小说现在已被读者所接受，也受到了文学界同人的欢迎和好评。但《白鹿原》最初发表以后看到的一些评论不太客观，对它的评价明显有非文学因素在起作用。那么，你对这些评论有何看法？

陈忠实 小说出来后，批评界发表了不少的评价。我想这还是"仁者见仁，智者见智"吧。对此我不做任何辩解。

小说发表后，我只看见一篇公开谴责《白鹿原》，认为它有倾向性问题的，和其他众多的评论相比，我想我不用发表我的意见了。一部作品出来后，无论是赞扬还是批评，都是正常的。

作家受这种干扰、影响是没有办法辩解的，最终靠创作说话，文学本身会证明一切。

张英 我对《白鹿原》中的人物形象颇感兴趣，如朱先生身上就有中国传统知识分子的风骨和精神，冷先生身上有种神秘色彩，田小娥身上具有一种反抗封建的战斗精神，这是一个具有现代意识的女性。你对你创造的人物形象感到满意吗？在这些人物身上实现了你怎样的理想？

陈忠实 是的，朱先生身上负载着我对中国传统意义上的知识分子的理解，首先是自己独立的人格和道德，这被知识分子视为立身的根本。从人物形象构造上来说，人格决定了人物的个性和面貌，而冷先生是我对传统文化的一种理解。我们过去的一种智者形象往往都带有一些神秘色彩，这不是我生硬创造的，而是生活本身就是这样的，总有一些无法解释的神秘现象产生，这些神秘现象往往集中在一些智者身上，如诸葛亮等，他们对自然现象有一种感知，能达到普通人感知不到的地方。

我想重点说一下田小娥。是的，她的身上寄托着我对女性的理解和美好的希望。在中国每一个角落、地方，反抗封建道德、仁义枷锁的传统女性自古就有，中国的传统文化里、戏曲中这种形象特别多，尽管她们自己没有反封建道德的要求和思想，但她们凭着一种直觉看到了封建道德、封建婚姻对人性的迫害，对美好幸福、爱情的摧残，对情感世界的掠杀。这个人物是我在看了《蓝田县志》中简单列举的上百个烈女贞妇传后，怀着对那些屈死的活泼泼的生命的同情、愤慨和不平而写的。田小娥的背后站着无数被历史埋葬的类似的女性，她表达了我对她们的同情和关注。

张英 《白鹿原》作为一部成功的优秀长篇，它具备了厚重深邃的思想内容、复杂多变的人物性格、跌宕曲折的故事情节、绚丽多彩的风土人情、冷静的语言叙述，所有这些综合形成了作品鲜明的艺术特色和令人震撼的真实感，整部作品有一种雄浑瑰丽悲壮的大气。但观之作品的前半部和最后结尾有一种断裂感，在情节展开、人物形象表现、心理描述上明显有一种力不从心的感觉。现在回过头再看这部作品，你有何感想？

陈忠实 后几章我也感觉到这个问题。人物的结局写到了接近当代生活，而且作品的主要人物的活动已经离开了白鹿原，舞台移动进入社会生活，环境氛围、人物都发生了突变，这是客观原因。

主观原因是与我对这种解放、土改时的生活的变化不够熟悉。我感觉写得最困难的人物是那些革命者，因为那些革命者的生活想重新体验都太难，而且我也没有接触那种人。

从写作完到没有引起社会反应以前，我原来和现在的感觉都是一致的。因为我已经把我的思考、认识全都写进、融入作品中去了，至于外界的评价，那与我无关。我不会因为赞扬和批评而改变我的看法，这对一个作家来说应该是一个成熟的心态。

作家应该无条件相信自己的创造力

张英 你有没有打算对这部作品进行改写？

陈忠实 没有人直接建议我改写，我不会进行改写，那是最愚蠢的办法。我知道过去有人这么做过，但效果适得其反，而且《白鹿原》在读者心目中已经有了基本固定的印象，后面再改也很困难。

《白鹿原》已经完成有好几年了，可我一直怀念那段艰苦写作过程中所经历的情感、心情的巨变，我认为它是我的第一部真正成熟的作品，它为我以后写长篇提供了经验和帮助。那段日子已经远去了，可我还时时激动地想起它们。

张英 《白鹿原》通过描写两个家庭展现了渭河平原50年的变迁，展开一轴中国农村生活丰富多彩、触目惊心的长篇画卷。白鹿原上的翻云覆雨，两大家族为争夺白鹿原的统治权而争斗不已，家仇国恨交错、纠缠不清，古老的土地在新生的阵痛中战栗，一个古老的民族又获得了新生，重新站立了起来。以白嘉轩、鹿子霖为代表的对立的两大家族具有更强的象征意义，他们的身上一定凝聚着你的思考，请谈谈。

陈忠实 是的，对白嘉轩、鹿子霖的形象塑造显示着我对现代社会到来之前的整个中国是什么样子的认识和感觉。中国整个封建社会解体，现代中国开始，辛亥革命是一个分水岭。中国整个封建社会结构已经宣告解体，但一定的时期内这个社会依然保持着一种封建结构，外国人拿洋枪洋炮打破了这个封闭了几千年的封建国家，但是这种封建一直延续到辛亥革命。（国家）从自身发生了革命打破了这种封闭，这个时候我们整个社会心态结构还是一个大的动荡期，它不是一天形成的，比世界上任何一个民族封建心态的延续要长得多。一直延续到近代革命发生以后，道德观念、法律、社会结构、家庭法则、婚姻形态依然还是那老一套。辛亥革命胜利以后并没有把几千年的灰尘一下子清扫干净。直到现在还有些阴暗的东西仍在一些地方延续着。

我选择了白嘉轩，他身处于封建社会政权形式已经解体（的时代），但他的社会心态仍然在延续那个时代的社会结构意识。他的精神延续着封建文明和封建糟粕，他身上具有几千年延续下来的封建人格力量，他的硬汉精神就是这个民族的封建文明制造出的民族精神——如果封建没有文明的一面就不可能延续几千年不变，它铸成了几千年绵延的民族精神。白嘉轩身上负载了这个民族最优秀的精神，也负载了封建文明的全部糟粕。（这种糟粕是）必须打破、消失的东西，否则这个民族就会毁灭。这些东西部分集中在他身上，有时就变成非常残忍的一面、吃人的一面。如白嘉轩对田小娥的全部残害，就是他精神世界的封建观在起作用。

张英 记得这个人物形象的塑造还引起了争鸣。白嘉轩身上的正面（特质），我看到的是勤劳、节俭、仁道、仁慈、仁义。

陈忠实 甚至有人对白嘉轩这个人物形象产生误解，认为我搞阶级调和论："他怎么会那么好呢？"我想事实上中国的封建地主也有好一些的，他们以中国封建文明的仁道、仁慈思想为行为准则。中国封建思想集中表现在一个"仁"字上，它具有正面的一面，否则怎么会流传几千年，令那么多学者崇拜得五体投地？它延续到民间，就变成一种精神上的为人准则。

白嘉轩不懂学问，但他身上就有这种影响，他希望有一种和谐、太平、有秩序、平安的生活，他不平白欺负人、欺压人，但他背负的精神，有封建道德的负面，有"吃人"的东西在里面。如田小娥和鹿娃的这种婚姻，按照他的道德观、封建家法是绝对不能容忍的，他在这一点上表现得很顽强、坚决，不准他们进祠堂。那个祠堂就是封建的象征，他对田小娥的残害是一直（要）把她消灭掉，尽管不是他直接消灭，而是由具有同他一样道德准则的鹿三去杀害的。可白嘉轩最后连田小娥变成飞蛾都不能容忍，要用火烧，压在龙潭墙下，这种吃人可怕到了什么程度！

张英 对这种思想的表现你感到满意吗？白嘉轩身上代表了一个民族漫长缓慢痛苦的历史进程的背影，展现了你对民族历史深刻的思考和反思。从这部作品的结尾可以看出，你对民族的未来充满了希望。

陈忠实 有的评论也不到家，宣传什么白嘉轩的精神就是陈忠实的精神人格，讲我宣传封建人格。实际上这些评论还没有理解我所持的立场，在肯定白嘉轩的同时，我对白嘉轩持非常尖刻的批判，我在作品中大肆渲染、展现他对田小娥的残害，这只是批判表现他阴暗的一面吗？

目前，我们这个多灾多难的民族又站在了世纪末的十字路口，这个民族又面临着一场大的变革的时候，回顾一下我们走过的足迹，审视一下是极其必要的。封建社会解体是个非常复杂的过程，我们主要要分析这个民族的精神负担，要延续它优秀的一面，分离掉它不好的一面，而这个分离的过程是非常痛苦的、缓慢的。审视过去，瞭望将来，会有益于我们走好明天的路程。

张英 身为陕西省作协主席，在任期内你做了哪些工作？行政工作的增多对创作有影响吗?

陈忠实　这两年主要扎扎实实地抓了一些作协的工作。陕西作协的办公环境特别差,几十年了作协办公还在二十世纪三十年代建起来的危房里。我上任后主要抓了两件大事,一个是设立了陕西文学基金会,以便促进陕西作家群后备力量的建设与发展。由于陕西经济的落后,省政府拿不出钱来,我们成立了一个由企业赞助的文学基金会,有100万元,用利息进行评奖,相信会有利于推动陕西文学的发展。二是经过我们的努力,四处奔走,省里拿出200多万给我们盖一栋办公楼,现在已经开始搬迁动工了。办公楼一旦建成就会彻底改变办公条件,更好地为作家们服务。这两方面的事已经方方面面落实好了,钱一到位,我就可以走人了。

(我)正打算写第二部长篇小说,有这个计划,准备工作和素材也完成得差不多了,打算今、明两年动笔完成。

《白鹿原》的艺术多样化

张英　《白鹿原》刚出版,就有影视公司要买改编权,但后来又传出《白鹿原》不能被改编的消息,现在怎么突然就能够被改编成话剧、电影、电视剧了呢?

陈忠实　《白鹿原》刚出来的时候有几位大导演都有要把它改编成电影、电视剧的想法,后来我从媒体上看到不准改编的消息,1997年获茅盾文学奖之后,应该不成为一个问题了。我想是因为一个作品从出来到大家接受有一个过程吧。

张英　将一部长篇小说改编成两小时的话剧,你有什么期待?

陈忠实　我把《白鹿原》话剧改编权给林兆华导演的时候，唯一关注的是话剧如何体现小说的基本精神。我知道话剧很难在有限的时间里演绎所有的情节，取舍是很难的事情。我相信林兆华导演，在和他初次交流的时候，我已经感受到他对小说《白鹿原》的深层理解，（对他）产生了最踏实的信赖，所以连"体现原作精神"的话都省略不说了。话剧《白鹿原》将是不同于小说的与观众交流的一种形式，话剧舞台的立体式、活生生的表演和安安静静读小说完全不同，话剧有文字阅读无法代替的鲜活和直接的情感冲击。这与我当初创作的初衷完全一致，连我自己也觉得新奇又新鲜。

张英　现在，你已经看过话剧了，感觉怎么样？

陈忠实　林兆华将《白鹿原》改成了"独幕"话剧，让我感觉很新鲜，大幕拉开，一个背景，一群演员从头演到尾，我以前看过的戏曲和话剧都是多幕剧，场景多有变化。它所包含的内容大大超出了我的估计，因为《白鹿原》这部小说人物众多，时间的跨度很长，情节也很多。能够在这两个半小时中，把小说中的重要人物、事件都包容进去，对重大事件也没回避，非常不错，非常不容易。它把二十世纪头50年中国乡村封闭的原生态表现得淋漓尽致。演员采用了生活化的表演，把人物的精神气象表现出来了。演员对于人物个性心理、心灵世界的揭示也很到位，艺术和生活内容达到了和谐统一。

张英　你自己为什么不做编剧？

陈忠实　我不能当编剧，小说和电视剧、电影、话剧完全是不同的表达方式。《白鹿原》改编难度的确很大，首先是人物众多，一部电影两个多小时，但是小说要涉及上百个人物，要在这么短的时间内完全展现是不可能的；其次，小说并没有一个连续的完整的故事，而电影要求故事性强，这两方面都是改编最难的地方。改编成话剧、舞剧有同样的困难，我从未试探过话剧创作，舞剧更隔膜了，现在学习也来不及了，让话剧和舞剧编剧去完成再创作，肯定比我高明。我最想看到的是电视剧，只有电视剧能够不受时间限制，充分展开，拍它个40集。北广集团很早就跟我表明了改编的意向，也一直在做这方面的工作，但不知什么原因一直没拿到拍摄许可证。

茅盾文学奖为什么给《白鹿原》修订本？

张英 我11年前采访你，你对自己的作品很自信，但对于社会接受心里没底。这13年，这部作品不断被加印，成为畅销书，还要改编成电视剧、电影、话剧，你怎么看这部作品被接受的过程？

陈忠实 我写小说的基本目的，就是要争取与最广泛的读者完成交流和呼应。我从短篇小说、中篇小说写到长篇小说，这个交流和呼应的层面逐渐扩大，尤其到《白鹿原》的发表和出版，读者的热情和呼应，远远超出我写作完成之时的期待。

这13年来，这部作品也带来了不少荣誉，获了几次文学奖。但真正能给作者长久安慰的还是这本书的畅销和长销，读者对它的兴趣没有减弱，已经持续了13年，暂且可以说它不是过眼云烟。从九十年代中期到现在，每年加印几万或十几万册，持续这么多年。算起来，《白鹿原》有130多万册。我以为这是对我最好的回报和最高奖励，一个作家通过作品完成对历史或现实的体验和思考，得到读者的广泛认可，才可能引发那种呼应，也就肯定了一部作品存在的价值，肯定了作家思考和劳动的意义。

张英　你是一个很自信的作家，为什么当时的茅盾文学奖是奖给《白鹿原》（修订本）的？后来你修改了哪些地方？

陈忠实　这些指责存在误传和误解。第四届茅盾文学奖评到最后，已经确定《白鹿原》获奖了。当时评委会负责人电话通知我的时候，随之问我："忠实，你愿不愿意对小说中的两个细节做修改？"这两个细节很具体，就是书里朱先生的两句话。一句是白鹿原上农民运动失败以后，国民党还乡团回来报复，惩罚农民运动的组织者和参与者，包括黑娃、小娥这些人，手段极其残酷。朱先生说了一句话："白鹿原这下成了鏊子了。"另外一句话是朱先生在白鹿书院里说的。

张英　因为当时你这个修订本还没有出版，所以对此媒介有很多指责，说这是文学腐败，还说你为拿奖妥协。

陈忠实　当时已经确定了获奖，投票已经结束了。当时这个负责人是商量的口吻，说你愿意修改就修改，我给你传达一下评委的意见，如果你不同意修改也就过去了。我当时就表示，我可以修改这两个小细节，只要不是大的修改，这两个细节我可以调整一下。后来调整的结果是这两句话都仍然保存，在朱先生关于国共的议论之后，原来的细节是兆鹏没有说话，后来我让兆鹏说了几句话，表明了自己的观点，也不是很激烈的话。

张英　你当时对我说《白鹿原》是一部可以垫在脑袋底下进棺材的书。现在，你还这么认为吗？

陈忠实　说这句话，是我到长安县（现西安市长安区）查县志和文史资料的时候，遇到一个文学朋友，晚上和他一起喝酒。他问我："按你在农村的生活经历写一部长篇小说的资料还不够吗？怎么还要下这么大功夫来收集材料，你究竟想干什么？"我当时喝了酒，性情也有点控制不住了，就对他说了一句："我现在已经46岁了，我要写一本死的时候可以做枕头的书。写了一辈子小说，到死的时候如果发现没有一部能够垫棺作枕的书，好像棺材都躺不稳。"这个话是我当时的创作心态的表述，所指完全是内向的，让我从小就迷恋创作的心，别弄到离开这个世界时留下空落和遗憾。可以说，这个期望应该是实现了。

一直想写《白鹿原》后50年

张英 11年前，我采访你的时候，你当时说正在准备下一个长篇小说，已经准备了两年时间，《白鹿原》发表出版已经有13年了，为什么到现在这个长篇小说还没有出版？

陈忠实 唉，这对我是个老问题了，这些年我走到哪里都有人问我，你不写是不是因为害怕超不过《白鹿原》，让读者失望？我回答的时候一般都打个哈哈混过去。既然是你问我，我就告诉你，确实，《白鹿原》写完后，我一直想写长篇，但这个小说和《白鹿原》没有直接的联系。

因为《白鹿原》是写的二十世纪前50年的事，刚把《白鹿原》写完的时候，我心里很自然地就有一种欲望，想把后50年的乡村生活也写一部长篇小说。但你知道，我这个人写长篇小说，必须有一种对生活的独立理解和体验，一种能让自己灵魂激荡不安的那种体验，才会激起表述的强烈欲望，才会扬起艺术表现的新形式。可惜，至今未能获得。正是缺失这种独特的体验，我发现自己没有写长篇小说的激情和冲动。这是最重要的原因。如果凭一点浮光掠影或人云亦云的理解去硬写，肯定会使读者失望，也更挫伤自己。

我开始写散文随笔，没想到竟陷入写作散文的兴趣当中了，这些年一直都在写散文，而且一连出了几本散文集。2001年我恢复写小说，对写短篇小说突增兴趣，这几年里我已经写了10个短篇小说了。

对我这个现象我不知道研究小说和作家的评论家如何从理论上、心理上进行阐述。按说《白鹿原》获得了那么大的荣誉和社会的好评，应该进入创作的兴奋期，结果我正好跌入对小说的兴趣最冷淡的心理，写作的情绪和欲望都没有，对小说这个体裁的兴趣一下跌到最低点，很长的一段时间都回升不起来。

张英　具体来说，你的困难在哪里？

陈忠实　我面对的一个重要困难是，二十世纪后50年的乡村生活离我的生活非常近，我个人的理解和体验反倒很难进入有深度的独辟的理性思维。按说我对乡村生活的积累，写后50年应该更加得心应手，因为后50年我是亲身经历并直接参与的。

直到现在，（我）对二十世纪后50年历史的理解过程还在持续着，重大历史事件对生活的影响，理解到怎样的程度，形成怎样的体验，这些东西对我来说才是重要的因素。二十世纪八十年代中期，对前50年的那段历史的理解和把握，我是有自信的，所以写起来就很从容，就是感觉我自己对那段历史有独到的体验，现在对后50年达不到那种理解和体验，没有那种自信。

张英　你的压力是来自自己还是外界？比如发表可能有争议，或者不能被出版。

陈忠实　这个我没有考虑过，如果我想写就会写，问题是我自己理解和体验到的那些东西，无疑是我要负责任的。从创作的常识来讲，对生活的理解和认识不可能直接进入创作，必须化成作家的生活体验和生命体验，才能进入创作。我写作的时候，特别注重自己的体验和感受。这些年里，对这段历史的"回嚼"一直在脑海中进行。

这些年里，我的压力和痛苦不来自外界，而是来自自己。这个新长篇小说，我还没有能够形成自己的独到的一种理解。把这种理解变成作家写作的体验，打个比方，矿石大家都有，谁都能把它冶炼成钢。但你炼的是粗钢还是精钢，这要看谁的思想深刻，谁的能力强，找到的容器大还是小，小冶炼炉只能打出粗钢，大的、现代化的冶炼炉就能够炼出精钢。我现在需要的就是找到大的容器。因为，作家写的是小说，不是论文，要做的不是理论性地去阐述，而是要把它化作生活的生命的体验。一个作家对创作的理解是要很长的时间的，个人形成的对创作的感受和理解都是很难改变的。这个过程我现在还没有完成。

张英 你的压力和痛苦在哪里呢？

陈忠实 陕西这个地方文化氛围比一些商业城市要浓厚一些，但它现在也附着着商业社会的因素，贴着文化标签的商业的干扰也很厉害。因为当着作协主席，我现在受这方面的影响很大，在排解这些事情的时候，常常陷入谜团里，社会各种渠道和各种人际关系要把你牵制到那种场合里去，浪费了我很多精力。

张英 怎么缓解压力和痛苦呢？

陈忠实 我有时候就对自己说，中国现在不缺长篇啊，现在一年有 1000 部长篇小说出版。我会写的，还在完成准备过程中。我就这样自我宽慰。

张英 好像你现在也开始卖字了。

陈忠实　写字完全是好玩，到各种场合参加社会活动，有时候人家就要你写字，没办法。

长篇小说史诗热

张英　你怎么看这几年的长篇小说热？

陈忠实　我是从报刊的统计数字里知道长篇小说创作出版的巨大数字的，也从我周边的生活环境能亲自感觉到，譬如一个县一年就可能出版几部长篇。我亲历过二十世纪五十年代末全民写诗的"大跃进"景观之一景。我也被感染得诗情澎湃，在作文本上写了好多首民歌体诗歌，其中一首四句的诗在《西安日报》发表，稿费一元。这是我今日第一次向你透露，我一直不以这首小诗为处女作，今天话说到这里顺便提及，却仍然坚持以六十年代中期的散文为发表处女作。只是向你说明当时全民诗歌创作热到何种状态。

现在的长篇小说热，与二十世纪五十年代的情景有质的区别，那时候是从上到下全力发动和组织起来的，是强扭的不熟也不甜的瓜。近年间长篇小说写作热是自然形成的，没有人为有意操纵的因素。这应该说是当代文学空前繁荣、持续繁荣的大景观，是新文学出现以来的前所未有的繁荣景象，我很受鼓舞。这种繁荣景象起码证明了一点，整个民族文化素养大幅度提升了，使那些敏感于文字进而喜欢创作的人获得了表述的能力。二十世纪五十年代有谁能在报刊上连续发几篇散文和小小说，都会成为一方地域的名人；现在出版几部长篇小说，仍然很难进入社会关注的视野，把文学创作的神秘性自然而然淡化了。

我想谁也不会对文学创作的繁荣持异议，仅仅在于对高水准长篇小说的比例太小不大满意。我是从每年年终专家做的创作评述里获得这个印象的，能被读者热心关注和评论家非说不可的小说比例太小了。专家和普通读者都期待令人耳目一新的大作品出现，我以为急不得。首先是繁荣提供了一个雄厚的阵势，那么多作家都持续在进行探索和创造，大作和精品肯定会出现，我想应该宽容对待这个过程。

张英　现在文学界终于开始对过去的二十世纪发言了。格非在写《人面桃花》三部曲，余华手上在写一个关于江南小镇一家四代人100年生活的长篇小说，莫言的《生死疲劳》《丰乳肥臀》写的也是100年的农村，迟子建《额尔古纳河右岸》写了鄂温克人100年的生活沧桑，阿来的《空山》写藏区100年的变化。更多的作家在对刚刚过去的100年发言，你怎么看待这样的长篇小说追求？

陈忠实　二十世纪中国的100年历史，其剧烈演变的复杂过程，在世界上是没有哪个国家所能比拟的，恕不赘述。亲身经历并参与其中任何一个段落的有思想的人，抑或从资料获得具体而又鲜活的生活史实的作家，很难摆脱对这个民族近代以来命运的思考，也很难舍弃在独立思考里形成的生活体验或生命体验，会激起一种强烈的表述欲望，自然就会有小说创作。这100年应该反复写，应该有许多作家去写，各自以其独立的思维和独特的体验，就会有各自不同的异彩呈现的艺术景观展示，留给这个民族的子孙，也展示给世界各个民族。

作家们现在获得了独立思考和独立体验的社会氛围，不再受制于某些极"左"思想限定的狭窄小径，有勇气也有责任面对自己先辈所打开的百年变迁和历史了。

张英　现在长篇小说很多，但我们很难看到像《静静的顿河》《约翰·克里斯朵夫》《复活》《铁皮鼓》《百年孤独》那样有史诗品格的长篇小说，我们还没有看到完美反映中国这 100 多年里生活变化、精神变化的长篇小说，你怎么看待这一类小说？

陈忠实　还可以举出一串被公认为史诗的长篇小说来。仅以你列举的五部小说看，其中三部都是俄罗斯（或苏联）作家创作的。俄罗斯是世界文学的重镇，可以列举的影响到世界的作家和作品还有很多。美国也有海明威、福克纳等一批影响到世界的大作家和史诗性作品。

我想不明白中国为什么没有。按说中国人口比上述国家多好几倍，为什么出不来如你标高的史诗，看来与人口的多少关系不大。印度也是人口大国，除了诗人泰戈尔，也很难再有谁能排进你列举的那个行列。按人口说，日本和印度尼西亚也都是人口大国，尽管日本有两位诺贝尔奖获得者，其作品的影响力也很难进入你所列举的作品行列。似乎与经济的发达程度和物质的文明高低也没有直接关系，你列举的俄罗斯作家的史诗，都是在旧俄的农业时代完成的，《静静的顿河》产生时，苏联正处于物质最贫乏的战争恢复期。《百年孤独》的作者马尔克斯生活的哥伦比亚，也是一个发展中国家。我的确解释不了那些史诗为什么出现在那些国家，类似水平的史诗却没有在中国和其他许多国家出现。我更无法预测未来能影响到世界的史诗会在哪个国家产生，真希望能在某个中国作家的笔下诞生。

对于当代长篇小说的研究和讨论，一直都在持续着，多家评论杂志和文学专业报纸，有许多认真的研究文章阐发着种种见解，我从中曾获得了很丰富的启示。在诸多观点和诸多因素里，有一个主和次的判断，在我看来，主要在于思想的软弱，缺乏穿透历史和现实纷繁烟云的力度。说到思想，似乎是一个容易敏感的词。思想似乎沾惹到政治，说到政治，似乎又很容易招惹令人厌恶的极"左"或平庸的教条。我想应该早都排除极"左"政治的阴影了，尤其不能把极"左"政治等同于政治，不能因噎废食。富于理论高度和深度的政治，是一个国家和民族命运的光明之灯。应该从对极"左"政治的厌恶情绪里摆脱出来，恢复对建设性的政治的热情。既然作家都关注民族命运，就不可能脱离关系着民族命运的政治。

作家的思想还不完全等同于政治，这是常识。作家独立独自的思想，对生活、历史的或现实的，就会产生独特的体验，这种体验决定着作品的品相。思想的深刻性、准确性和独特性，注定着作家从生活体验到生命体验的独到的深刻性。这也应该是文学创作的常识。

我是在阅读二十世纪五六十年代出版的一批写农业合作化的长篇小说的过程中，以《创业史》和同类题材作品的对照中得到这个启发的。除了艺术风格、语言风格和艺术功力这些因素之外，造成同类题材小说巨大差别的一点，我以为是柳青更为深刻的思想。

再如《生命中不能承受之轻》，较之同类题材的苏联和东欧一些小说，昆德拉深刻思想所形成的独特体验使这部荡荡的作品远远超出了许多厚过它几倍的小说的影响。

还有《这里的黎明静悄悄》，瓦西里耶夫关于卫国战争的思想之犁，显然深过了前辈和同代作家同类题材所已抵达的土壤，而进入一个新鲜而又陌生的层面。后来有一部大约10卷本的长篇小说《解放》出版，从司令写到各大战军的将军，再写到连排长和普通士兵，在当时的苏联文坛却几乎没有产生多少影响。我觉得《这里的黎明静悄悄》应该是人类面临兽性战争的史诗。《生命中不能承受之轻》所泛出的深刻的生命体验，我也是读出了史诗的质地，尽管这两部小说在我们的规矩里只算得中篇小说的规模。这两部小说还给我提供了这样一个示范，如何把繁杂庞大的生活内容，用最少的文字表述到绝无仅有的优秀和优美。

张英 和你举例的这些外国作品相比，你觉得在二十世纪的中国现代文学中有没有这样的史诗品格的作品？

陈忠实 鲁迅的《阿Q正传》在我的意识里就是史诗。鲁迅把历史推进到二十世纪初的中国人的精神状态和心理状态，以漫画的笔法刻画得惟妙惟肖，不仅入木三分，而且连心灵深处最隐蔽的角落都抖开到新世纪的阳光之下。至今似乎没有哪个小说人物能比阿Q更典型、更具普遍性。如果就人物的典型性和普遍性而言，在世界的文学史上，阿Q也是一个最具有个性色彩的人物。人们可能把许多长篇鸿制都忘记了，却永远不会忘记阿Q。

巴金的《家》也应是一部具备史诗品相的长篇。谁都不会怀疑封建帝制的终结是中国历史的一个大的划界。封建帝制到终结时有两个标志性的象征物，其一是男人的脑袋后头吊着的那根"猪尾巴"，再一个是女人作为美的象征的小脚。辛亥革命做得最普及的事，就是剪掉了男人的辫子和撕开了女人的裹脚布。整个中国，城里人和乡村人，都陷入一种心理颠覆后的恐慌，没有了辫子的男人和放开成大脚的女人还是不是人？这在整个世界是一个荒诞的问题，在中国却是无论财富多寡、无论文化深浅的人都要做出痛苦选择的大事。

鲁迅先生的短篇小说《风波》，是最敏锐最及时地留下那个历史性过程的一篇，更可以佐证我上述话语里关于作家思想的看法。《家》就是以更丰富的生活，揭示这个历史过程中的中国人的心理剥离过程的。如果要我想象自己未曾经历的那个时代的中国人最普遍的心理状态，我以为最可信服的就是《家》里高家三兄弟这种典型。辫子和小脚，是封建政治和封建道德织成的中国人平衡心理的象征，剪除辫子和撕开裹脚布，就把原有的政治和道德的准则颠覆了，心理平衡也就自然被打破、被颠覆了。不同社会位置和（具有）不同社会影响的人，都面临着没有辫子的脑袋如何思考的痛苦，面临着撕开了裹脚布的脚还会不会走路的困惑。《家》里呈现的深刻的生命体验，正是那个时代最普遍最典型的中国人的心理过程。在我看来，这是史诗性的作品不可或缺的品相。《家》不仅广泛影响到它出版年代的年轻人，也影响到五十到六十年代包括我这一代年轻人，几乎半个世纪。那个时代的年轻人读《家》，从艺术欣赏的目的出发，完成的却是对业已形成的封建政治、封建道德所网织的心理结构的颠覆和背叛，寻求新的人生出路，许多人是由此走上革命道路的。可见这部小说敏锐地感知到了那个时代普通的社会心理，准确地展示了一个新旧交替时代中国人心理剥离的痛苦过程。我说它是史诗，主要以此来判断。

这以后的文学作品里，我感觉也有一些描写时代和社会变化、涉及民族精神层面的小说，但是这样的小说并不多，而且更多的是在表象上挖掘，比如调侃和挖苦啊，而没有深入进去。

大时代没有好作品

张英 近些年，文学界关于长篇小说创作的讨论会很多，如果有一种评价标准，中国的长篇小说标准是接近苏联好还是西方好？

陈忠实 不同的年龄层次的人不一样，我这个年龄层的作家很自然地接触苏联文学，包括到新时期之初，仍然继续接受苏联文学的影响。五十年代西方世界的能翻译过来的作品主要是具有"左"倾倾向、揭露资本主义罪恶的作品。因为那时候还有一个政策问题，西方很多经典之作不准进来。

到改革开放以后，西方文学的优秀作家的优秀作品被介绍进来的时候，我自己阅读也倾向他们，通过阅读不断扩大视野。在文学影响上，二十世纪八十年代进来的拉美文学对中国文学的冲击和影响不亚于过去的苏联文学。像我这代作家也接受了他们的一些文学观念。当然，比我更年轻的这些作家读的多是西方文学，他们接受苏联文学的影响可能就要少些。

张英　去年，有个评论家很有意思，呼唤作家们重新塑造小说人物。因为现在读小说，很难让人记住一个人物了。

陈忠实　我隐约记得一种写作主张，不在意或者说反典型化人物塑造，这种写作主张所创造出来的人物，自不必要求读者记住与否了。还有更多的作家追求现实主义的创作原则和主张，努力塑造自己的人物，且有典型人物已形成影响。我能记住的人物有《创业史》里的梁三老汉，这是"十七年文学"留给我记忆里最深的一个。新时期以来的文学形象，我难以忘记高加林。路遥在《人生》里创造的这个乡村青年形象，在心理和性格上可以称作典型，是普通而又普遍的乡村青年能够沟通和呼应的一个人物。

从纯粹的写作角度说，是作家在生活体验和生命体验过程中产生了什么样的人物，然后才努力开掘这个人物的精神心理。往往可能弄反了，想要学写一个什么人物，然后才从各个方面去把握这个人物。以我的写作实践比较，结果往往大相径庭。我的写作切身经历，是从外在性格进入心理把握。我后来才意识到要写出一个人物的真实性和生动性，最要害的是心理脉象的准确，而外在的形象包括肖像描写、动作行为、语言方式等。只有对人物心理脉象准确把握，人物才会活起来，个性才可能逐渐清晰起来，所谓心理真实。

还有一个写作的技术性问题，即人物角度。作家写他作品里的几个人物，必须进入每个不同气性的人物的不同角度。这个角度就是某个特定人物独有的心理状态，他面对各种有关人物有关事项时的心理判断，进而做出非他莫属的行为方式。作家每一个字都在追寻和把握这个人物的心理轨迹，才可能使一个独具个性的人物展现出自己的面目来。这种严格的心理角度的限定，就会避免作家对人物的随意性描写，就会避免把不属于这个人物的语言行为贴到其身上，也可以避免人物描写中的废话。

张英　对当下社会，你怎么判断？与历史有什么不同？当下社会作为文学题材，造就史诗小说的可能性，比以前更大还是更小？

陈忠实　当下的社会，起码在我有生之年的对比性感受里，是前所未有的繁荣昌盛和前所未有的政治开明，以及文艺政策对文学规律的尊重……恕我不再列举事实，因为太多了，谁都可以看到。

我只说一点，我从一些资料上看到，西方有人说"中国发展的威胁"，还有日本一位卸任的首相，也在竭力鼓噪"中国威胁论"。中国的经济实力和快速发展的态势，让那些阔佬感到威胁，不单指军事，更是经济，不管（他们）是出于小心眼的嫉妒，还是对本国经济竞争利益的考虑，抑或是某些心存的恶根，我都感觉到一种自豪。

自1949年以来，西方世界除了对共产主义的仇视之外，哪个国家的哪个稍有分量的人物把中国的经济实力当回事了？我们存留的点滴记忆，都是对贫穷的中国人的嘲笑，还有少许的怜悯。一个民族不能长久生活在别人的嘲笑和怜悯之中，那样就不可能在世界上获得尊重，也更难以真正自豪和自信起来。被人嫉妒总比被人嘲笑强。

我们在改革开放以来的近30年时间里，单是心理层面已经经历了几波可以称作翻天覆地的变化。在经济快速发展的形态下，我感到人生信仰、人生价值和人的道德建构也发生着前所未有的纷杂现象。对于创作而言，我觉得这是产生大作品乃至史诗的时代。我相信会有人在未来的年月里创造出来。

张英　你对"文学边缘化"这个提法怎么看？

陈忠实　我听到过也看到过"文学边缘化"这个说法。我尚把握不准其意指。如果从字面上看，就是说文学已经成为社会生活各个领域的边缘上的事了，或者说从社会的中心或次中心位置被挤到远离中心的外沿了。

我简单地想，文学在中国，什么时候都不在中心位置，盛唐的诗歌也是很盛，然而处于唐王朝社会中心位置的仍然是政治、政权、经济和军事，李白这样的大诗人无非是给皇帝凑一点热闹罢了，凑不到就被轻轻拨到一边去了。在世界上或富或贫的国家里，似乎都仍然以政治、经济和军事，还有科研为主体，（它们）稳居其社会中心，小说和诗歌在任何国家似乎都挤不到社会的中心位置上去，更挤不到总统和国会的议事日程上去。人对文学作品的阅读和欣赏的雅兴，只能在衣食无虞的空闲时发生。我记忆里的"三年困难时期"，乡里人普遍饿肚子，城里人凭着吃不到月底的粮票过日子，欣赏小说、吟诵诗歌的兴致恐怕很难被激起。我觉得文学是一个健全社会不可或缺的且有重要精神内蕴的东西，却不必计较在中心还是边缘。

贾平凹

■

我庆幸生长在一个巨大变化的时代

贾平凹是中国文化的一张名片，也是中国文学的一个风向标。他创作了一部又一部经典之作，铸就了中国文坛一个又一个高峰。40年笔耕不辍，贾平凹一直保持着旺盛的创作力，他用笔记录着社会进程中一个个鲜活的现实人生。

　　自2011年起，他更是连续在人民文学出版社出版《古炉》《带灯》《老生》《极花》《山本》等多本原创长篇小说，这在贾平凹创作历程和人文社出版史上都是绝无仅有的。《古炉》《带灯》《老生》销售量都超过40万册，《极花》《贾平凹散文》及其精选版销量高达20万册，2018年新作《山本》也在上市后获得了巨大的社会反响，取得超过10万册的销量。

　　不管是什么场合，贾平凹都带着他的笔和小本子。这个习惯是他上大学以前在工地上编黑板报养成的，后来搞文学写作，他也习惯了带着笔和本子，把平日生活里的所思所想，还有小说的灵感和思想的火花，马上用笔记录下来。

　　这几十年里，贾平凹的这些作品，散文、小说，都是趴在桌子上，用手一个字一个字写出来的。

　　在今天的作家里，用笔写小说的人不多了。二十世纪九十年代，台式电脑进入日常生活，有作家发文章，提出"作家换笔"，呼吁作家拥抱新的时代变化，扔掉钢笔、稿纸，直接用电脑打字写作。

　　贾平凹当时也受了影响，办公室和家里都放了买的电脑。但一个五笔输入法就把他弄得心累，后来换了拼音输入法，还是感觉不对，干脆又重新手写。

这么多年，他一直在用笔写作，每一部稿件都是先在笔记本上写草稿，在稿纸上一遍一遍抄写、修改，《古炉》67 万字整整改了三遍，抄写了三遍。《带灯》将近五遍，都是用笔在写，写坏了 300 支笔。

上一次给《作家》杂志采访贾平凹，是在 1995 年夏天。

一晃时间过去了 24 年，贾平凹靠着他的勤奋和执着，夜以继日，不断捧出杰出的作品，一直还站在中国文学的前列，这真不是一件容易的事情。而我，作为读者，作为记者，一路陪伴着喜欢的作家前行，也是幸福的事情。

故乡商州与写作

张英　怎么看人文社颁发的"荣誉作家"？

贾平凹　我特别高兴这次第 29 届书市在西安举办，今天人民文学出版社给我发了个奖牌，我也没想到，这个荣誉以前好像没有得到过。在这个地方突然有这个牌子，当然这个牌子我估计对我是奖励、鼓励，也是个圈套，把我套起来了。

和人民文学出版社合作时间也很长了，人民文学出版社在文学方面那是第一家，刚才说是国家队的，一般作为一个作家能在人民文学出版社出书也是一份荣誉。不是说和人民文学出版社合作，只是投靠吧，投靠在人民文学出版社。

后来尤其是 2000 年以后，在人民文学出版社出的书相对多一些，我经常讲，50 多岁以后，我实际上才慢慢知道小说怎么个写法，才好像摸索出一套自己的那种办法，写得比较多一些，大部分都交给了人民文学出版社。

这些书出来以后，不论是文学性还是经济效益，各方面反应都还可以。之所以投给人民文学出版社，因为这是一个老社，也是一个最权威的社，中国最大的文学社，它从领导一直到下面的编辑、发行各方面等等，让我觉得人文社是最好的，完全可以信任、信赖。

刚才臧社长也谈了，以后有了作品还得交给人民文学出版社，交给那儿你就放心，就不管了，反正有人给你管。

张英 你另外一场活动是和故乡商州有关的，故乡对你的创作现在还起作用吗？

贾平凹 谈到我的创作，可以说从新时期文学一开始，自己就进入里面了，现在回想起来也40多年了。40多年，和时代、社会基本是一块儿往前走。社会上发生的事，基本在我的作品里面都能得到反映。实际上我的作品都是现实题材的，现实题材的作品比较难写一些，但我一直在摸索怎样能把书写得更好一些。

谈到商州，商洛基本是我的老家，从八十年代，（19）80年左右，我就开始回老家进行采风，后来就是一直站在家乡的地方看中国。离开家乡到西安，站在西安的角度看家乡看得更清楚一些，然后回到家乡，反过头来看中国的情况、看世界的情况，就了解得更清楚一些，这就是独特的视角和独特的思考。

这几十年走过来，确实也不容易，其中受的不管是掌声、骂声，表扬还是批评，自己也都感受了，这几十年风风雨雨就这么过来了。我觉得还是坚持做自己，和这个时代、社会要融合起来。我经常讲一句话，面对生活要有机警之心，面对生活平平淡淡的东西，你不能和社会放弃联系，社会有它的形象感，同时要保有对城市的寂寞感，要不然你写的就不像你写的。反正这几十年基本是这样走过来的，随着年龄的增长，精力慢慢不行了，也不能熬夜了，现在就越写越慢。但是我觉得，还是有东西要写。

张英 在你这个年纪的作家里，像你这样勤奋，每年写一本书的人，绝无仅有了。

贾平凹 每一年有部长篇，不是这样，我没有那样的能力，基本上一看到线索，一般最快就是三年，因为写完以后出版社就推迟出版，有好多东西没有再写。有人说你不要再写了，写得太多了，人家没看完（新的）就快写完了。我开始也在想，写太多是不是好事？

后来，我想开了，作家写作就像农民一样，种庄稼一年四季不都是种吗？对作家来说，写作就是工作啊，也是一个生活方式。每天早晚都在想，人活了大半辈子，确实有很多感受，有很多想法要写。

张英 一部一部写着，自己会不会有压力？

贾平凹 有人也问过你为什么不停地写，从新时期文学就开始进入文坛，一直到现在，一直不停地埋头在写。我一方面觉得有东西要写，五十年代、六十年代，农村家庭孩子特别多，一看都是女孩，六七个女孩，他老想要个男孩，生一个是女孩，生一个是女孩，一下生了六七个女孩，最后一个可能生了男孩。作为作家来讲，老觉得写完这个作品以后不满足，最好的应该是下一个作品，这是一个原因。

再一个原因是自己涌动着好多东西想写，因为作家写到一定程度的时候，容易打滑，容易写不动了，有时候跟社会脱钩，或者脑子"死"了，所以对于生活、对于社会，我经常讲一句话，一定（要）有警觉之心，始终要敏感社会上发生的任何事情，和这个社会不要隔断。

再一点，作家从事写作，永远要产生一种激动感，你才能不停地写，老对自己不满意。但是实际上一部一部写下来，给自己压力也特别大，比如创作，里面最重要的是创造、创新，如果里面没有创造的东西，没有新的东西，等于没有写。

但是要创造那么一件都特别难。我经常讲就像跳高一样，突破一次，其实突破一厘米。不管创作多少，你要想办法和以前不一样，不能重复自己，也不能重复别人。

这十几年来，我的这些长篇小说作品，不光它的内容上，包括它的写法上，都完全有变，要不然显得毫无意义。如果再过多少年，或者实在写不动了，枯竭了，就不写。人跑步，可以停下来，还可以再出发，那就毫无意义的，只是一种预备，写作的那种创作的力量慢慢就消退了，我要趁着能写的时候，尽量多写写。

张英　这几年你出版的长篇小说，基本上都两个字：《秦腔》《古炉》《极花》《山本》《高兴》《带灯》。取名有什么特别的讲究吗？

贾平凹　这些年我写的这十几部作品，也有三个字的，也有四个字的，但是一般情况下都是两个字。我喜欢两个字的书名，这是自己的一种爱好。

（《山本》）这本书原来最早叫《秦岭志》，但后来觉得《秦岭志》和我以前写过的《秦腔》《秦岭》，都是"秦"字打头，容易让人混淆起来，所以就决定不用"秦岭"两个字。为什么提《山本》？给书起名跟给人起名是一样的，给人起名有一个讲究，像给孩子起"张口音"，就是最后一个字，上下嘴唇一碰打开，那是张口音。忌讳起名把最后一个字做"撮口音"，牙咬紧或者嘴噘起来，这样对孩子好像不好一样。

按照这方面讲究的人来说，写你的名字如画符一样，叫你的名字如念咒一样。为什么要张口音？孩子生下来，不管哪个民族，不管中国的、外国的哪个民族，孩子发第一声叫妈妈的时候都是一样的，直接有血缘关系的，父亲、母亲、爸爸、妈妈，这都是张口音，嘴唇一碰就打开。只有这两个（有）血缘关系的才发圆，包括他的爷爷、奶奶、姑姑、舅舅、姨，虽然还有一些血缘关系，都变成撮口音。

当时本来说叫"山记""山路""山事"，总归把秦岭那些词弄下来都是撮口音，后来干脆用"山本"，"本"是打开的。"山本"以前没有人用过这个词，后来我想，既然把书叫书本，有账本、课本、绘本，为什么不能叫山本呢？就从这个角度上起了这个名。

因为中国人认为书一旦写出来，它有它的生命，它有它的命运，有些书命运很好，有些书命运不好，比如说《废都》的命运就不好，将近20年才再版。有些书走得很远，它的命好，所以期望这本书《山本》能命好一些。

写秦岭就是写中国

张英 《山本》和《秦腔》，是你这10年里，气象最大的两部长篇小说，一虚一实。《山本》的原名是《秦岭志》，这部小说是怎么得来的？

贾平凹 我原来一直写这个小说，基本都是写我的家乡商洛地区。其实商洛地区就在秦岭里边，秦岭是中国最伟大的一座山，秦岭在中国的腹地横着一道，有了它以后，中国气候才分为南和北，中国历史上70%、80%的主要历史，都发生在秦岭南或者秦岭北。

秦岭横跨了三个省，甘肃、陕西、河南，但山体主要部分都在陕西。以前写商洛的故事、家乡的故事，说穿了也是写秦岭的，只是没有那么明显直接把它说出来。而秦岭就是把家乡扩大了，把写的范围扩大了，扩大到秦岭。

最早的想法就是想给秦岭上的动物草木写些东西。但是在写作过程中，了解到二十世纪二十年代、三十年代，那个动乱时期的人和故事。主要来自民间流传的一些东西，后来自己又收集了大量的历史资料吧，觉得挺有意思，兴趣就转移了，就写了历史，直接把秦岭写到前面，梳理二三十年代那段历史，来展示那一段历史中人性的那种复杂性。

张英 看似写一座山，实际上还是写的中国。

贾平凹 在写的过程中，我意识到，写秦岭这段历史，实际上还是写整个中国。我在小说的前面有一个题记，秦岭是中国的龙脉，它是最能代表中国的，它提携了长江、黄河，统领了南方、北方，这是以秦岭为中心来看的。

原来大家评论秦岭的时候，都是以一个山来看，或者站在北京，以首都来看秦岭。我这次写《山本》，自己心目中说：我要写一个二三十年代的故事，我就以秦岭为中心。以秦岭为中心以后，才能说统领南和北，提携了黄河、长江。

如果扩大说到背景，应该就是整个中国的故事。实际上还是在写老家，在写商洛的故事。以前是梳理那一段历史，表现那一段的人性复杂性，然后在里面挖掘人和人的关系、人和万物的关系，张扬一种不管在困难中，（还是）在荒唐年月，人性魅力的东西。

《山本》主要写了陆菊人和井宗秀两个人的关系，大背景就是写二三十年代战乱时期，那一段历史就是军阀割据，民不聊生，谁有枪谁就起来，谁就说了算，所以那个时候有国民政府部队，有游击队，有土匪，土匪里面有各种土匪，从传奇故事里讲是乱世，也是传奇里说的出英雄的时代，但是都是草莽英雄。那个时代英雄越多，民间、老百姓苦越多。

张英 《山本》里头写到陆菊人和井宗秀两个人的爱情故事，他们的爱情就是典型的古典爱情，一辈子都是"发乎情，止乎理"。柏拉图式的爱情图腾，成为两个人的精神支柱与信仰。

贾平凹 基本上它更符合中国农村的一种传统性的爱情观。如果看这本书写作（的）背景，全部是打打杀杀，都是枪杀、死人这些东西，那也太残酷、太无趣的。

我在后记里说过这个话，这本书里面到处都是枪声和死人，但它不是写战事，在这种背景下写了两个人，一个是井宗秀，一个是陆菊人，这两人的关系是我在写的时候最用心，也是写得最痛快的，除了那些战斗以外，就是精心写他们两个人的关系。

这两个人的爱情，好多人说，你写的好像两个人没有什么身体接触，又没有啥关系，感觉是不是太浪漫或者太理想化？你可以想一想在那个年代，中国封建时期那个年代，我说的是良家妇女，她很注意贞节问题，在那个年代要么就是守身如玉，要么就是放荡的妓女。

现在社会比较开放，对爱的定义特别广泛，大家觉得还有这两个人这么互相支持、互相扶持。实际上在《山本》的历史环境中，陆菊人丈夫和井宗秀是发小，是一块长大的，陆菊人从小是童养媳，也在一块长大的。但是陆菊人对井宗秀很欣赏，她丈夫又特别不争气，他们两个互相关心、互相支持，实际上在某种程度是互相（的）精神寄托，在那个年代是精神寄托。

当然小说最后，两个人又背弃了，最后陆菊人看井宗秀的发展路数，跟她想象的不一样，变成她不喜欢的人。因为小说一开始这两个人，男女情感不停地在发展，最后写到陆菊人对井宗秀的失望，写到一个女人的那种悲凉。为什么结束？一个虚妄的东西，鼓动了这一男一女的野心，想成一桩大事情，最后发现突然就落下了。

井宗秀那个部队全部是黑衣、黑旗，一身黑，这个黑我想起秦朝，秦朝兵出来就是一身黑，黑衣、黑裤、黑头巾、黑旗。现在也有黑衣为主的国家。凡是有黑衣、黑旗，这种武装都是呼啸而来、呼啸而去的。所以在这里面我也灌输这种思想，井宗秀这支武装力量很快就兴起来，就像夏天下了一场暴雨一样，哗地就来了，哗地就过去。

通过这个事件也表示武装这个东西，它也是不可能长久的。在这种环境产生这两个人的关系，你说是爱情？也是爱情，爱有各种各样的方式，身体接触是一种，也不能说那不是爱。可是不接触身体的、精神寄托性的也是一种爱情方式。作为作家，我更崇尚陆菊人这个女的。

张英 《山本》里麻县长的角色设置很有意思，他一直在写一本关于秦岭的书。他在小说里的作用，等同于作家贾平凹吗？因为你原来的设计不是写小说《山本》，是写一本关于秦岭的山、水、植物、草、鸟兽这些东西的书。这个心愿居然变成了小说的外层结构。

贾平凹 我写麻县长这个人，确实他的很多感受就是我自己的感受和想法。麻县长有很多很无奈的东西，在那个年代，一个知识分子在官场上又不会当官，又没有背景，他没有前途，他确实没办法，还要坚持自我，很扭曲、憋屈地活着。

其实知识分子在很多历史转折点，在某种历史时期是没有什么实际、直接作用的，在大历史的转折点，心里想法、办法再多，再明白事理，但两手空空，靠一张嘴，毫无办法，就是想了办法也没用，这是很无奈的处境。

写到麻县长，有些东西肯定要写到自己，里面有自己的一些感受。写作品都在写自己，写自己各个方面。就像读《西游记》一样，《西游记》其实只写了吴承恩一个人的情感，他是把人性的各个方面分散开，把一个人分散开，一部分是唐僧有慈悲之心，一部分是孙悟空敢打敢闹，但是有猴心不安静，一部分是猪八戒，一部分是沙僧吃苦耐劳，猪八戒懒、馋、贪，啥都有，把人性各个方面分散开。

写小说也是，《山本》里面出现那么多人物，实际上都是在写我自己，写自己的某一个方面。有这样一句话，父母如果讨厌儿女，觉得儿女身上有这么多毛病，实际上你是在讨厌自己，儿女就是你自己的一部分。你的好朋友去世了，你的亲人去世了，实际上失去的是你的一部分。你自己的作品一定是写自己，只是把自己的各个方面赋予各个人的身上，道理也就在这。

张英　这部小说的视角独特，作者仿佛一尊佛陀，在天空上俯视着《山本》，落地芸芸众生，不管什么党派、什么势力背景，一律平视，众生平等，笔触如画，充满悲天悯人的情怀。尤其是小说结尾写到，不管天翻地覆，相对于时间和自然，人如蝼蚁，帝王将相、文臣武将登场演出，传奇完毕演员谢幕之后，只有明月清风和沉默苍茫的大山。

贾平凹　刚才大家都讲到这段历史，军阀割据，秩序大乱，民不聊生，每个人的命都贱得很，生来很随意，死也随意。咱们现在已经习惯了正面人物或者英雄人物死得特别壮烈，死得特别惊天动地，死得特别有意义。

《山本》这里面死亡特别多，而且死得都特别简单，死的时候路上就死了，或者某个人本来轰轰烈烈干事，突然就死了。但是你想想，现实生活中往往是这样，没有谁死得轰轰烈烈，都是偶然就死了，毫无意义就死了。当然在里面写死人特别多，也是那段历史状况是这样。让那些人那样死去也是那个时代的特点。

在写的过程中，对那么多人死亡、各种死法，自己也觉得很窝囊，也觉得很惊恐。但实际上为什么把它写出来？这样写是诅咒那个年代，也是对二十世纪二三十年代战乱时期，和那个时代、那个年代的一个诅咒，揭露那个年代人太没有价值。真正要活得有价值，社会要有秩序，还是要太平盛世。

张英　《山本》后记有一段谈到："我面对的是秦岭二三十年代的一段历史，那段历史不是面对的我吗？《山本》该从哪一段历史中翻出另一个历史？""另一个历史"指的是什么？

贾平凹　我们经常讲从生活到艺术这个过程，都是看到社会上（的现象），预备素材，这样才能写出文学作品。面对着二三十年代的这段历史，这个历史怎么转化成文学？从这里讲，所有记录历史的书，实际上都不是仅仅写历史的一些事情，它都对历史做一种评判，它是把自己的一种想法、自己的一些思想，通过历史呈现出来。

把历史转化成文学非常复杂，历史就是历史，文学就是文学，这个转化过程，在我自己看来，当历史慢慢变成一种传说的时候，这个过程就是文学化的过程。中国古典小说里面，比如《三国演义》《水浒传》《封神演义》，一切古典小说都是说中国过去一些历史，但是怎么变成"三国"和"水浒"，它就由说书人不停地讲，你讲过一些东西，轮到我的时候我也再讲，每个人在讲的时候都加进了他的一些感情，经过他异化了一些东西，最后由另一个人把它集中起来变成小说。

中国小说发展过程都是从说书过来的，它里面有好多传奇，都是这样过来的。这就是对着生活历史上的素材怎样（把它）变成文学作品，其中有一个我的选择，我怎么理解这段历史，怎么经过我的话说出来。比如中国历史上著名的山水画家倪云林，他说面对着山水怎么（把它）变成绘画，这必须是我和山水偶然遇见以后我的心里呈现的东西，而不是说实际的东西。文学理论上讲创造，任何小说就是创作出来的，它和原来的历史不一样，它就升华了，是经过我的心理作用以后发生的东西。所有小说都是这样写的，有他自己的想法以后转化成小说。因为我毕竟不是理论家，说不清，但是意思就是这个。

《极花》来自真实的生活

张英　你说，和《高兴》《带灯》一样，《极花》也是来自真实的生活。

贾平凹　有一年冬天我跑了很多地方，跑到陕北跟甘肃、宁夏交接的黄土高原，去拜访一位当地的剪纸大师，当时老太太已经过世了。我去看她生存的那个环境。看环境的过程当中，特别有感慨、感受。

我虽然住在西安，(但)家住郊区，平常不怎么进城，自己也是农民出身，对农村的感情还是特别深。几十年里，家乡的亲戚朋友，啥事都找我帮忙，我也经常回老家，跑了很多地方。人活了大半辈子，恐怕农民的记忆，在生命里还是比较重的。我也是农民的儿子，农村发生的事情直接牵连着我。

《极花》这个故事，是10年前我经历的一个真实的故事。我的一个老乡是拾破烂的，他孩子来了西安讨生活，不久以后被人贩子拐卖了。我没有亲自参与解救，但是我也在关注这个事情。他们制定解救方案，是几个人在房子里研究，看人救上车没有，后来半夜搭回来，说人已经回来了，我们才睡觉去。

这是一个真实的情况。当时还没有想到写书，觉得写出来意思不大，就没有写。等我后来跑了几个地方，看到类似的事情屡屡发生后，我想起这个故事，就以这个为由头，写了这个《极花》。写《极花》的目的不是说要写离奇的故事——我不喜欢太情节化的故事——首先想通过拐卖人口的这个故事，表现出社会底层现在的人群生存状态，这是最基本的想法。

很多我去过的农村，看到后面，村子里几乎就没有女性，凡是姑娘都是打工，宁愿嫁到郊区、城市漂泊，跟年纪大的丈夫耗在一起。就是年轻媳妇一旦出去，一样不回来了，要么离婚，要么就走了，这个偏远山区都是这样的情况，所以有一些村庄，就开始消失了。

这个就是我说不出的感受，我想把它写出来，不想把它变成一个故事，包括《古炉》，包括《带灯》，都是线性结构的，这次是写成一团的，把这些感受放在一块儿的。这样就把小说的字数大大地压缩，变成最短的一部长篇。

张英　你的《极花》涉及女性被拐卖这个社会现象，展示了复杂性，却没有提供直接答案，引发争议。

贾平凹　这个问题其实比较难回答，也不知道怎么回答。因为《极花》这个小说出来以后，有学法律的人，写了一篇评论，从法律角度看《极花》这本书。他说看完了以后，里面的人基本全部都在犯罪，贩卖妇女是罪，强暴妇女也是有罪的，解救的时候，暴力执法也是不对的，全村农民抗拒警察解救也是有罪的，他用法律上的名词，没有一个不是犯罪的。

我当时就说，这个我也没有办法给他回答，法律是法律，文学是文学吧，看待的问题是不一样的。胡蝶从被拐卖到出逃，最终又因为孩子、社会的冷漠、老家人的歧视，回到被拐卖的乡村，这个结尾是我采用的一个写法，基本上是虚幻的东西，暗示她后面的结局，她这个人的命运结局可能发生的事情。要不是那样，后面就写得没完没了，十来万字就不行了。

当时那个结尾写的时候，我觉得胡蝶又回去，实际上结尾就是又一个开头，就是一个轮回。第二次再回去的时候，她又会发生什么事情？谁也不知道。以后怎么发展？也不知道，这是把结尾基本当开头来写。其实这个故事结束了，另一个故事又开始了。

张英　你怎么看这些年的乡土文学发展变迁？

贾平凹　我上次在兰州说乡土文学，乡土文学在"五四"时期，鲁迅写的小说，那个时期就是看看哀其不幸，怒其不争。到五十年代六十年代，乡土文学那时候有一大批才华横溢的人，他们描写农村生活的时候，写得特别丰富，作品都是非实写的。那些文学作品的基础肯定是革命、中农、富农，这三条线完全固定死了，表现的是这个问题。

改革开放以后，这十几年乡土文学里面，有很多令人兴奋的东西，有很多令人悲伤的东西，有批判、揭露，因为这个揭露、批判，我的一些作品，也招惹来社会上的非议，就是贾平凹你写这个东西写那么不好，写得那么不想上进，拿这个理由去批评我。我很委屈，因为农村实际上就是我写的那种情况，现实就是那种情况。我经常讲，这个人就是那种品种，社会就是这种社会，在这种环境中长大的作家就是这个品种，这个品种的作品只能是这个样。

前十几年，新世纪以来乡土文学里面还有批判，确实还有严肃的作家在关注乡土巨变、冲刷，工业化道路下农民的生存的处境。严格讲，这 10 年以来，这类文学快没有了，社会现实很复杂，作家没有能力概括和解释了，也很难给出答案，很难进行批判，甚至在小说里都没办法展现了，更没有办法批判了。好像不知道批判谁，没有对象，想说这些事情也没人听。现在几乎就不是歌颂它，或者怎么样，或者说是批判它，都不是这个问题了，乡土的巨变，农村的衰败，完全是成了一个无以言表的疼痛，这个问题跟人无法说，这个就是只有自己内心知道的东西。就像你没有孩子，看到邻居的孩子，这个痛苦没办法谈，这个只有自己知道。

作家在这种两难的情况下，想写一下叫人说不出的痛苦，想表现这方面的东西，不仅仅是批判，我觉得现在不是批判，绝对不是歌颂或者批判，好像这些词都不对了。

运动里的个人责任

张英　通过《古炉》你写了一个"文革"年代的小村，实际上写了"文革"对中国人的影响，这和谢晋当年的《芙蓉镇》一样，选择的视角都是以小见大。

贾平凹　我只能从这个角度进入，这段历史是中国的一件大事，关于这段历史，已经有很多书了，从政治的角度、政治制度的角度、经济的角度进入。我只能从社会角度进入，从基层的一个小村来观察"文革"对普通老百姓的影响。

我思考的是一个问题，"文革"最早是从上层发动下来的，毛主席号召了以后，全国人民动起来，但为什么上面吆喝了，下面就能调动起来，影响到一个偏僻的村庄的日常生活？产生这场灾难的机制在哪里？怎么就能够一下子把角角落落里的人都调动起来，原因在哪儿呢？

"文革"最终成为全国性的运动，有政治层面和社会层面的原因，但社会层面的原因更重要一些，就像陕西的葱不是很高，新疆的葱很高，是因为土壤、气候不一样，环境不一样，一样东西就不一样。所以基层的土壤是最重要的东西。

从我的意识里，在高层或许是有政治因素，到社会最基层的时候几乎没有政治了，差不多（是）个人的恩怨、纠结，小仇小恨，平常的是是非非。在这个背景之下，在这个舞台之上，人性是怎么表现的？

我主要是以这个角度来写的《古炉》。我是经历过"文革"的，我也目睹过这场政治运动，以及它对普通老百姓的命运和生活造成的影响。当然，我更熟悉的是我的经历，所以我就选择我自己的经验、我自己的变化来写这个小说。外国人用英语把中国称作"瓷"，我想通过写古炉这样一个小村，写当时的中国。

为什么要写？一是回顾，二是正因为有"文化大革命"，才有后来的中国改革，才下决心改革，回顾那一段历史，来建设一个更和谐的更美满的社会，让人们生活更富裕一些，更自由一些。

张英　你说"对'文革'这场运动，人人都有责任"，为什么？

贾平凹　它实际上利用的是人性的弱点，普通老百姓过日子，也经常发生矛盾，比如一个家庭里，父子关系不行，夫妻关系不行，在一个家里吵吵闹闹的。

"文革"在当时是最主要的政治运动，从上往下的，你不参加运动，你不参加当时的组织，好像你就不是一个正常人一样，你就脸上无光，不敢在人面前走动了，它当时是这样的一种社会环境。

这场运动实际上是靠几亿中国人的力量发动形成的，利用了全部参与者的力量。大家都是按照当时的政治教条执行的，人人都在桥上，走的人多了，它肯定摇晃，摇晃得厉害，桥板肯定翻，道理就是这样。所以我认为，对这段历史，它不只是毛主席和中央"文革"小组那几个人的责任，而是参与这场运动的人，每个人都有责任。

张英 《古炉》的故事是落在一个小孩狗尿苔的身上开始的，那是一个有点智障和灵异的孩子，充满象征和寓意，也是你当时的年纪。

贾平凹 "狗尿苔"是一个外号，他刚好十二三岁，正符合我当时的年纪，我熟悉那个年龄段看到的情况，选择一个小孩的眼光来看当时"文革"里发生的事情，有他的灵活性。当时一个地方政权有两派，领导人和支持者全部分成两派，从狗尿苔的角度便于写全部的情况。

狗尿苔出身不好，人长得很丑陋，性格很怪，自卑胆小，不敢说不敢动，政治上的是非曲直、革命和反革命，他都不理解。他生活的这个地方是偏僻的小山区，没人跟他说话，只好和动物、树木、花草对话，想象力丰富，对所有人，不管男的女的老的少的，都想通过讨好人家，能让他自己的生活过得好一些。

我在写作过程中，收藏了一块松柏的佛像，我看那个佛像就想起狗尿苔来了，一个前世的人，可怜、委屈、丑陋、自卑，好像是个怪胎，却符合那个时代。

张英 以往文学作品表现"文革"这段历史，一般都充满血腥和暴力。《古炉》也写到两派之间打斗，却非常冷静，几乎不动声色，这个叙事基调和那个时代形成一种巨大反差。

贾平凹 因为1966—1968年这段时间比较血腥，打砸抢，然后开始对抗，互相打架。我对当时批斗我父亲的那些人也特别仇恨，也想过去报复，但是几十年过去以后，回头来看，恨那个人也没用，也不是他个人的问题，是整个中国社会的问题，就像一场大风一样，风刮过来以后，小草和大树都在摇，人和东西也在摇，也不是某一个人在特定的时候（的）这种爆发。

现在回想那一段历史，我们觉得就应该很冷静地来写，在人性、人的问题上多深究一点，才能写得很真切，挖掘得更深一些。二十世纪八十年代，出现了很多写"文革"的作品，如果我还采用激愤、控诉性的写法，再带着几分血腥控诉，只是在回过头骂这件事情，骂完也就过去了。

但是要写透，恐怕有现实制约，另外我不是写"文革"回忆录，只是小说，小说有它的规律，表现的东西都是作者来创作的，一个以真实背景虚构的故事，但它里面的场面、人物都是有实际的原型的。

而且当时中国是平民社会，在基层的那种生活很无聊，节奏缓慢，看起来没什么变化，都是日常琐碎的事情，都是农民的是是非非。在日常生活中慢慢围绕，突然有一天矛盾就爆发了。写小说也应该是这样，慢慢写，才能把心情、感觉写进去，把小说的味道写进去。基本就是这样来控制的，整个过程中64万多字，写作过程中作家最难把握的就是节奏。

张英　在写作和叙事上，你在回归传统方面，做了哪些调整？

贾平凹　比如说《极花》，这个故事比较单一，突出写一个人，是以第一人称写的，以极花的心理感觉来写的。《老生》时间长，正因为四个阶段，总得有一个结构把它网起来，里面才加了《山海经》。到了《山本》，实际上是（以）第三人称来写的，这样全方位来写，有好多东西，秦岭上的动物、植物、风雪、山水，这些东西都可以搁进去。具体看用的语言也都不一样。

但是总体来讲，千变万化还是有一个主线不变的，拿我自己来说，对于中国古典小说我走的是《红楼梦》这条路子。中国小说有《红楼梦》这条路子，有《三国演义》《水浒传》这条路子。《三国演义》《水浒传》这条路讲究传奇的东西，写得特别硬朗，故事性特别强。

《红楼梦》阅读没有多少快感，它就是缓慢的。《红楼梦》教会我怎么写日常生活，"三国""水浒"教会我怎么把它写得硬朗一些，如果用《红楼梦》的角度来写"三国"和"水浒"这样的一些故事，看怎么个写法，这里面试着写，后来就有了《山本》。

作家的社会责任感

张英　谈谈你现在写的小说。

贾平凹　明年我可能会出一本关于城市方面的小说，现在正在写第四稿，也挺难的，等到出来以后再和读者交流。

我在写作上基本上有两个方向，第一是写现实生活，原来写的是老家，后来发展到写秦岭故事。第二就是写中国 100 年间发生的事情，各个时期人们的生存状况，顺序上有前有后。回顾自己的作品时，发现反映城市题材的作品较少，我在城市里生活了几十年了，好像城市题材只写过《废都》，后来写了《高兴》，但严格来说《高兴》也不是城市故事。

张英　你有很强的社会责任感，这个传统好像被今天的文学主流抛弃了。

贾平凹　文学写作，写作嘛，他就要"作"嘛。开头写小说，都是些自己的故事，写个人的爱恨情仇，自己的欢乐和悲伤，人又是不能脱离时代的环境单个存在的，他慢慢就有一种野心，或者说有一种责任感和使命感了，觉得应该讲述更多人的经历和命运，给某个群体来说话，给某个阶层来说话，写着写着就转移到一代人的命运上了，或者说把那一段经历的历史都写出来，这样的意识不断地加深，作品容量就越来越大。

"文革"这么大的事情，已经过去多年，这段历史我一直想写，怎么个写法，一直不好动笔。我不是对一个运动或者一个事件做评判，我最关心的是人和人性的关系和变化。

当时（是）我12岁的时候，现在我快60岁了，当年发起、组织、参与的人年纪起码都七八十岁了，很多人已经去世了。我要趁我还记得，还能写，又经历过，把这一段历史写出来。

这段历史以后可能也有人写，但要写的人，他们都没有经历过。当然，那些没参加过二战的人，也能写出很伟大、优秀的二战作品，但他只能从史料、资料的角度出发去想象，没有实际的感性的经验。

张英　你那么忙，但长篇小说也是一部接一部，是你这个年纪作家中文学作品数量最大的。

贾平凹　文学创作完全是个人化的，也是个人兴趣。在创作里面我是最自由的，我愿意怎么写，那是我的事情。在中国所有职业里面，我觉得搞文学创作，相当长一段时期里面，在时间上他是比较自由的。在中国搞创作的时候，也有风险，你写出来的东西，符合不符合要求，受不受审查，或者是批评，这当然是另一个话题了。

八十年代，中国社会都在关注文学，文学对年轻人都是一种诱惑，我30多岁时到处都在讲课，没有任何报酬，来听课的学员特别多，下面都是几百人，有时上千人，现在这种情况越来越少了。大家关注度那么大，我估计别的国家不可能发生（这样）的事情，以后也不可能再有了。所以在那个时期产生了一大批作家。

在中国"文化大革命"以后这段时期，文学起过思想启蒙的作用，主要是当时这个社会禁锢的东西太多，好多禁区，文学来承担了。大家追逐一些文学作品，就是因为这个作品突破了一个什么禁区，批判了一种什么东西，大家关注。这也导致一些文学，看谁禁区突破更大，而不是说文学艺术上的突破。现在回想那一段文学，也有好多优秀之作，但停留在政治上作用大一些。

作为一个人来讲，活这一世，我经历了新中国的各个时期，对不同时期的社会状况都经历了，无论是"文化大革命"前还是"文化大革命"后，国家几十年的发展和变化吧，我基本上摸透了，这很不容易。作为作家来说，他经历的这个时代确实对他写作提供了丰富的素材，而且这种社会也给他提供了一种丰富的想象力。从这两点来看，我觉得都是幸运的。但具体到怎么写，能够写到什么程度，要看个人造化了。

张英 这几年来，你一直是换笔写，一部历史，一部现实，交叉写，是基于什么考虑？

贾平凹 有意为之。从我的写作来讲，一会儿写到这，一会儿写到那，经常是篇幅短的，来一个篇幅长的，两三部现实的，两三部历史的，又翻过去写。换这些也是为了保持自己的能力，还有对社会的理解，和时代、社会变化同步，保持新鲜感和敏锐力。

写到最后就写百年的历史，这个历史常常是前前后后的。任何历史都有思想在里面，说历史，其实在评论历史。虽然写的那个时候，毕竟只有一百年，中国人总想表现这百年怎么过来的。那个时候怎么过来的，哪些做得好，哪些做得不好，哪些应该汲取，当然这是泛泛地来讲，文学上完全是另一种写法。

张英 1995 年，我给《作家》杂志做采访，去你家里的时候，你当时提到对"文革"的生长经验，说大概可以写 10 个长篇，这个心愿完成了几个？

贾平凹　我一般写作就是往前走着，再看着，有时候突然间欲望来了就想写，没有欲望就一直放下去。写作就像人和人讲话一样，有一个缘分，有时你专门要等它，它就来了。

写作说到底，都是在写自己。你的能量，你的视野，你对天地自然、对生命的理解决定着作品的深浅和大小。我是写了几十年的人了，又到了这般年纪，有些东西我只能看透，有我的体悟，但更多的东西我也在迷惑，企图去接近它、了解它，向往它。

一方面写作是我生存的一个方式，再一个，自己心里有一些不安的事情，累积在心里。现在这个社会最大的幸福，就是心安理得，神不安，心不宁，这个是最大的威胁。现在很多人特别焦虑、恐惧、紧张。

对我自己个人来讲，写作是一个安宁的过程。写出来以后，变成作品以后，也希望更多人看到它，希望大家对这个社会、对这个时代正视一下，就是这个作用。再说多大的意义，我也没有更多。

父亲被打成"历史反革命"

张英　"文革"发生时你多大？

贾平凹　我当时 13 岁，上到初中二年级下学期，是"红卫兵"成员。那时候总有不同的政治事件发生，所有人都心沸腾，都（是）快乐的，尤其作为孩子，就觉得像节日一样，也不学习了，也不上课了，反正就是特别快乐，特别刺激。

我那时候还是懵懂的，不是说很清晰，但是也跟着外头人喊口号，也跟着刷大字报，这些我也都参与过。引用那个蝴蝶效应，因为我的参加，起码给这场运动增加了一定影响力，那么多人的参与，从而使得灾害的力量不断增大，最后反过来影响更多人，形成一个飓风。

张英　你父亲只是一个乡镇学校教员，怎么就变成被革命对象了？

贾平凹　我父亲特别严厉，小时候我总是害怕他。直到他老了，我自己也做了父亲，我们才说上话。

在当时那个社会，对父辈这一代人来说，他没什么选择。我父亲弟兄四个人，只有他来西安求学了，剩下的都在乡下。当时为了供应他上学，有到煤窑上挖煤的，有去扛木头的，就是全家来养活他。

他专科学校读完，后来在西安也教过书。1949年后，因为我一个姨夫是陕南游击队一个团的团长，把他叫去在团部里待了一段时间，后来他回到地方上当教师，然后就一直干到去世。他的工作完全靠组织来分配，叫你到哪儿去，你就到哪儿去，他没有更多的选择，不像现在，我可以跳槽，我可以不干这个干那个，那时候是不可能的。

"文革"的时候，我父亲被打成"历史反革命"，原因是他在西安当教员的时候，胡宗南在西安开了一次报告会，当时政府要求所有的公职人员去参加那个会议，学校把教师花名册就报上去了，我父亲那天倒去了，走到半路里，又跑去看秦腔去了，没有参加。到了"文革"时期，有人把那场报告讲成是特务训练班，然后查档案，开会的名单里有我父亲，就把他打成"反革命"。有两年多时间，他戴的都是"反革命分子"帽子，开除公职，回乡进行劳动改造。从那以后，我的家境一下就败落了。

张英　那个年代，这样的政治帽子扣上，个人前途基本上就完了。

贾平凹 现在很多年轻人无法想象那个社会，政治上要是出现了问题，那这一生就完了。我印象最深的是我父亲回村去的时候，我和母亲正在地里干活，别人说我父亲回来了，我就往回跑。我父亲戴着"反革命分子"帽子，被押送回到乡下，一见我就拉着我的手哭了，这是我一生中第一次见到父亲哭。他说，我把孩子害了。当时他最关心的不是他的政治生命，而是自己影响了家庭和孩子的前途。

张英 对你的影响体现在哪方面？

贾平凹 我父亲打成"反革命"那几年吧，我在农村唯一愿望就是出去参加工作。当时城市里的企业、单位来招收技术工人，肯定没有我了，不可能叫个"反革命"子女去当工人。后来收公路上养路工，整天拿个锹铲一下地面，我也报名，但是也没有收到（录用通知）。后来就部队征兵，我又去报名，也不让你去。你表现再优越，在选人的第一批就把你刷掉，刷下来。

当地学校招收民办教师，我也报过名，也没有我。后来学校一个老师回家生小孩了，临时让我代理教了一阵。等人家把产期休完以后，你就结束了。我原来是基干民兵，因为当时准备着和苏联要打仗，农村的年轻人都加入民兵组织，整天训练。开头我是（在）民兵连里当文书，因为我写字好，后来我父亲一出来事，就把我赶出来。我们那儿学大寨修水利，修一个大型水库，年轻人都去，也是以民兵建制，挣工分，我就留在村子里和妇女一块劳动了。

我那个时候年龄小，一般我们那儿的精壮劳力，一天工分是10分。当时农民靠工分来吃饭，年终跟你结算，给你分多少钱、分多少粮。我当时挣三工分，因为个头也不高，只能挣到三分。一个工分是两毛钱，一个大人劳动一天，可以挣到两毛钱，我只能挣到六分钱。

当时一个正常的妇女，劳动一天可以挣八分工。

在水库当宣传员和上大学

张英　你当时不是去水库当宣传员了吗？

贾平凹　当时乡下的年轻人吧，都得出去参加工作，当工人、当教师、当兵，这些都是出路，才能够吃上国家饭。你如果待在农村，就只能在生产队劳动，那个时候户口也特别严厉，儿女必须跟着母亲户口，我父亲是吃国家饭的，是教师，我母亲是在农村，户口在农村，所以她生下的儿女吧，就必须都是农村户口，就把你卡死在家乡，你永远可能就不离开那个地方。每天早晨起来就开始劳动，晚上回来，生活也特别困难，你也不能随便走动，一辈子就在那儿到死，不像现在人口可以自由流动。

当时别人都去水库劳动，我没去。但后来我听从水库工地回来的人讲，工地上需要一个搞宣传的，写字的，因为我当时字写得好，说你可以去。别人推荐我，但人家也没有啥下文，我听了这话以后，就主动去了。那天生产队长还不允许我去。我记得那天下着特别大的雨，拿了一些干粮，去干了三天活，特别累，就是从大坝下面扛石头，扛到大坝上。你要扛够多少立方，才能挣那个工分。我当时在那个工地指挥部每天晃来晃去的，想引起人家（注意），后来那个工地指挥部人就发现我来了，就说："你来了，来了给咱去刷一下标语吧。"刷标语就是在山崖上大石头上刷那些"农业学大寨""下定决心不怕牺牲"大型标语。

然后我拎着大红漆桶子，握着大排笔满山写标语。他们觉得写得不错，就把我留下来，在工地上办简报。当时工地简报有两人，我进去给人家帮忙了一段时间，那两人就退了，后来就我一个人。我可以说是编辑，也是责编，也是发行员，也是宣传员，每天到工地上去采访，回来写东西，然后在蜡版上刻，拿油印机子印，然后到工地上再散发，再拿大喇叭念这个稿子。

这一段时间的工作，我觉得锻炼特别大，因为我当时不会写文章，而社论、小言论、评论那些东西我从来没接触过，当时陕西省只有一份报纸《陕西日报》，我就模仿人家那口气来写。当时版面还要特别活跃，你不能老刻一样的字，比如仿宋体，或者是隶体，这些都是当时学的，而且标题要变化的，还要为了丰富版面学画画。我干这工作干得特别认真，那时天都黑了，我还趴在门外面刻蜡版，连夜印，所以好多人就说，这小孩干活特别踏实，对我印象特别好。

当时我父亲得到消息说大学要招生，他叫我连夜走十里路回家，跟我说是大学要招生了，你一定要去报名。因为"文化大革命"，所有高校都停课了，一直到1972年，大学复课准备招收一批工农兵学员。一直到1979年的时候，整个社会恢复高考了，这中间一段，基本上都是工农兵学员。

当时工农兵上大学，他有三个条件，你自己得报名，群众要推荐，领导要批准，然后学校再考试。当时我还是可教子女，大家就把我推荐了，他们都觉得这个孩子干活特别卖力、特别踏实，简报也办得比较好。当时全县同时上马的三个大型水库，我这个水库和另外两座水库的工作（比较），不如人家，但我这个水库办的简报，比他们那儿好一点，领导有这个印象，群众把我推荐了，他也同意我去，我再去参加考试。

张英 千辛万苦上了大学，命运改变了。

贾平凹 上大学也有些周折，多亏那是第一次工农兵大学招生，要第二年我就上不了了。实际上到了第二年，基本上不是考试，一些地方村干部就把他的子女，或者亲戚，推荐上大学了，别人就没有机会了。

第一次，大家都不知道怎么个上大学，我去跟大队支书申请的时候，当时支书说，上大学，只要你能考上你去嘛。在当时这个村干部的思想里面，他还不是说招工做什么，只要大学能考上，你能去就去。我就糊里糊涂进了大学，也没有考试，群众一推荐，给你形成个材料，领导一批，就报给学校，学校就把你录了。

当时最早推荐我，不是（去）西北大学学中文，推荐我去到西北工业大学飞机制造系。当时我压力特别大，因为我是初中二年级毕业的，只学到一元一次方程，后面是什么我都不知道。后来县上领导知道我的情况，就把我改到西北大学中文系。

那个时候就没有"就业"这个词，当时工农兵学员，政治规定你从哪里来回哪里去。部队上来的，你学上三年半以后，又回到部队上去。我好多同学就是（原来在）报社当记者，他来了以后，重点在学新闻，或者你原来是教师，教书这方面就学得多一点。但我当时从农村来的，我想法（是）不可能我回去再当农民，但我具体将来干什么也不知道。

我一到学校，老师要求每一个新生，必须写一篇文章，一方面老师作为业务考察，摸一下同学水平怎么样。当时我在水库办简报的时候，为了丰富版面，就写顺口溜，所谓的诗歌就从那儿启蒙的，因为你不能老写那种文章，没人看。我进校以后心情也激动吧，就写了一首诗歌，给老师交上去，老师一看觉得写得不错，就推荐给当时大学办的一份报纸，选了我一首诗，当时一发以后，还比较轰动，觉得这是谁谁写的，我到食堂去吃饭，大家都指指点点，从此激发了我的创作欲望，大学里基本上都写诗，从那儿开始文学创作。

后来毕业分配，我必须回到我们县上，叫县上给你安排工作，我大量同学回去以后就当老师了。当时学校初步决定把我分配回去。我想回去肯定是一个中学老师，县上我估计还干不成，只能到当时公社中学去当老师。但在我毕业前，我一共发表了27篇作品，有文学作品也有新闻稿子，又因为我在陕西人民出版社实习过，给人家看过稿子，在他们的一个刊物当过业余编辑，当时编辑部领导同志对我印象特别好，他就直接到学校把我要走了。

我就这样到了陕西人民出版社当编辑，在那儿当了五年编辑，从那儿又调到西安市的《长安》杂志社当编辑。我一辈子都在当编辑，现在也是《美文》杂志的主编，主要职业当编辑，写作和作家反而是业余的。

张英　当时社会对你们那批工农兵大学生有很多偏见。

贾平凹　从我们那届开始，基本上六年都是工农兵学员。1979年才恢复高考。但毕业以后，我那些同学有留校的，有分到别的地方的，多多少少都受到一些歧视，因为后面的学生都是通过正式高考上来的。当时社会上有一种议论，好像工农兵学员水平不高，在我看实际上并不是那样的。

因为当时工农兵学员，他是从社会各个阶层挑出来的，里面当然不排除有后门现象和各种关系进来的，但大部分还比较优秀，推荐上来的，而且他在基层有过工作经验，上学以后，因为学习环境（好），进步比较快。

但那个时候的大学，因为政治为纲，教育也不全面。比如说学古文，基本上就是"批林批孔"，先"批林批孔"再学古文，你想那能学个什么样的东西？而且图书馆好多书是不开放的，只开放了一部分。我们那批学生，在整个后来高考恢复以后，都有压抑感，好多科研单位工作的人就报考研究生，因为他不报考就没办法工作下去。

从事文科的无所谓。我那一批同学搞创作的多，搞创作不需要回炉，不需要再去学研究生，而且创作它不受严格的学问多高（限制）；大部分同学从政当县长、书记，处级特别多。我后来还考过研究生，当时西北大学招第一批文学研究生，只收两个人，我考第三名，专业知识我是好的，但我英语没学过，是零分，我那个时候不会作弊，老老实实在上面不动一个字。当时学校也想收我，但是报到上面，上面教育部门有个规定，是见"0"不收的，所以我没有当上研究生。如果当研究生，可能现在也是留校，在大学当老师吧。

所以人生命运无常，关键时候，就发生好多很奇怪的事情。大学毕业以后，如果出版社不要我，分到出版社，把我又（分配）回到乡下学校里去，那以后也可能搞创作，但是再回城，太费劲了。

后来我爱人还在县上工作，当时调到西安市特别难，回家交通又特别不便。当时我多少有名气了，西安市提出一个条件，说调可以，但你必须来。把我作为筹码，到编辑部，再可以把我爱人调到西安。然后我从出版社调到西安市，开始办刊物，就一直这样走下来。

不上班的年轻"老作家"

张英 孙犁为什么对你有影响？

贾平凹 我在乡下的时候，根本看不到书。在水库的时候，从别人那儿借了一本小说，它没有封面，不知道谁写的。扉页上有"白洋淀纪事"几个字。我当时对那本书特别感兴趣，每天晚上就模仿那书里面（的内容），来写身边这些人物，就开始每天在笔记本上写开了，每天给周围某某画像，都是素描他。后来上大学后才知道，那是孙犁的一本小说。那本书对我当时有启蒙教育，影响还是特别大的。

张英　1978 年，你就拿了全国短篇小说奖。

贾平凹　我大学毕业，分到出版社后，就开始搞创作，胡乱来写吧。1978 年，"文革"后第一次评全国优秀短篇小说奖，我就获奖了，当时社会对文学的那种关注度，比现在不知道强多少倍，大部分人都在读文学作品，一篇作品可以使你一夜成名。我还记得，当时和我一块领奖的，有王蒙、刘心武、张洁、张承志，所以很多人说我是老作家。我记得那天晚上，王蒙到我房间来，王蒙当时还开玩笑说："你看你写那么长你获奖，我写这么短也一样获奖。"他当时是 50 岁吧，我当时是 24（岁）嘛，很年轻的，第一次获奖。

当时获奖，不像现在你获什么奖也没影响，当时获奖影响大，就开始有了名了。当时（在）出版社当编辑，有一个不成文的规定，不允许你搞创作，怕你影响业务。我搞创作都是下班以后，领导还老批评。我获奖以后，就不在编辑部干了，就调到西安市文联下属的创作研究室搞创作了，基本上干了一两年，然后就把我选为文联主席。

当时我也不想当这个主席，我说我还是搞创作吧，但领导说，你必须要当文联主席，他要求是一个文学方面有影响的人，组织上讲可以给你配一个工作班子，让党组书记把日常工作给你管上，有啥活动你来参加就好。我说那我就不上班了，领导也同意。选上文联主席以后，我就不上班了，因为一上就不得下来，因为管人事、日常工作，这不是我的强项，我也管不了，完全交给人家党组同志去管，有什么文学活动，开什么会我都来。

张英　就不用上班打卡了。

贾平凹　我 30 多岁就开始不上班，这是我一生最大的幸运吧，基本上相对自由一点，不受上班下班约束。人一生，我觉得最幸运的东西，一个是很自由，再一个就是你的爱好和你从事的职业是一致的，这是最好的，这两件我都能达到。

我基本上大部分时间都在搞创作，但现在越来越没时间，因为随着社会往前推进，你担当的东西太多，一会儿当个这，当个那，那些事情又不是说你个人的事情，文学活动特别多，会议特别多，现在也痛苦得很，时间不够用，打扰太多。创作基本上只成了一个业余了，来人就聊天，或者是开会或者活动，西安又是一个旅游城市，来人接送，接接送送，人一走开始搞创作。

这个年龄越来越大吧，特别疲劳，节奏老是紧迫，老发誓说是明年我啥也不弄，到乡下去待上多长时间写去，但是到了今年又走不开。年龄大了以后，活动越来越多，刚才一个人还给我发信息，还在责骂我，叫我参加活动，我实在抽不开身，我就没有去那个活动，他就开始骂我。各种活动，有以组织名义的，还有以朋友名义的，不去就都把人得罪了。

近几年翻译作品多了

张英　近年来，你的小说翻译进入了一个爆发期，翻译成外文的已有 30 多种。

贾平凹　作家在翻译方面是被动的，我平常在西安居住，作品翻译只能守株待兔吧。只有翻译家到西安寻着我，才能把我的作品翻译出去，这是一个非常被动的状态。我的翻译作品有个很奇怪的现象，九十年代初期《废都》翻译还挺多的，后来各种原因就和外界断绝关系了。汉学家寻不着我，我也不知道到什么地方去寻他们，基本上十来年没翻译。这七八年以来，各种语言，英语、法语、西班牙语，还有埃及、日本、韩国、加拿大的各种版本的翻译作品出了30多种，但是英译比较少。已经翻译的有《高兴》《带灯》《极花》,《秦腔》正在翻译，接下来还有《山本》《古炉》，还需要一段时间才能翻译出来。

张英 你的作品地域性很强，翻译一直是个大问题，你怎么解决这个难题？

贾平凹 我们在二十世纪八十年代读外国作品都是翻译过来的，翻译作品给改革开放后中国文学的发展，提供的帮助太大了。所谓世界的文学，其实就是翻译文学，不翻译出去是看不懂的。我作品的翻译，不同语言之间的文字转换绝非易事，我的作品里有一些中国传统的东西，所以我最怕文字中的味道翻不过去。我跟一些翻译家交流过，他们都认为文字之外的"言外之意"是比较难翻的，也反映说"你的作品翻译确实比较难"。

这些年我和国外的汉学家、翻译家沟通多了，会经常邀请他们来陕西看一看，了解一下这里的山川地貌、人的生活状态，让他们更多了解小说背后的中国文化和社会面貌。翻译家不知道窑洞是什么概念，我就带他们去看窑洞、去易俗社听秦腔。同时我还会通过邮件与翻译家们沟通。我发现当作品写到农村题材的时候，往往会出现很多让外国翻译家一头雾水的词汇，比如生产队、记工分、粮票等，如果不解释，外国人想象不到这是啥东西。

我记得最早的时候，一些人从别的地方拿我的作品去翻译，我写土匪叫"逛山"，指不务正业、浪荡的人，他翻译成"在山上旅游"了。特别是写到农村题材时，有大量不好懂的东西，比如说到"一头沉干部"，意思是"男的吃国家饭，在单位上班，老婆在乡下"这种夫妻形式。不懂中国文化的话确实很难理解。

张英 从现在的人生高度来看，你的梦想是不是都实现了？

贾平凹 我觉得，这个时代是能充分实现个人梦想的一个时代，有梦，就把梦做大一点，能不能最后实现，那是另一件事情。人一生都是要有希望要有梦想。

我记得我小时候在农村，当时也没想到以后干什么，唯一的梦想就是我今年把庄稼收了以后，到下一轮收庄稼的时候，家里伙食不要断顿，一直有饭吃，这就是最好的梦想。

后来，我就希望能出去当个工人，吃国家饭，没实现。后来就上大学，我就脱离这个农村，起码不当农民了，可以吃国家饭了，在当时也很自豪。我记得当时和我几个农村出来的同学，晚上聊天的时候热泪盈眶，就感叹咱这些人好不容易熬到这一步了，当时觉得很满足。

但实际上，人心是没有尽头的，梦想也没有尽头，一旦实现了这个梦想，就继续着另一个梦想。比如现在作为一个作家，出了那么多书，你说挣不了大钱，但我过一般的生活，也有名气，房子也有，政治地位也有，什么都有了。但从文学的意义上讲，我和伟大作家差太远了，为什么现在还在写，为什么第一次获得全国文学奖以后，大部分人都不写了我还在写？我也完全可以不写了，但老觉得好像自己还没写出满意的东西，总想要证明自己，总觉得好像还有东西，有动笔的冲动，自己的能量还没发挥出来。

所以到目前这一步，我觉得多少年前就讲过一句话，成名我想成名，但成名不一定就成功了。所以现在文学上的追求，你越来越觉得，才学会写作，但是精力不够了，确实精力不够了。

张英 成为一个畅销书作家，是不是你的梦想？

贾平凹 没有，你一心想追求什么畅销，我估计反倒畅销不了。我每一篇长篇小说出来，能保证 20 万册以上，40 万册以下，散文集不管出版社怎么翻新怎么编，起码能卖个三万来册，基本上就是这个销量。和郭敬明、韩寒这些人的书还是有很大距离，他们的书卖得特别厉害。我的书将近 300 本，不停地在弄，不停地在印。我也搞不懂，反正谁愿意印他就印吧，只要他可以卖出去。

我现在也谈不上什么畅销书作家，我一共写了 12 本长篇小说，有一两本印得不多，大部分都是五六个出版社在印，过两年这个出版社印，过两年那个出版社印。

拿我这个读者群来讲，《废都》之前有一批读者，对我的散文特别感兴趣，《废都》以后，当年的一些读者就离开了，他们的社会价值观对性描写就特别不能容忍，但同时又来了一批读者，然后是不停地更替，都有一批老的读者。

我有个体会，过去签名售书，每次碰上老读者来签，一拿几十本老书，当时很感动，他一直跟着我读。作为一个作家，一般说读者是他的上帝，实际上不应该那样，你是完全写自己，不要管社会，不要管市场，不要管读者，反倒你有市场、有读者。你老琢磨那个市场，琢磨那个读者，市场和读者不停地变化，你怎么撵得上？

你只要写你自己，真心来写有意思的东西，交给出版社就完了。出版社编辑把稿子拿走，具体怎么编，怎么设计封面，怎么发行的，与我无关。

我的中国梦

张英 你对作家这个职业未来乐观吗？现在人工智能大发展，机器人都能写小说写诗歌散文了。

贾平凹 我还是乐观的，毕竟写作还是靠人工大脑，（才有）独特性和创造性。作品好不好，关键在于有没有创作和贡献，是不是模式化、类型化和重复。

如果到机器人写作，像跑步一样，固定的跑道，一成不变，我不觉得那是好事。

张英 你现在写作是为谁？自己，读者，评论家？

贾平凹 虽然读者是作家的上级，观众是演员的再世父母，大家都这样谈，实际上你在创作过程中，你眼里只有你自己，不能有任何人。有任何人就写不成了，要么写成宣传性东西，要么写成迎合一部分人的。你把你自己真实地表现出来，自然有人喜欢你，当然也有人不喜欢你，写东西是给一部分人写的，不可能给全民写。

就像夫妻在家庭里生活一样，如果女的越依附男的，男的往往遗弃她，你越独立，他对你越爱，道理是一样的。这个夫妻关系或者读者和作家的关系、演员和观众的关系，道理是一样的，只是好多人不愿意在面前说而已。要为读者写，这从大的讲，肯定我们为读者写，因为任何人都是读者。但是写作的时候你要把你自己写出来，一定不要考虑那么多，你考虑太多就写不成了，比如说现在社会上需要看什么东西，你怎么写，这就变成啥也不是了，就没有你自己了。

如果一个作家在写作品的时候老考虑是不是迎合某种政策，或者某一部分人，或者某一部分要求，反正是你去迎合谁，肯定这不是好作家。

张英 作为中国作家，该拿的文学奖你都拿过了，你是不是特别有成就感？

贾平凹 文学这个东西，拿奖当然是个好事情，但你拿奖不一定写出多好的作品。这不是矫情话，我确实觉得自己还可以再写出好作品，但能写到什么程度，那是另外一回事情，我满意的还没写出来。

我刚才跟你讲的，平常生活中有时想起来，有时还扬扬得意的，觉得还可以。有时就特别郁闷，情绪特别低落，经常就是这样的，倒不是矫情，确实觉得也意思不大的，好像没什么满足感。

尤其到 50 岁以后，老感慨这个生命太快了，好像干不了多少事情。我现在老感觉大学才毕业，一见我那些同学，都是老态龙钟那个样子，觉得特别悲伤。搞文学创作，我 50 岁以后才有一点感觉，觉得真的还能随心所欲，真的来搞创造实践，但精力、时间都不如以前了。

有一个人跟我讲，他延续生命的一个办法，是每年大年初一把他的人生计划列出来，他已经列到 150 岁了，每年修订一次。按照自然界规律来讲，人一旦觉得没事干了，觉得任务完成了，那就快死掉了。有些动物完成了繁衍后代，它就死了。现实生活中老年人经常说，我现在儿子也结婚了，女儿也出嫁了，我房子也买了，现在就没事。说这话的人吧，很快就不行了。

这时候就要欺骗上帝，我的事情还没有完成，这个世界还需要我，这个家庭还需要我，这个团体还需要我，我还得继续在这儿扛。现实生活中，如果上有老下有小的人，咋死都死不了，为什么？他任务没完成，如果老的去世了，小的成家了，他在家里是多余的人，就快不行了，快完蛋了。

我以前觉得好东西好像老写不出来，有时想得好得很，表现时候就写不出来，那种焦虑，那种自己恨自己的情绪，时常影响着我。所以说要有梦想，我觉得我的梦好像还多着，还有好多没有实现呢，我好多作品还没有写出来，所以还逼着你不停地在那儿写一些东西。

张英 你总是不满足。还有没实现的梦想？

贾平凹 也有好多人说，你现在怎么好，为了生计现在就可以了，人生就是这样的。但我觉得，我嘴上说是这回事，但是内心觉得不是那回事。

人在社会任何条件下都可以梦想，但要梦做得大、做得圆满，他必须要社会环境的配合，梦想要在一个开放的社会里，大家才能自由地发展，才有做梦的空间，或者实现梦想的一个空间。

这个时代的中国，在我有限的生命经历中，相对来说是最好的时候。起码大家还在怀着个人的抱负、个人的梦想，在这个社会中实现，不断地追求创造，户口并没有把你限制到某一个地方、某一个部门，你愿意干你就干，只要你有才，你有才能就能发挥，实现自己的人生价值。

如果要更好的人才出现、更好的梦出现，我觉得整个国家要提供一个很宽松、开放性的大环境，人的梦想实现得更好一点，大家都在一种很好的精神状态下，越是这样，内心越不屈服，总想干大事情，这个国家在这种状况里形成良性循环，就会越来越强大。

如果你在一个软弱、黑暗、不自在的社会环境里，虽然每个人都有梦，但你的梦都做得很小、很现实，人的胆量很快就会小，活得很卑微，这个国家是不会有生命前途和希望的。

张英 那你的中国梦是什么呢？

贾平凹 作为一个作家、一个人来讲，我当然希望整个一生中越来越好，比如说故乡，农村越来越好，城市越来越繁华，一切东西都做得特别好，人过得很幸福、很安静，这是人人都在向往的。谁都不希望有灾难、战争，那种危机，或者动乱，都不希望（看到）这个现象。

一个作家写东西，和作为一个普通人不一样，因为文学毕竟不是一个图解的东西，也不是一个宣传的东西，它有它的自然规律。严格来讲，文学解决不了社会危机，没办法给社会开药方，也没办法诊疗一些东西，只能把这个东西写出来，引起整个社会的关注。整个社会关注以后，这个路子怎么走，这个危机怎么解决，就由有识之士来解决。

在某种程度上，文学是枪杆性的东西，它和整个社会现实还有些摩擦、有些碰撞，会遭遇一些不顺的东西。作家实际上都在呼唤人活得更好一些，这个社会更美好一点，总是这种愿望。在这种大愿望之下，文学工作有特殊性和规律性，可能与管理者的期望和要求有一些差别。

刘震云

■

写作向彼岸靠近

刘震云创作的小说，绝大多数与故乡有关。无论是《故乡天下黄花》《故乡相处流传》《故乡面和花朵》，还是《一句顶一万句》，都是以他生长的那个村庄为基本背景，千百年的沧桑，岁月的风云变化，都放在了那块贫瘠、多灾多难的黄土地上。

"我家祖上不识字。"刘震云出生在一个普通的农民家庭，自小被乡下的外祖母拉扯大。15岁的时候，因为土地不能养活肚子，天天吃高粱面的刘震云选择了当兵，那几乎是逃离土地的唯一出路。

"当兵对农村孩子是特别好的差使，当了兵，再努努力，提了干，就可以回家找媳妇。"刘震云在甘肃的大戈壁滩上当了五年兵。到部队不久，排长问刘震云：想家吗？刘震云的回答是：排长你放心，我一辈子都不想家，天天吃白馍我想什么家？在一个战友影响下，刘震云开始文学创作，开始写诗。

从部队退役后，刘震云回到老家当了名中学教师。1978年，20岁的刘震云成为文科状元，通过刚恢复的高考进入了北京大学，成为中文系的大学生，从此改变自己的命运。刚到北大，他看到上课前女同学吃东西，他就问她吃的啥，女同学说是口香糖。他就问，口香糖是啥糖呀？人家就笑他是"土老帽儿"。他这才明白，即使是在大学里，城里人也是看不起乡下人的。

在大学时期，刘震云开始写小说了。他的处女作发表在《未名湖》上，当时的编辑是查建英，那是一篇写农村的小说。这期杂志除了刘震云的小说外，还发表了两篇校外来稿：史铁生的《午餐半小时》和北岛的《幸福大街 13 号》。

在北大读了四年书，刘震云被分配到《农民日报》工作。和许多作家一样，在最初的作品里，刘震云更多依赖的是自己的生活经验，在小人物的生存境遇描写和人情世故的描写上，刘震云有超人的洞察力。早期引发外界好评的《塔铺》《新兵连》，写的是刘震云参加高考补习班和新兵军训的生活。《一地鸡毛》《单位》写的是一个家在外地的大学生留京，进入单位面对复杂的人事关系和婚姻家庭生活的困扰。《官人》《官场》对在社会权力结构中人的软弱无力、权力机制对人所产生的规约作用，有让人震动的描述。刘震云没想到，发表在《人民文学》上的《官场》，小说主人公的名字正好与现实官场的人重名，小说里的秘书与他的秘书重姓，后来此人扬言要告《人民文学》和刘震云。

到了《头人》，刘震云开始把目光投向他生长的故乡河南，以他生长的村庄为舞台，以历史为背景。《故乡天下黄花》写了在政策的更替变幻中，一个村庄的生存史；《故乡相处流传》则对几千年来的政治体制下的中国人日常生活进行了分析和解构：不管是曹操、袁绍、朱元璋，还是陈玉成、慈禧太后，他们在适应这一生存环境的过程中，经历了人性的扭曲、折磨、倾轧。

在"故乡"这组小说里，刘震云采用的叙述视角都是小人物，或者把大英雄当小人物写，"每个小人物心里，都怀揣着大英雄的理想；每一个大英雄他做起事来，基本上都是小人物的做法"。这与他的乡村生活经验有关，也与他的外祖母有关。刘震云的外祖母活了 95 岁，因为农活干得好，在老家特有名。别人割麦，一块地割到三分之一时，她就全割完了。"这么快的经验是'不敢直腰，一直腰就再也弯不下去了'……"因为外祖母的关系，刘震云每年都会回老家。"1995年，外祖母去世，我觉得村庄已经褪去了所有的颜色……"

其实，如果按照"故乡"的路子继续写下去，刘震云也许将成为评论家摩罗所说的"大作家"。但此时的刘震云已经不满足于现实主义了，他花了八年时间，推出了四卷本、200万字的长篇小说巨著《故乡面和花朵》。

1998年，我第一次采访刘震云的时候，他还住在十里堡的《农民日报》宿舍里。那时，为了专心写这部长篇小说，他刚刚辞去文艺部主任的职务，停领工资、奖金。对这部写了整整六年的《故乡面和花朵》，刘震云当时显得极有信心，把它说成是他的创作历程中的一个重要转折。

"《故乡面和花朵》和我以前的写作非常不一样。过去的写作打通的是个人情感和现实的关系，表达的是现实世界映射到他心上的反映，从心里的一面镜子折射出了一种情感；《故乡面和花朵》让我摆脱现实的束缚，进入人内心的潜意识、心灵空间，在叙事上摆脱严格的时空限制，把乡土中国的现实，与后现代的、未来的空间杂糅在一起，以极端荒诞的手法来解构历史与未来。"

意外的是，《故乡面和花朵》出版后，并没有得到文坛的回应，评论界对这部摆脱了传统现实主义文学规范的作品的出现保持的是失语与沉默。当时圈子里有笑话说，只有三个人看过《故乡面和花朵》，一个是作者刘震云，一个是编辑金丽红，还有一个是后来写缩写本的关正文。

事隔多年，从社科院调到北大的评论家陈晓明为《故乡面和花朵》写了篇评论，说它"把过去、现在随意叠加在一起，特别是把乡土中国与现阶段历经商业主义改造的生活加以拼贴，以权力和金钱为轴心，反映乡土中国在漫长的历史转型中，人们的精神所发生的变异……用那些可笑的凡人琐事消解庞大的历史过程，让历史淹没在一连串的无止境的卑琐欲望中"。

在稍做调整后，刘震云写出了《一腔废话》。《一腔废话》从《故乡面和花朵》里人的胡思乱想走出，写的是人在日常生活时间里的废话，"我们生活中 90% 的时间里是在胡思乱想，嘴是在胡说八道"。

到了《手机》，刘震云写人对想的背叛、嘴对心的背叛；《我叫刘跃进》则写人和人之间出现的沟通问题："每天遇到十个事八个别扭，更大的别扭是我们知道这个事别扭，但我们还是按照这个别扭走，结果造成更大的别扭。"

因为《手机》《我叫刘跃进》被改编成电影，也因为在《甲方乙方》《我叫刘跃进》中的友情客串，刘震云开始为大众所知晓。在大众接受他的幽默和搞笑的同时，作家刘震云的严肃和纯粹反而被大众消解。一个最鲜明的例子是，以前找他采访的都是读书版的文化记者，现在是跑影视的娱乐记者。

"他们甚至不看我的小说，或者把电影当成了我的小说。"刘震云对我抱怨说。但也并非一无所获，在小说《手机》里最后《口信》部分，刘震云找到了现有的写作方向。《我叫刘跃进》是《一句顶一万句》写作遇到困难时，半路冒出来的副产品，用的都是一样的叙述语言，只不过主题不同而已。

"我开始写作的时候，总认为社会背景要大于生活背景，不管在哪一个阶段，它都控制着这个社会，对社会的主导思想，文学上不管是赞同、反对，或者是反抗，其实都是对它的承认。随着年龄增长和写作积累，我发现生活背景要大于这种社会背景，生活有它自己的规律，并不因为某个社会发生根本性的变化，好像一个人活下来，一辈子就有自己的生存之道。"

《我叫刘跃进》写得又轻松又快。回过头写《一句顶一万句》，原来遇到的结构问题也解决了。"再写的时候，特别地顺利，就好像这两人谈话谈不下去，两人吃饭去了。然后吃完饭之后又各自聊下去了。"《我叫刘跃进》的好处是锻炼刘震云对结构的控制力和多线头叙述的能力，在写作上真正成熟了。

以往的写作，刘震云喜欢把事儿往深刻里说，他说这恰恰证明了自己没到达深刻的阶段。就像登山一样，没到山顶时说的都是山顶的风景如何美，到了山顶说的都是山下的鸡鸣和炊烟。"最好的例子就是孔子，儒学统治了中国两千多年，但孔子的《论语》说的都是家长里短。"

《一句顶一万句》被刘震云认为是自己写得最好的一部书。"我想通过两个'杀人犯'来探寻人生和生命的终极意义，中国人为什么活得这么累这么孤单，一辈子活着找个知心朋友那么难？"

这十几年里，刘震云一直在黑暗中往前摸索、前进，不断改写着自己的文学版图。

认识刘震云的 20 多年，我们有过多次的长谈，留在这里的内容，是根据多次录音整理的。

《故乡面和花朵》，十年磨一剑

张英 近几年你似乎从文坛消失了，无声无息。用六年的时间写一部长篇，在今日笼罩着浮躁之气的小说界，真可谓少见。目前，这部长篇小说进展顺利吗？另外，请介绍一下这个长篇小说的主要内容。

刘震云 这几年我都写傻了，平时闭门不出，待着写作或是读书，遇到生活中的问题了，如生病了才出门到医院去，足球也不看了，只是打电话听人讲讲，偶尔看一些报纸。

这部长篇的名字叫《故乡面和花朵》，还属于"故乡系列"。主要讲述三个成年人的梦魇和一个少年对特定一年的深情回顾。小说分为四部，第一、二卷为前言卷，第三卷是结局，第四卷为正传。前三卷主要讲述三个成年人的梦魇，他们被梦压住，也可以看作是三个成年人的玩笑，第四卷是写一个少年对一个特定（固定）年份里的深情回忆，这一年里的一花一草一木和自己生命一些细微的变化。成长生命里的种种感受是生活中早已存在、随处可见的东西，并不是他新的发现，只是被他以前所忽视的现象，突然像雨点打在了宁静的湖面，在他心灵深处引起了反响，投下了阴影。

张英　一个作家写一部长篇的想法肯定存在好久了，通过这个长篇小说你想表达什么？《故乡面和花朵》和以前的作品有什么不同？

刘震云　我希望通过这个长篇的写作来表达我对一个完整世界的整体感觉，以及我对生活、历史整体和全方位的把握，展示几个家族的命运变迁，生活的正常与不正常，人的意识、潜意识与非现实的东西，而不是现实中的整体。

对我而言，这个长篇具有特别的意义，对我是一次全新的挑战，它的写作和我以前的写作大不一样。像以前的一个短篇或中篇和一个近20万字的长篇，它展现的只是一个生活的断面，只是河流中的一段流水，天上飘浮的白云中的几朵。我一直想用一个比较长的篇幅，表达我对生活的这个世界的整体感受，天上飘动的不再是一朵或几朵云彩，而是暴风雨来临之前的乌云密布、飞沙走石、空气稀薄、雷声欲响，这些正在酝酿、即将发生和发生的经过。以前写的都是中篇短篇小说，比较注重语言的流畅感，比如《一地鸡毛》开头就是一块豆腐馊了，或是《故乡天下黄花》里的一个村长吊死了，《温故一九四二》一开头就写这一年发生了什么事等，但在这次写作上发生了巨大的变化，由于题材不一样，叙述语言、结构、技巧都不一样。

对《故乡面和花朵》而言，原来的语言失去了魅力，它要求一种全新的叙述方式、全新的语言，就像一棵树在小时候表面很光滑，而到它长大以后全身满是疤节凸凹不平，对写作者来说，难度大多了。

以前我写的作品都是属于经验领域内的事，而《故乡面和花朵》则是一个非经验的领域和世界。以前我写的作品写实性比较强，那是我刻意为之的，那种写作可以锻炼我写作的基本功，比如对语言的运用、对情节的把握、结构的张弛程度、语言的流逝的速度，那是一种严格的技艺操练。严格地讲，以前的写作是练习阶段，它打开了个人情感感觉和世界真实、现实生活的一种通道，用一种对生活进行描述式的写法，而从现在的这个长篇开始，这种写法打开了个人情感感觉与想象世界的通道。对我来说，由这个长篇写作开始，我的写作才真正具有了意义，开始进入创作阶段。过去是对一种真实的追求，现在是对生活持一种解构的态度。

张英　那么，对于我们来说，《故乡面和花朵》是"另类作品"，从你刚才的描述来看，你试图打开另一个世界的大门，即非经验、非理性、非常识的一个世界，这是一个不为人知的世界。我们的文学很少有表现现实世界以外的作品，国内也只有残雪在做着这方面的探索工作。国外的文学作品就多一些，如卡夫卡、博尔赫斯、乔伊斯等人的作品，至今还被我们一些作家奉为经典。我同意你的看法。有时候我常常在想，像生活中常常被我们"正常人"看作是不正常的"疯子""神经病患者"，其实在他们的脑海、眼睛里也存在着一个逻辑清晰、系统完整的世界。但这个世界常常被我们忽视，我们并不知道它是什么样的一个世界。

刘震云　对一个写作者来讲，旧衣服穿着总是合身、舒服的，但时间久了就会成一种习惯，如果没有改变，那会导致一种危机。但这种改变究竟怎么样，我现在还不知道。

我们在生活中常常会看到马路上的一个人突然笑起来，或者是一个人在讲话，他肯定是想起了什么，这时他身处大街拥挤的人群中，他的心灵、大脑进入了另一个世界，现实世界暂时在他脑海、眼前消失了。有时候我站在大街上，看着许多骑自行车、行走着的成年人，他们脸上的表情都是一样的：漠然、僵硬、面无表情。这看起来是人的自然习惯，可仔细想一想，千万张脸背后的东西都是一样的：欲望与渴求得不到满足。大家都希望着明天会比今天好，但明天是否真的会比今天好？这希望也是一种梦。人常常白日做梦，用这种想象弥补自己的创伤与疼痛。就是这种白日梦（潜意识）占据了人生的三分之一的时光，但是它却被我们的日常生活所忽视了，在这里我发现了这么大的一个世界，希望我的写作能够接近完整地表达它。

张英　你曾说过一句话：写作的苦恼在于精疲力竭之后，发现你离精粹还有好远。是的，写作者面临的那个世界是虚无却又存在的，写作的意义恐怕也正在这里。写作者的心中总会有一种好小说的存在，这就是精粹，而精粹也许是永远无法到达的彼岸。

刘震云　小说是一种梦境，我们永远也达不到那里，但我们可以用生命、用写作努力去接近它们。这个长篇写了五年之久，修改一年多，大约在1998年修改完交出去。我感到太累，筋疲力尽，力求自己更能靠近这种精粹，这种努力的过程非常困难。我在写作中遇到的最大困难是由于时间太长，写作的心态发生了变化，六年前写的一个情节在当时看来很满意而现在却有很多破绽，企图修改它的过程是非常困难的，这涉及情绪和状态的变化问题。如果前面的影子和后面的影子能够重叠，那将是非常完美的。问题是在修改的过程中老感觉到前面有一个影子存在着，我想超越这个影子时感到很艰难，在心灵上要付出非常大的努力，这个过程是非常痛苦、绝望和漫长的。

张英　到今天为止，当代小说刚刚走过 20 年时间，从"伤痕文学"、"知青文学"、"寻根文学"到"新写实"（"新历史"）、"先锋文学"和现在的"新状态"，在短短 20 年时间里，中国文学走过的道路，跨越之大，取得的成果都是有目共睹的。你的写作起于八十年代初期，正式发表作品在 1982 年，对自己走过的路回过头来看，你对当前的文学创作有什么看法？

刘震云　这几年一直在专心写作，对外面的事情知道得很少。去年江苏文艺出版社出了我的文集，借这个机会看了看自己的作品，觉得有很多不成熟的地方。那只是一种写作初期的训练、练习，起初的那个目的，现在看来也未必达到了。

我觉得中国许多作家都处在一种艰苦摸索的阶段，我们都是些不大不小的作家。我们受到的教育是否完备、对知识的掌握是否全面？比如大多数作家只懂汉语，当我们操起先锋文学时，看得最多的还是汉语作品，外国文学对我们的影响因素并不重大，因为那些"外国文学"作品是以汉语面貌出现在我们眼前的。对它们的语言是否优美流畅、结构是否和谐、文体段落的张弛程度等变化我们根本就无从得知。比如一首老歌《三套马车》我们唱了几十年，都以为它是一匹老马，而谁知道它实际上是一个年轻的姑娘，由于翻译者的失误才造成了这样的误会！这种现象很可悲。

有时候我非常羡慕那些"五四"时期的大作家，他们学贯中西、懂好几国语言，写出的作品至今还让我们高山仰止。像我们这代作家很大的一个问题是我们连完备的教育都没有受过，就开始了一种有勇气的冲锋，但这种冲锋达到的高度毕竟有限，在这个停滞的地方再向前怎么走，就是一个大问题了。当然这种现象也不仅仅局限于文学，包括中国文化艺术、学术、足球等方方面面，我们该如何体现一个民族整体的素质、教养和面貌？在写作时，我总会发现自己知识的欠缺与贫乏，对语言的把握、生活的理解、文体、结构、思想上还有很多（要）努力的地方，但由于我们只懂汉语，我们不知道一种事物用其他语言表达出来会是什么样子。我们只会用汉语，遇到的麻烦和痛苦就更多。

写完这部长篇后，我希望能够把外语学好，能够直接阅读原著。世界越来越小，外语很重要。以前的作品中很容易下判断，我们认为它是对的，但是这个判断随着时间的流逝就会变得非常可笑。所以我想在这部新长篇小说中做一些探索和实验。文学今天留给我们的余地还很大，这些问题都是值得我们注意的。写作对于作家是个一生修炼的过程，如果你只是把写作当成急功近利、吃饭的手段和追求名利的东西，你就永远不可能接近它。就像足球，不在乎中国队是否进入世界杯，而在乎你打进世界杯之后，在赛场上能同意大利、巴西、德国这些国家的足球实力、技巧、精神面貌、气势相抗衡。它是一种综合各个层面的较量。中国文学能否让世界文学感到惊喜，这需要我们几代作家的努力。许多作家都非常自信，而我却没有，所以要加倍努力把小说写好。

张英　我注意到，《故乡面和花朵》的结构颇有意味，前三卷讲述三个成年人的梦魇，第四卷讲述处于成长阶段里的一个少年对一年中发生事件深情的回忆，这是否意味着成年人的世界对于成长中少年面对的世界是一种压迫？真实的世界对于一个成长中的生命造成了什么样的恐惧与伤害？它粉碎了一个对生活满怀美好理想的少年的梦。联系你以前的作品来看，这种人对现实环境造成理想破灭以及由此产生的失落感、绝望和悲哀，正体现出一个有责任感、有良知的作家对社会现实中的人们所持的深深的同情和怜悯心，那么，通过写作的表达，你找到了现实生活、现实世界背后存在的意义吗？

刘震云　你的理解没有错。我以前的作品只写出我许多情绪中的一种。一部作品产生的力量，主要是通过语言和叙述表达出来的，结构上无形的力量会更大一些。一个人在生活中每天每时每刻都会产生许多种情绪，有怦然心动的时候，对世界的恐惧感只是一个大的方面的体现。人的恐惧感会落实到一个人的一个动作、一件小事或一个莫名其妙的念头上，世界的恐怖、可怕不在于发生战争、地震这些事件，而是在潜移默化中渗透到你的意识、灵魂、血液深处的细节，这种细节的真实比我们所描述的历史、家族的流传的记忆要真实得多。包括一个人被噩梦压住时的不美好、不舒服，这种不美好有时会因为窗外闪进来的一丝光芒，黑暗中的一缕阳光的照耀与你的心情偶然合拍产生了一丝轻松、愉快。我觉得如果有什么意义，比如快乐、生死、生存的价值、意义，就在于一个人死之前的回光返照时那短暂的一刻轻松、快乐，那种深情的回忆和留念。此刻，他和过去真实生活中不存在的东西（相遇），这东西通过潜记忆的加工和情绪的流动在他脑海中虚幻出来了。他感到了快乐，靠着这虚幻的东西简单休息一会儿，就像一个人喝一口水一样。

至于怜悯和同情心，作为一个写作者来讲，还是大家怜悯、大家相互同情吗？就艺术特征和个性而言，我和其他作家写得不一样。就像作者与读者坐在灯光下谈心一样，小说不像电影直接面对大庭广众，而是一对一，把彼此心灵里边的委屈、恐惧说出来，像两个平等的朋友经常交流，这样彼此的心情都会好受一些。如果说这就是怜悯与同情，我想这一点恰恰是我写作的动机。

张英　你的小说揭示了我们这个社会里习以为常的社会常规和自

然惯常的行为生活方式里面潜藏着的那些人性和文化里消极的东西。对日常平庸琐碎、单调枯燥的生活中背负着巨大压力和精神负担的我们来说，我们都戴着面具在生活，我们的人格里都存在着某种异化和扭曲的东西，但问题是我们又没法改变目前的生活，改变我们生存的现状和人性里那些悲观、彷徨、自卑、虚伪和扭曲的东西，因为我们太渺小了。那么，对你而言，写作意味着什么呢？是对于现实的一种反抗吗？

刘震云　当然有这方面的感觉与意义，所以梦是更丰富、更有趣的，而生活是非常乏味、无情、冷酷的。但仔细想想我们的生活还是充满着许多乐趣的，尽管这种乐趣特别灰色。有时候我们会发现人与人相互之间的玩笑特别悲凉，但大家彼此都是哈哈一笑就过去了。就个人的写作而言，从我写作的愿望来说，像《一地鸡毛》《单位》这类小说绝不是对人的嘲讽、对人的漠不关心，而正是我发现了生活中一缕阳光的时候，才开始写《一地鸡毛》。其实《一地鸡毛》叫作《阳光一缕》也行，这么多人都是千篇一律、千人一面、千人一个腔调说话，仿佛不约而同都戴着面具，而他们的内心都怀着各种不同的想法和阴谋诡计，脸上显露出来的表情都是那么呆板，这很恐怖。这些人的生活都是一样的，上班下班、买菜做饭、带孩子、吃饭、睡觉，天天如此重复，生活这么枯燥、简单、琐碎，为什么他们都能够顽强地活下来呢？这很耐人寻味。他们都是小市民，没有大的才华，不可能去迎接外国来华访问的总统或是为某件大工程开工剪彩，他们生活的支撑点在什么地方呢？司空见惯的现象下面隐藏着什么？后来我在集贸市场上发现了这一点：讨价还价。现在几分钱扔到地上都没人捡，但你到菜市场上买菜时是"寸土必争"，双方投入时外部世界都不存在了。当你讨价还价按你的价钱买到了东西，你一晚上会睡得好，愉快，甚至带着笑，因为你战胜的不是几分钱，不是东西本身，而是你对整个世界的战胜，这几分钱的意义扩大了特别多。拎着两毛的大白菜的心情比拎着三毛的大白菜时的心情要好得多，因为你还价成功（胜利），对方退步（失败）了，你这时的心情和总统参加世界会议时签下一揽子协议回国时的心情是一样的快乐，而这种感觉正是支撑生活的东西。这就是我写《一地鸡毛》的起因，但没想到大家都觉得它特别"灰暗"。其实，我认为我没有特别讽刺的地方，特别不刻意。

张英　也许是因为你的小说大多都是表现的市民生活。我看到有些评论家称你为农民、草民、小市民的代言人，说你始终站在平民立场上表达，我想这是因为你的小说是建立在琐屑、平庸的现象和微小的细节基础之上展开叙述的，看起来有些悲观、灰暗、无奈，但实际上作为作者本身来说是始终带有某些希望、热情、悲愤和关心的，只是被出色漂亮的叙述技巧掩盖住了。

刘震云　其实我没有故意要站到你所说的立场上去，那就特别做作了。但生活有意义的地方并不是生活本身有意义，有意思的在这个地方，这是我所关注的。《故乡相处流传》我并没有写好，在结构、人物设置上有些粗糙，在新写的长篇小说中我借用了好多《故乡相处流传》中的人名，我觉得这种观察的方法有意思，历史流传下来的人物都是大人物，如曹操、袁绍，我把他们写成村里的乡亲，村里的小人物变成了大人物，这种错位感看起来很有趣味。艺术跟机械流水化的制造业真不一样，有时候我们容易犯的毛病，比如那些严肃庄严的东西，有时它不是严肃庄严的东西却故意做出那种严肃庄严的样子，其实它很可笑。比如他是造酒的人，他写的是酒精，不是葡萄，而是用葡萄酿出来的酒；而我们好多作家写出来的其实还是葡萄。我认为作品分两类，一种是你独立提供了一个基础却把读者的思路感觉打开了，这种叫作语言美的一种交流；另一种是一个模样，读者在栏杆中穿行，他把读者限制死了，高人一等总想教育别人，读这种东西特别屈辱，他不尊重读者。写作的关键在于情感的交流。我特别烦作品中有判断语妄加判断，你怎么知道你的作品是对的？我觉得作家不是下判断的人，他提供了一个想象的基础、一个世界，他永远没有止境，这是一个无形的空间。

张英　正出于这一点，我才对所谓当下走红的"三驾马车""现实主义回归"作家们的作品感到失望，因为，我总觉得，把生活原生态全盘照搬进小说是一种无能，复制生活场景的意义何在？小说是一门艺术！

刘震云　前一阵马原写过一篇文章我特别喜欢，他举例认为柔石、赵树理写得好，自己年轻时总不以为然，而随着自己年龄的增长和写作经验的积累，才觉得他们说的话确实是真理。

像赵树理把握生活细节、语言对话的能力真是令人称绝。老舍的语言、曹禺的戏剧语言也是一个高峰。书越读越觉得自己渺小，觉得自己无能，因为你知道前人做过怎样的努力。只有少数人才口出狂言，他们说的话早就被人证明是错误的。真理往往特别朴素。

我总觉得，照搬生活的小说的生命力长不了。

张英　你的小说语言比较简洁，对话鲜活而有个性，非常流畅，看得出来是下了功夫的。

刘震云　语言特别重要，又特别深奥，一部作品的语言美不在语意本身，而在于前后语言、情节、细节联结上。我前阵子同一个海外归来的朋友谈海明威，他说海明威的小说可不是简洁的问题，他是经过复杂又还原为宁静简单，在美国文学里他的小说开创一代文风，语言文字异常优美丰富和华丽。想想语言真是无法翻译的，有些作品没法翻译，一旦变成另一种文字出现，它的精魂就丧失、飞远了。王朔是个不错的作家，对他的作品我们还存在误解，但他的作品质量差别太大，像《动物凶猛》这样的作品还真是挺棒的。

张英　你说你以前的作品都是练习之作，对你而言，哪些国外作品对你产生过影响？

刘震云　法国文学还真不错。我不懂法语，我读的是译成中文的法国文学作品，像加缪、普鲁斯特的作品我特喜欢，最大的困惑是我不知道他们的作品在法语中会是什么面貌。余华曾对我讲，在日文中川端康成的语言异常优美，但这种语言风格译成中文就不免打了折扣。尽管如此，我们仍能感觉到这些作品的美好地方。阅读带给写作的影响在刚开始会存在，当你写一阵子以后，再看书就没太大关系了，因为阅读、感觉和兴趣都与原来不同了，只是会有一些比较。我相信真正伟大、优秀的作品总是有着它顽强的生命力、创造力和不平凡，它并不会因为翻译而失去它的光彩。

张英　从你的经历来看，你的作品与自身经历似乎存在着某种对应的关系。比如《新兵连》写军人生活，《一地鸡毛》《官人》《单位》等作品写大学毕业生上岗工作，《温故一九四二》以及"故乡系列"写家乡河南的那块土地的历史，这些经历与你的写作却也相映成趣。另外，作为一个写作者，你对目前的现实状况感到满意吗？

刘震云　并无太大的关系。我是一个容易满足的人，当初大学毕业到《农民日报》工作，只因为他们给我提供了一套房子。作为个人而言，生活中还是存在着许多温暖的地方，比如和朋友在一起聊天、看球、打牌等。写作的生活既充实也痛苦，因为总想把小说写好。这样的生活挺好，所以尽管目前在创作上还存在一些禁区，写作者还存在一些顾忌，但对于我而言，已经足够了。唯一不满意的是自身素质还有待提高，我心中的小说应该是好看、优美、耐读的。

《手机》，离生活太近了

张英　怎么会想起写一个关于手机的故事？

刘震云　在生活中，我发现大家聊天的时候，很多人都在打手机，而这就会使话题聊不下去。本来用手机是为了给大家说话带来方便，但是慢慢地却发现手机本身似乎就有生命，它好像在控制着每一个人，控制着大家说话的时间，控制着话语量，甚至控制着话语里面所包含的成分。突然之间，手机好像离人们的生活特别近，它改变了人和人之间的关系，改变了人们的说话方式和习惯。这个发现让我觉得很有意思。

张英　你也说过《手机》的主题是说话。

刘震云　这里面有不爱说话的，有说假话的，还有说实话的，还有话中有话的，还有说心里话的。同一个人在有的场合不爱说话，在有的场合说的是实话，有的时候说的是假话，有的时候话中有话，有时候说心里话。主人公严守一主持的节目叫《有一说一》，以说真话见长，但他的生活中却四处埋设了谎言。这些谎言和一个现代化的手机联系在一起的时候，手机就变成了手雷，手雷就爆炸了。

张英　你说人的生活很多时候是由谎言支撑的，但是，你也承认它的合理性。

刘震云　谎言表面看是一个比较坏的东西，其实谎言在我们的生活中、在我们每个人说的话中，要占到相当大的比例。一天有用的话不超过 10 句，人一天就要说 2000 多句或者 3000 多句话，那么这 2000 多句或者 3000 多句话肯定里面有很多废话和谎话，既然在话语中的比重占这么大的程度，上帝对话语量的安排是这样的，我想一定有它超越谎言的深刻的道理。有时候我们发现，一个谎言支撑了人的一生，那就证明这个谎言是非常强有力的，它对于日常生活也是非常非常重要的。

张英　就这么简单吗？你写作的兴奋点在哪里呢？

刘震云　写小说时我关心的是人的物质和精神之间的磨合点，关注的是说话，因为说话这个东西既是物质的，又是精神的，听得着，但是看不见，语言最能反映人的嘴和心之间的关系。《手机》里面还有一个我比较喜欢的内容，就是人和人之间距离远近的问题，除了有大和小的问题，还有远和近的问题，一些语言在人类不同的发展阶段，对人类关系的便利的程度是非常不一样的。

张英　在很多场合，你表示你最喜欢小说的第三部分。我觉得同前两部分相比，到了第三部分你是用减法在写。

刘震云　在《手机》里这一部分，我把这些外在的东西都脱掉了。我写人跟人的那种最根本的关系和交往方式。这个小说写到前两章，我还没有找到感觉，写到第三部分的时候，我觉得很舒服，像一个人把外面穿的衣服全部都脱掉了，显露出来的就是活生生的人，可见本性。

《一地鸡毛》是对物质世界的，属于有话就说，相当于人每天说的 2700 多句话；《故乡面和花朵》《一腔废话》则是进入人的思想，那个说话状态可能是每天说 27000 多句；而《手机》则是写人的嘴，嘴和心的关系，许多嘴，都在说话，但是说着说着突然噎住了，欲言又止，大概只有 700 多句。而在这 700 句里，有用的可能只有 10 句话。

张英 你在这 10 句话里找到了什么呢？

刘震云 我在写的时候就按这 10 句有用的话写，特别还原于人的本质和本性，基本上把社会的外衣和其他的东西剥掉了，只剩下人与人，那他和他怎么认识的，比如说我接触上海有两种渠道：我到上海先到《文汇报》，通过单位的安排认识了上海；另外一种渠道是我认识你，你再认识周毅。前者是社会渠道，你看到的都是上海的外表；第二种渠道是人的渠道，比如我们先聊点家长里短的，这样的认识可能是城市内部的，更加真实。一个民工，他到上海打工，一般找的都是亲戚和同乡，融入这个城市，他不会去找那些单位和机关。也可以这样说，通过《手机》，我找到了这样的写作方法。

《一地鸡毛》《故乡面和花朵》里有很多外在的东西，社会形态带来的属性、作家的主观批判性也非常强。但在《手机》中，我把语言还原到了人间、人群、人，把人身上人为加的东西都排斥掉了，只是很家常地说话，说的是关于人的话题，而不是其他什么。关照的是被繁华、喧嚣遮蔽的东西。

小说和影视谁伤害谁

张英 《手机》的小说和电影有哪些不同？

刘震云 第一部分是写严守一小时候，说话很困难，他们家的话语权都掌握在他妈手上，他爹一天说不了 10 句话；等严守一长大，他变成了以说话为生的人，大家都理解他，只有他家乡的人不理解，这个小时候也是跟他爹一样的家伙，现在居然能够拿说话当饭吃，太不可思议了。

第二部分是主要部分，也是电影表现的主要部分，表现节目主持人严守一的工作、生活状态。写到第三部分呢，主要是追溯他说话的这个物质的来源，就是一句话，他爷爷找了这姑娘而不是另外一姑娘，生下他爹，他爹又生下他。面条抖了一抖，整个寻找他爹的过程，是传一句话的历险记。

张英 连冯小刚都说电影没有你的小说好看。

刘震云 但是电影这东西是一个双刃剑，它要寻找的，只是一个有可看性、非常态的故事，它重视的是娱乐性，表现当代都市人的心口不一，表现当代人的身体和精神的分裂，也有很强的批判性。电影比较注重热闹的那部分，如果是一盘菜，注重的是好吃的部分，而书更注重的是厨房里剥葱剥蒜的过程，或者吃过一顿饭后回味的过程。如果看热闹的话，应该看电影；要深入地谈心的话，应该看小说。另外，容量也可能不太一样，小说是 20 万字，电影是一个半小时。

张英 这个小说先写剧本，再写小说，这里面的娱乐性会影响你的小说写作吗？

刘震云 从根本上来说，电影不会对小说文白话造成伤害，因为小说是小说，电影是电影，电影不会抵消小说本身的魅力。我看电影《手机》，也觉得它不过是换一种方式，可能在小说里是哭泣、悲伤、沉重的，在电影里是含着泪笑着说出来，它还是方式上的不同。

对我来说，电影造成的伤害是短期的，因为电影上映的一周内，小说可能会受影响，但是，电影上映时间有限，而小说可以继续长时间流传下去，在任何地方都可以看。

张英 也有人说，这个小说的味道像是冯小刚的，不是刘震云的。

刘震云 在剧本原创阶段，冯小刚的一些点子开阔了我的思路。在我写小说的时候，吸收了剧本阶段冯小刚的智慧，从这个角度说，我占了冯老师的便宜。小说虽然由剧本改编而成，但并不是剧本的简单扩充，也绝不是电影的附庸。如果把电影当作素材，把剧本当作一次实验，小说就会在一个更高的台阶上。

张英 那不是证明你在创作上受到电影的影响了吗？

刘震云 我跟影视界没有什么关系，我在写作上，肯定不会受到他人左右。我跟冯导演合作，仅仅是因为像《一地鸡毛》《温故一九四二》《手机》都是我自己写的小说，我自己改编我自己的作品。

张英 从《手机》的诞生过程来看，就是聊电影的时候聊出来的。

刘震云 这里有一个拧巴的事情，就是说，大家都认为小说肯定会成为电影的附庸，大家都认为小说在改编成为影视剧的时候，会受制于人。我写《手机》吧，大家会有成见，因为先写的电影剧本，后写的小说，那一定是为电影搞成小说。如果没有这部电影，或者说这个电影在一年以后拍出来播放，大家还会有这样的印象吗？

我当时说了，《手机》是因为我当时想好了这个小说，而且结构、怎么写我完全都想好了，我就跟小刚聊，那小刚很感兴趣，他说要把第二部分改编成为电影，那我就说，这个很容易，不是特别难的事情。

《手机》首先是一个现实，我特别反对作家在作品里过于介入，其实你有这个态度或者没有态度，对小说都产生不了什么影响。

电影《手机》播出后，北京拿手机的人都不再说开会了（笑），好多人看完电影以后骂，说刘震云真是孙子，其实开会是一个最好的借口，现在不能用了。

张英　这说明作家也是可以干预生活的。

刘震云　其实先有电影后有小说，是特别好的事情，你站在一个好的台阶上，反而可以把小说写得更好。而且电影在托小说走，这么好的事情，本来你小说就一万本，被一万人阅读，那有电影或者电视剧了，小说可能就是 10 万本，就可能会有 10 万读者，增加了作家的物质收入，这是多好的事情啊，为什么我们要装出清高的样子拒绝呢？好多人批评这样不对，是因为他们连剧本都写不好，他们没有这个才华，他们只会往小说里加水。排在前十名的中国作家，有多少人跟影视剧没有关系？他们的知名度跟他们的作品改编成影视有极大关系，这是一个现实。

作为我个人来说，电影电视剧就不会对我的小说有影响，不会有什么伤害。

张英　但是，在文学界有一种观念，人们总觉得作家去写剧本，或者把小说改编成电影，对小说是会形成伤害的。

刘震云　我特别讨厌这样的说法。小说的文字已经是定型了的，它改编成电影与小说本身无关，这是两码事，电影是不会伤害小说的，而且经过好的改编之后，电影可以让小说再插上另一双翅膀，飞向更广阔的领域。

有些作家当初都是对影视怀着仰视的心情，但回过头来又对根据自己作品改编的影视作品十分不屑，大声斥责其把文学改得一团糟。作品是你自己的，你要是不屑，可以不让他们改呀，权利在你手中。

而且我特别不喜欢别人说真正好的小说是给少数人看的，我觉得这是自欺欺人的说法。世界上的优秀小说哪个不是声名远播、家喻户晓？妇孺皆知的《红楼梦》，你能说不是好的小说？到现在还有人认为，搞影视的人没文化，写东西的人才有文化，我觉得这也是不对的。其实很多优秀的导演、演员都是"人尖"，他们都很有思想和才华。

商业性与独立性

张英　就《手机》来说，不正是电影帮助了小说吗？这部小说创下了你作品销售的最高纪录。

刘震云　以前人们老觉得作家写完书，你的话都在书里，你就闭嘴吧。但是现在生活和时代变了。本来写完《手机》我以为就没事儿了，但出版社的金丽红告诉我，你得上集去卖瓜了。现在出版的书那么多，你自己不吆喝没有人知道，酒好还怕巷子深呢。

如果中国所有作家的书不是卖掉20000册，而是都只能卖2000册的话，文学就离死不远了。而且我现在的生活来源，全部靠自己写作。作为一个作家，靠自己，自食其力，我觉得很光彩。

张英　你不是一直在《农民日报》工作吗？

刘震云　我现在还挂在《农民日报》，但是好多年我不拿单位的工资，不拿奖金。我原来在那拿工资是当编辑，有具体的工作量的。自从我当编委（这是个虚职）以后，我主动提出不再从报社拿一分钱。我现在去报社，顶多就是去拿信件。

张英　自从你在电影《甲方乙方》里演一失恋青年以后，有人批评你，又一个有责任感、很有批判精神的作家开始堕落了。

刘震云　我不是那种要坚持什么、不妥协的人，我也不是那种帮别人指出道路的作家，好多作家都愿意为此做代言人，应该怎么活着，要有追求，怎样活着才有意义，我觉得那是上帝的事、真主的事。我不是那样的作家。

张英 你现在一条腿站在了影视圈里，而且游刃有余，如鱼得水。你现在跟着剧组到处在全国跑，因此有人说你作秀。

刘震云 他们不作秀吗？他们的批判很虚伪的，他们享受着很多好处，衣食无忧，站在安全的地方呼喊或者批判什么，那是靠纳税人养活自己，其实特别附庸，特别不光彩。

我觉得像我这样通过商业，自己挣钱养活自己，特别光彩。通过自己的努力，自食其力，这是本质的区别。生活和时代变了，商业是个好东西，让你不依附任何东西，自己站起来保持独立性。

张英 商业是不是会影响你的独立性？比如你以前很少为人写序跋的，但是，这几年你先后给吴小莉、崔永元、冯小刚等人写了序或跋。

刘震云 写这样的文章花不了一天工夫。生活确实变化了，生活拧巴，人也拧巴，两个拧巴拧到一起，就特别麻烦，现在这个社会特别承认这样既定的事实。一旦形成事实的话，它就承认存在是合理的。

作家必须对民族的想象力负责

张英 和《故乡面和花朵》《一腔废话》一样，《手机》也是一个说话的故事，不同的是，大家都能够听懂你的话了。

刘震云 那是因为我在《手机》里讲的都是家常话。我以前的作品，不管是《一地鸡毛》，还是《一腔废话》《故乡面和花朵》，它们特别重视人以外的东西，政治的、经济的、意识形态的，包括人文道德的这些东西。

比如写《一地鸡毛》，在那个小说里我展现的是大家身边的日常生活，叙述上用的也是人平时说话的正常语言，由于它的节奏比较快，所以大家都觉得好看。

到《故乡面和花朵》，遇到的最大的障碍，大家都说看不懂。其实我觉得大家应该能看懂啊，因为我们每个人在生活中，每天都在胡思乱想，大概要占到整个时间的 95%，而具体做的事情只占 5% 的时间，怎么会看不懂这个小说呢？

《一腔废话》也是这样，我专注的是人脑子里所想的那些乱七八糟的事儿，增加了跳跃性和语言的流动速度，这与大家平时的阅读习惯不一样。另外一个可能是我在语速上也存在问题，（太快）太密集了，大家读的时候不习惯。

张英　从《一腔废话》开始，你变得幽默了，甚至很贫，不再像以前那样苦口婆心、正义凛然、严肃庄重……

刘震云　这是对我的误读。这就跟抽烟一样，它不是我一个人在抽啊，很多人在抽，有人在抽红塔山，有人抽古巴烟，我可能抽的是中南海。摩罗说过，中国是一个喜剧社会，刘震云是一个特别坚持喜剧精神的作家，他没有一部作品里面不充满喜剧精神的，他用貌似庄严的口气在叙述喜剧的事。这个人写出来的东西深沉，但是他采取的写作态度特别不深沉。

我原来是写庄严喜剧的小说的，比如我的《故乡天下黄花》《故乡面和花朵》，差不多都是这样，连《温故一九四二》也是采用喜剧的态度在写的一个小说。

张英 《一腔废话》和《手机》有什么联系？

刘震云 《一腔废话》是写脑子里的事，脑子里的胡思乱想是毫无章法的，变换特别快。每个人都是现代派大师，天生的胡思乱想没办法组合，所有的东西都是变形的。这种特别的胡思乱想也会要求语言变形，往大变，由2000多句变成20000多句，速度也跟着提升。很多人就看不懂，说事情转换得太快了。其实转换快不是主要原因，这跟速度不匹配是非常有关系的。

到《手机》的时候，我自己本人经过这种语言的喧哗之后，突然迟缓了，我觉得跟年龄也有关系。《一地鸡毛》的时候是20多岁，《一腔废话》是30多岁，现在已经40出头了，我现在变得也不爱说话了。《手机》句子很短，句号特别多，对话非常简洁，它的流速变慢了。我现在就觉得说10句话是对的。而且我发现很多真正的大师，不是用复杂来说复杂，他开始用身边的、最简单的、最家常的、最常见的、大家都能听明白看明白的话来说一个非常深奥的东西。人到最后都还原到10句话了，由最开始的10多句，到2000多句，再到27000，最后又回到10多句话。

张英 《一腔废话》里也出现过一个电视节目主持人，同样主持一个虚假的节目。

刘震云 我们每天从电视里看到的，模仿秀、辩论赛、欢乐总动员……打开我们的电视，几十个台在张着几十张嘴对你说话，你到报摊去的话，一个报摊会有百十种报纸和杂志，它们在努力发出自己的声音。而且他们是以庄严的面目在说话，那些人在节目里说的话与生活中说的话完全是两样的。有时候你跟那些主持人认识久了，你会发现也是这样，他做节目说的话和他在生活中完全是两样的，特别有喜剧效果。

不是因为手机搞了第三者，而是严守一在单位话都说尽了，回到家没有话说，跟他老婆两个人时间长了没有话说，他老婆说他，我听见你说话都在电视上。他说的话95%都是无用的话，是废话，是假话，是口不对心的话。

两个人吃饭只听见碗筷的声音，两个人极力想找话说，可是越这样，两个人（关系）越紧张，因为一开口就是假话。在做节目的时候是这样，在生活中也是这样，活得特别虚假。

但是这些废话、假话还有口不对心的话到底有没有用呢？既然在生活中占的比重这么大，那么肯定它也是支撑我们生活非常重要的动力，而这个动力对于我们的生活是非常重要的。

张英 在这两部作品里，你从话语层面对如今知识分子的生存状态进行了嘲弄，对他们进行了批评，这是因为你对他们的失望吗？

刘震云 不是我失望，是生活对他们失望。他们的所作所为，确实不让人尊敬。世界上的人，他们的废话最多。但是，这样一批人自以为是充当着老师的角色，指点江山，老是爱教育别人应该怎么怎么样，整天说的不是人话，多烦哪。

当然，不单是知识分子，我们每一个人每一天在生活中说的话，有95%同样是废话，听一听遍地打手机的人所说的话就知道了。可见废话在我们生活中的宏伟力量和所起的支撑作用。

张英 从《故乡面和花朵》开始，你告别以前对现实、已知世界的描述，进入虚拟、人的内心世界，再通过《一腔废话》《手机》试验下来，你找到你要的路了吗？

刘震云 在我刚开始写作的时候，我模仿身边的事，很愉快，写着写着就不满足了，觉着单纯的模仿很低级。人的创造性其实很小，主要还是模仿，但关键是你模仿的是哪一部分，现在好多作家的模仿都是停留在对已知世界的描述上。

我在"故乡系列"以前的作品，像那些《一地鸡毛》《单位》《官人》等作品，都是对已知世界的描述，写的是外在世界、现实生活里发生的故事。比如小林清早起来，买豆腐、上班、下班、接孩子、做饭、吃饭、睡觉。他是骑自行车去上班了，但是半个小时到一个小时骑车的过程，他不单是骑车，他脑子里已经想了许多与骑车没有关系的事，而且这种想法是特别纷纭的，前后不搭界，刚想的是这样一个事，但马上想到另外的事。

一个农民，他清早起床，吃过早饭，到地里去锄草，在锄草的过程中，他可能一边锄草一边想，昨天我到镇上赶集，路过那个裁缝铺，那个女裁缝看了我一眼，不知什么意思，想了一个小时；接着又想，村里的谁谁死了，留下一个寡妇，这怎么办呢，又想了一个小时；接着，去年来了个贴画的，在门板上贴了一个明星，我在锄草，她在干吗呢？可能想了十件这样跟他毫无关系的事，回来却只告诉老婆一件事：锄草去了。

我过去也像这个锄草的告诉他老婆一样告诉读者，干吗，锄草，把其余95%的东西全给扔掉了，觉得它没用。其实这些东西很现代派，每个人都很现代派，什么毕加索、卡夫卡，每个人都比他们高明多了，那种变形。包括夜里，你说白天我不创造，但夜里得创造，你不创造做得了主吗，你得做梦吧，刚梦到这个，接着就是那个。白天说这个房子还可以，晚上一做梦楼烧焦了，下水道蹦出一个蛤蟆，那么大，吓醒了。而且在梦里还有那种创造，现实世界你见不到的人，物理时间你做不到的事，到晚上你能做到，在梦里可以见到你永远见不到的亲人。清早起来，你在床上发愣着呢，老婆问："你干吗呢？"你总不能说我想什么呢，没什么呀，你也觉得晚上的整个创造是没用的，白天骑自行车想的也是没用的，所有人都认为它没用，它到底有没有用？如果没有用，上帝为什么给这些胡思乱想安排了这么长时间？我觉得是不对的，是世界出问题了，我想把这种不对给它矫正过来，这些是我特别感兴趣的内容，所以就写了特别长的《故乡面和花朵》。从《故乡面和花朵》到现在，我写的就是那95%。

张英 《故乡面和花朵》写了六年，《一腔废话》20万字又写了三年，《手机》写了一年。这么长的时间，才写了三部作品，你怎么看待写作、时间和市场的关系？

刘震云 够了，对一个职业作家来说，他的下一部作品应该和上一部作品不一样，把不可能的事情变成可能，然后留下作品。职业作家要对这个语种和这个语种的想象力负责，对这个民族的想象力有一种归纳和引导。

写作就像是一个海，当我游了六公里之后，我身上穿的衣服被海水浸泡之后，它的重量已经超过我的体重，游泳就非常艰难，我在写作的过程就是在游泳的过程中，把外衣一件一件地脱下来。到了《手机》里，我觉得我脱得已经只剩下背心和裤头，游起泳来比较自由，到了一个自然的状态，到了自由王国的状态。但是麻烦在于这个外衣不断地脱，外衣自己本身不断地再生，脱了穿，穿了脱，麻烦死了，但是我想麻烦的过程可能也就是写作的魅力。《手机》里的第三部分有可能成为我今后写作的一个新的增长点。

几千年的孤独和寂寞

张英 出版商说《一句顶一万句》是至今为止你最好的小说，你怎么看?

刘震云 出版人的宣传太"雷人"了。我想他这样说可能为了好卖书,另外一个它写的是中国人的孤单与寂寞,所以他说是"千年孤独",非跟马尔克斯的《百年孤独》联系到一块儿。

可以说,《一句顶一万句》是到目前为止我最成熟的作品。

张英 我看《一句顶一万句》是从《手机》里最后一章《口信》来的。

刘震云 你的眼光很准,《一句顶一万句》确实是从《手机》那里冒头出来的。《口信》是一个小树芽儿,到了《一句顶一万句》,就长成了一棵树。

《手机》共有三部分,一直写到第三部分,忽然找到了感觉:就是一个人在找另外一个人,一个人要把话告诉另外一个人。《手机》里我有发现,但当时没有能力把它变为好作品,经过了《我叫刘跃进》的写作训练,我才能够写《一句顶一万句》。写作跟登山一样,是一步一步走到山顶的。很多人只看终点,很少看起点,起点对作家很重要,但是它很容易就被评论家忽略。

张英 《一地鸡毛》里小林是孤独的,《手机》里的费墨也是孤独的,更多的孤独的人是刘跃进这样的人,《一句顶一万句》里杨百顺和牛爱国也是孤独的,"孤独"对你来说,是一把文学的钥匙吗?

刘震云 中国人太孤单太寂寞了,几千年活得都这样。孤单就是中国人生活的形态,它最符合我们民族的特性。在生活中找一个知心朋友不容易。

西方是人神社会,人与人的交往上面还有神,神可能不存在,也可能存在。你想忏悔时、想说的时候、孤独的时候,神无处不在,你可以马上找神说，痛苦和忧愁有落脚处。你犯了多少对不起人的事儿，多么惊心动魄的事儿，你都可以说，"主啊，宽恕我吧"，主的回答都是"孩子，你已经被宽恕了"。这是这样一个生活生态和文化生态。中国是人人社会，痛苦和忏悔想表达，就只能找人说话。在茫茫人海中，找一个知心朋友非常不容易。

朋友找着了，并不一定你这心里话就要告诉他。还有话找话，和这人找人（一样）也很困难，是不是说得通，你理解我，知心、贴心，也是一个非常重要的因素。多年前，有人说人分五种：第一，不认识；第二，认识；第三，熟人；第四，朋友；第五，亲人。他说这话时我心里直打鼓，他把我放哪了？

你有心里话，必须找一个知心朋友才能告诉他。我和你是好朋友，我才能把忧愁、痛苦、高兴的事儿告诉你。三天不吃饭饿不死人，可是三天不说话就把人憋死了。而你找知心朋友的话，是非常非常艰难的事儿，不是清朝艰难，不是民国艰难，也不是唐朝艰难，是从古到今都很艰难的事儿。所以有一句话叫，人生得一知己，足矣。

"不着急" "不要脸"

张英　孤独与寂寞是《一句顶一万句》表达的主题。杨百顺和牛爱国是农村进城打工的，他们从事卖豆腐、剃头、杀猪等体力活，他们的精神痛苦和流浪，在以往的文学作品里只表现在知识分子身上。

刘震云　过去大家都觉得知识分子才有这样高级的精神活动，比如《古拉格群岛》《日瓦戈医生》，或者《哈扎尔辞典》《霍乱时期的爱情》《我的名字叫红》，写的都是知识分子出于战争、政治、宗教等原因的精神痛苦和思考。

其实，在我们日常的生活里，好多不识字儿的人，他们面对生活的时候，突然悟到许多书本上悟不到的东西。就像《一句顶一万句》里写的磨豆腐的、贩驴的、剃头的、杀猪的、染布的，他们的精神漂移和流浪，要严重得多。

我的外祖母生前告诉我，她有一个叔叔，一辈子没娶上老婆，跟家里的一头牛成了好朋友。有一天这头牛死了，叔叔三天没有说话。第四天凌晨，他拍他嫂子也就是我外祖母她娘的窗户："嫂子，我走了。"我外祖母她娘忙说："他叔，天还这么早，你去哪儿呀？"屋外就没了声音。待我外祖母她娘披衣起身，院子里一片月光，叔叔就不见了。四乡八镇都找了，所有的井也打捞了，不见叔叔的身影。他不知流浪和漂泊到哪里去了。仅仅是对牛的去世伤心吗？大概是在熟悉的故土找不到人说话了吧。

张英　你讨厌知识分子？

刘震云　"知识分子"的概念如何界定？读了几本书，就成了"知识分子"？知识分子得对这个世界有新的发现。大部分的"知识分子"，不过是"知道分子"罢了。有时候读他们的书10年，还不如听卖豆腐的、剃头的、杀猪的、贩驴的、喊丧的、染布的、开饭铺的一席话呢。

特别是有的中国作家，也假装是"知识分子"，他们一写到劳动大众，主要是写他们的愚昧和无知，"哀其不幸，怒其不争"，百十年来没变过。采取的姿态是俯视，充满了怜悯和同情，就像到贫困地区进行了一场慰问演出。或者恰恰相反，他把脓包挑开让人看，就好像街头的暴力乞讨者，把匕首扎到手臂上，血落在脚下的尘土里，引人注意。

除了这种描写特别表象外，我还怀疑这些人的写作动机。一个站在河岸上的人，"子非鱼，安知鱼之乐"？一个钓鱼的人，怎能体会一条鱼的精神流浪和漂泊？他关心的不是鱼，而是他自己和他所要达到的目的。他们找人没有问题，但想找到相互知心的就难了。

更大的问题在于，他们认为重要并强调的事情，我舅舅和我的表哥们认为并不重要；他们忽略和从没想到的事情，却支撑着我亲人们的日日夜夜。他们与街头暴力乞讨者不同的是，乞讨者把匕首扎到了自己身上，他们把刀子扎到了别人身上。我讨厌这样的写作，讨厌这种"知识分子"的写作。

张英 你不是知识分子吗？人们总是把作家也放在这个群体里的。

刘震云 你首先必须知道一点，作家并没有什么了不起。孔子说"三人行，必有我师"，这话特别好。前几年，我买了个房子，民工在我们家装修，我天天请他们吃中饭跟晚饭。其中一个小伙子不好意思了，说："刘哥，你天天请我们这种人吃饭，我对你没啥回报的，只能说点儿知心话。"他会告诉我好多烦恼，怎么从老家出来，怎么打工，一侄子怎么被电死啦……后来又说："人生一辈子，要老想这些难受的事儿吧，你也早上吊了。想难受的事儿的时候吧，想想还有高兴的事儿，也就活下去了。"这些话很朴实，透着他人生的体验和实践，可比那些知识分子和书本上的话好得多。

我上大学的时候，很多是"五四"过来的老先生，对我启发最大的是吴组缃先生。吴先生开讲座，从来不说书本上面的事儿，总是跟你聊人生经历。他返璞归真，知道这些知识都是从生活中来的。

他就是说六个字，一个是"不着急"。许多人着急了一辈子，也就活一辈子，不着急其实是调整好人和时间之间的关系，什么事情（都要）慢慢来。不管是做人、做事，想好、做好。另外一句是"不要脸"。"文化大革命"的时候，吴先生受到批判，去厕所扫地。他却说："我人生里干得最漂亮的事儿，是北大的厕所我打扫得特别干净。我是一个打扫厕所的人，我就不再把自己当教授啦。"这是"不要脸"的前提啊。所以吴先生对我们说，不着急、不要脸，这是他自己一辈子体会出来的。我们下边儿这些听众，当时年轻听不明白，但随着年龄增长，50来岁了，可能就慢慢地体会出来了。

为沉默的大多数代言

张英　10年前因为《故乡面和花朵》采访你，你说在写作上"要脱掉身上所有的外衣"，现在做到了吗？

刘震云　在我以前的小说里，我借助过历史、社会、政治的作用，你觉得它很重要，能达到强烈的艺术效果，这是一个功利的目的。随着年龄增长，最后你会发现个人、个人的生活重要。社会、历史、政治其实是依附在个人生活上的。

我觉得要尊重个体，个体世界比整体世界要重要，比整体的世界要大，每一个个体都有一个内心，他的广阔已经超过了世界的天地。世界的天地总归有边儿有样儿的，但是一个人的内心，是漫无边际的。

一个人找另外一个人，一句话找另一句话，这个是穿越几千年历史的。清朝、明朝、唐朝是一个历史阶段，它总会过去的。清朝、明朝、唐朝只是件衣服，最后你会发现，人无所谓穿哪个时代的衣服，人就是人。

一个人、一个民族的生命密码，并不存在于"社会"和"历史"的层面，而存在于这个人、这民族如何笑、如何哭、如何吃、如何睡、如何玩及如何爱和如何恨之中。面对一粒花生米，如何把它吃下去，就已经将一个人和另一个人、一个民族和另一个民族区分开了。脱掉了"社会"和"历史"的外衣，变成人和人赤裸裸的交往，书中的人物和我，也都变得更加自由和轻松了。

张英　你在写作上彻底抛弃了"社会""历史"这些宏大的主题，写的都是人生的基本问题，吃和穿，爱和恨，大和小，远和近，亲和疏，虚和实……为什么有这样的选择？

刘震云　许多作家喜欢追求宏大叙事，100年的社会、政治、战争、霍乱，都特别宏大。但比这个社会、政治、历史、灾难更宏大的是人的内心，可以淹没全世界，社会、历史，包括政治，所有的都可以淹没。

集体是大于个人的，社会大于生活，政治又大于社会。社会控制着生活，生活又控制着人。所有世界上的灾难，全是这么产生的。都是因为宗教的不同、政治的不同，导致了战争。这个战争重要不重要呢？

一个人在清早起来，首先做的事情：洗脸、刷牙和上厕所。面对一个花生米，怎么把它吃下去，这可以把一个民族和另一个民族区分开来；比这更重要的是，一个人怎么找到另外一个人的，一句话怎么找到另外一句话的。我觉得这比发生战争更为重要。

因为发生战争也是一个人怎么找到一个不对付的人，一句话怎么找到另外一句不对付的话。这个人和话是内核，战争只是一个外壳和衣裳。衣裳和外壳是好利用和描写的，里边的核要把它剥开才能找到。这个核不是说你不想剥，而是说随着你的写作，你才能慢慢接近这个核。

比如说杨百顺、牛爱国对西门庆和潘金莲的认识，是顿悟和突然的发现，和我们过去的认识和发现是非常非常不一样的。他们经历的事儿特别的惊心动魄，不小于一场战争、一场政治改革，不小于一场社会改革，不小于人类往哪儿去。杨百顺、牛爱国往哪儿去，不小于人类往哪儿去。

我觉得这一点觉悟到的时候呢，我的写作突然打开了一扇窗户。

张英　活在真实中，活在现实、当下。

刘震云　我跟其他很多作家不一样，我是一个自由职业者，我好多年前就不拿《农民日报》的工资了，因为我没法儿给人家干活。我是靠写字为生的人，那些专业作家是能靠这个职业拿工资的。

我从来没认为作家是一个多么高贵的职业，我觉得所有的职业都是平等的。我们村儿的人呢，也不认为我写作是个多么了不起的事情。他们认为我的祖上是柳敬亭嘛，不就是个街上说书先生嘛，跟我表哥去街上做个小生意、卖个花雕、卖个凉粉儿、卖个洋纱的布是一样的。直到现在回去他们还说呢，你不就靠编瞎话儿为生吗？

比这些更重要的是，我从打工的父老乡亲身上，明白他们生活在细节里。"社会"和"历史"，只是他们所处的表象。痛苦不是生活的艰难，也不是生和死，而是孤单，不是人少的孤单，是人多的孤单。孤单种在心里，就长成了孤独；孤独一直生长在他们心里，但他们就是不说。快乐同样存在于细节和瞬间。比这些更重要的，是他们对世界的看法，跟这个"社会"和"历史"完全不同，但他们仍然不说。他们不说，我有责任替他们说出来。就好像我家要垒鸡窝，在建筑工地当大工的表哥，有责任替我砌起来一样。

张英　不是题材大小，衡量文学好坏的标准是什么呢？

刘震云　我觉得一个民族的文学，应该代表这个民族的想象力，应该代表这个民族语言的能力。平常说的话，变成文字之后，散发着独特的魅力。比如说我们看到一个非常好的作品的时候，我们不但对这个作者产生了敬意，（还）对这个民族产生了敬意。他的想象力是这样的，他的语言是这样的有魅力，这样的有力道，这样的有劲道。

《温故一九四二》

张英　听小刚说，随着形势的变化，《温故一九四二》的电影有可能启动了。

刘震云　有这可能吗？我不知道。从现在看，这个剧本已经比较成熟了，如果拍出来的话肯定是一个波澜壮阔震撼人心的心灵史。这不是一个形容，也不是因为我们的写作能力，而是因为1942年（发生的）这个事情本身就具备这种质量。

张英　这个小说采用的是调查体，它是怎么诞生的呢？

刘震云　与《南方周末》副主编钱钢有关，他是我的好朋友，一个真正的知识分子。他的眼睛看到别人没有看到的地方、别人忽略的地方。任何一个民族的生活都有被遗忘的角落，这些被遗忘的角落里面藏着民族的历史。灾难长年累月伴随各个民族，也是生活的组成部分。差别无非（是）这些灾难不同，形形色色。

1990年的时候，钱钢要编一本二十世纪中国百年灾害史（即后来的《二十世纪中国重灾百录》）。他把1942年河南大旱派给我写。我是一个写小说的作家，从来没有想写这种非虚构类的作品，我一开始也没有意识到这是一个多么大的事。

我到图书馆里把过去的报纸、所有写1942年的书、涉及1942年河南旱灾的这些书都找来。这些资料光书就可能有 100 多本。当时钱钢陪我在北京图书馆还查了好几天报纸，这是一种方法；另外一种方法就是回到还幸存的（经历过）1942 年的人中间去，这些人就是我的乡亲。回去之后，特别回到具体人中间的时候，给我一个最大的震动就是刚才我说的，他们都忘了，觉得不是一个多么大的事，包括我问我姥姥，我说姥姥咱说说 1942 年，她说 1942 年是哪一年，我说饿死人的那一年，她说饿死人的年头多得很，你到底说的是哪一年？

1942 年，日本人往前进攻河南的时候，蒋介石突然觉得这是一个很好的武器，就把 3000 万河南人受灾这个包袱甩给日本人，你占领这个区域你要让这些人活下去啊。但日本人聪明，发现了，大兵压境，停住不走了。但飞机又不停地轰炸，让蒋介石摸不着头脑：你到底是占还是不占？你给说句话。政治真空中这些老百姓就这么给饿死了。

这些人并不是因为旱灾死的，而是因为战争，你再发现并不是因为战争，而是因为政治，而且你再发现的话，并不是因为政治，是因为掌控这个政治的人。但你站在政治领导人的角度，设身处地地看，你发现他们（的）所作所为都是非常有道理的，这些灾民是在"有道理的"情况下一个个死去的。这个时候你会感到心里受到特别大的冲击。

张英　你说这个小说也是一个喜剧。

刘震云　是大悲剧，也是大喜剧。我们这个民族特别容易遗忘，过去发生的事情忘得特别快。1942 年死的 300 万人，你现在问他们后代，没有一个人知道，连当事人都忘了，把这些事情全部地忘了。

如果只是把《温故一九四二》写成一个苦难史，那它绝对不是民族的心灵史。民族还有另一种表达的方式：一个人倒地了，后面一个灾民从这儿过，把前头人裤子"叭"一扒，拿着刀子就割肉，一割肉一疼，倒地的人又活过来了，说"我还成"，那人马上说："你不成了。"嗵，割下来。我觉得这可能就是真正的喜剧核心。我们的民族面对任何时候基本采取的都是这样一种乐观的排解方式。

张英 小说和电影的不同之处在哪里？

刘震云 冯小刚要拍电影，当时开座谈会，反对的声音占到95%，觉得是不可能的事情。开完会之后，中午太阳非常毒，冯老师把我拉到树凉荫的地方跟我说，这个不可能可以变成可能的，然后我们就用最笨的办法进行60年之后的再一次调查，到了河南、山西、陕西、重庆，沿着灾民当年的逃难路线采访，找到了许多当事人，采访到许多生动的细节和故事，拍摄了几十个小时的纪录片。

第一稿的剧本，格局比目前宏大很多，一开始是安德鲁空军基地起飞了一架运输机，几个战斗机在护航，落在了开罗机场，然后有印度士兵问一下，飞下来的是什么东西？火鸡，因为感恩节要到了，在非洲的美军要过感恩节。

原来准备出现的人物也多，比如像罗斯福、丘吉尔、斯大林、日本天皇，其实都可以出现，因为这个剧本的话，从戏剧规律来讲它是不成立的。几个主要方面的人物，他是不见面的，委员长跟老东家是不见面的，跟冈村宁次也是不见面的，跟宗教也没有具体的矛盾纠葛，完全靠人物之间的这种矛盾冲突在推动这个戏剧往前走。

最后我就问小刚，这样的电影能不能成功？因为原来没有过，你找不出一个电影，在剧中的几个主人公不见面、不交结，行不行？他说可以。然后这些不见面的人共同做了一锅杂粮粥，罗斯福跟老东家更不见面。

如果按照一稿开拍，我估计也不是投资两亿一，得21亿。所以实现不了。我在剧本上把这些词都拿掉了，就是灾民队伍跟这个军队的行列都是前不见头、后不见尾的，制片主任一看这个就崩溃了，因为在凛冽的寒风中，在山西他们拍过，我去探班，光摄制组的车就几百辆，拉演员的车、拉设备的车、灯光的车，各种各样的，而且军队一请进来，马车都几百辆，他说你要老这样前不见头、后不见尾的话，实现不了呀。最后小刚跟我说，震云，你能不能别老前不见头、后不见尾，改改吧。我说行啊，八个字我改成了四个字：漫山遍野。崩溃。

最后的电影主要是考虑到电影拍摄实现的可能性，文学作品你觉得 20 万字不够，可以写到 40 万字，（比如）我写到 200 万字的《故乡面和花朵》。小刚的片子现在是 2 小时 20 分钟，如果是别的导演，有片子（也）不要，院线就不要，因为它占的放映时间长，我觉得这是一个客观规律。

历史的角度

张英 中国人经历的苦难太多了，只有忘记这些苦难才能够活下去。

刘震云 我当年在北图看当时的报纸，《大公报》《中央日报》《河南民国日报》等等，还有一个外国人的角度，比如那些传教士的书信、驻华大使的公文、记者白修德的报道和自传，你发现面对同一场灾难，每个人的体验都不一样。

还有一个不能忽略的角度，就是历史的角度。为了准确了解1942 年旱灾，我好多资料是从东周开始看起。不说涝灾和冰雹，单说旱灾，从东周看下来，不出三年五年就有一次。每次都是大饥，饿殍遍野，人吃人，"易子而食"，就是这样的字眼。

旱灾从历史的角度出现得太频繁了，就没震撼力了。恰恰因为没震撼力，从历史的角度就能够回答大家为什么会遗忘1942年。比如，我问你一个月之前的某天，你中午饭吃的是什么，100个人有99个人答不出来，可能有一个人吃的老虎肉，他可能记得。

电影跟文学作品不一样，它必须有人物，必须有故事，必须有情节、细节、台词，不然的话，《一九四二》就拍成纪录片了。

张英 这种实地探访，给你的写作带来了什么收获？

刘震云 我跟小刚也上过几回路，就顺着灾民的路线走一走，顺着日本人的路线走一走，顺着白修德的路线走一走，顺着委员长的路线走一走。这样的采访未必有那么功利：我去采访马上能产生人物，产生故事，产生细节、台词。其实没有这样现成的东西能马上提供给你。

我觉得比这个更重要的，可能是某种态度。比如一部分历史上真实存在的人物，像蒋介石、白修德、丘吉尔。比如当时的报纸记载，讲丘吉尔那一年患了一次感冒，打了几个喷嚏；宋美龄访美了；甘地为政治和平绝食了。

具体到灾民这一块，毕竟是虚构的人物形象。这个虚构的人物从哪儿来？我觉得未必可以仿照生活中张老汉去逃过荒，或者李老汉卖过儿卖过女，其实不是这样的。可这些灾民是怎么思考的，这个在小说中就存在了。

《温故一九四二》小说中有一个人物叫郭有运，在大麦场上，他就讲1942年那一年特别不好，为什么不好？他说我不该逃荒，我是世界上逃荒逃得最不值的人。为什么呢？他说我带了一大家子去逃荒，为什么逃荒，是为了让家里人活下来，但是逃到潼关，家里人一个一个都死了。这个时候，他问我为什么要逃荒，产生了一个哲学的思考。逃荒是为了让家里人活下来，可这逃荒的结果，家里人都死了。

走出来的电影

张英　你和冯小刚在采风的路上，最深切的感受是什么？

刘震云　我在采访路上获得了很多感受。有时候在路途中，我对冯小刚说，咱别开车，走一个上午试试。我们真的就走，吃饱了饭开始走，走一个上午，觉得特别累，我们还没背东西。

当年灾民会背着家当、拉着车、挑着孩子，在饿的状态下逃荒，一天到底能走多远，走不过20华里，可见逃荒很艰难，走不过20华里，他晚上又没住的地方，很冷。饥寒交迫，是特别难受的事。

我们走一个上午，走累了特别不想说话，因为人在饿的情况下说话费力气，不说话可以节省体力。所以你看到电影《一九四二》的时候，灾民的台词都很短，不像《哈姆雷特》《罗密欧和朱丽叶》一样，出来一段大段的心理独白，然后来一个咏叹调。

在逃荒的路上，零下20多度，没吃没喝的时候，灾民是一个什么样的状态？他的情感是粗糙的，因为每天都在死人，每天都在卖儿卖女。卖孩子不是说生死离别，生死离别是说你卖不出去自己，你就饿死了。回到那个时候，你就能知道那个时候人的情感是个什么样的。

这次小刚拍《一九四二》，有一点做得非常伟大，他在电影里坚持节制和粗糙。这里面的灾民没有呼天抢地地哭，麻木，粗糙，像寒风中的岩石里面长出来的那些小草，我觉得这一点做得还是相当真实。

张英　海明威说的"零度写作"也适应这部电影的风格。

刘震云　在北京，7000人试映的时候，有一点让我很感动。那就是7000人的国家体育馆里面，在看《一九四二》的时候，不时发出了笑声。这个是我最想要的，这就是灾民幽默的态度影响到作者和导演的创作态度。老舍先生生前曾经说过一句话，他说我特别想写一部悲剧，在这里面充满了笑声，这是大作家说的话。

《一九四二》在试映的时候，有人在座上笑，我觉得这个作品目的就达到了。在惨绝人寰的时候，它里面会让人笑，它一定比惨绝人寰更让人冰冷入骨。但再冰冷，也一定有温暖，有一个东西在触动着观众，打动了你，触动你心里特别软弱的地方。

我觉得这个软弱的地方就是通过《一九四二》，观众对国民性、民族性、人性有了了解，这是我们和别的民族不同的地方。我觉得看过电影的张泉灵、张颐武的微博（写得）特别好，比如马未都说看了《一九四二》，做了一晚上的梦，家里所有的粮食都生虫了，第二天早晨他爬起来，他看了看自己家的粮食。

我发现微博上的这些人，不管他是"左""中""右"，他突然变得善良了，我觉得这个善良，越过了作者和导演，是1942年的河南国民性、民族性和人性对他们的打动。《一九四二》没有曲折动人的故事，取消了戏剧性和传奇性。

张英　这是电影一个很大胆的尝试。

刘震云　电影最好的态度是没态度，它没态度的时候，态度哪儿去了呢，站在了剧中人物的态度上。比如说灾民这一块，有蒋委员长这一块，有日本人这一块，有新闻记者这一块，有宗教这一块，每个方面的人都有自己的态度，这个态度（我）都尊重。这个态度都是不同的态度，不同的人群共同做了一个杂粮粥。

这些主要的演员没有演戏，他不是拍《一九四二》的时候还拍了其他的许多戏，他一直在剧组里住着，在减肥，那他们的态度一定感觉不一样。

《一九四二》灾民的戏占 70%。有一次我去探班的时候，国立老师跟我语重心长地说，台词能不能再短点，我真没有力气把它说完，如果我演戏，我晚上回家还是个温暖的宾馆，我都有说不完的话，灾民在路上不可能说那么多话。我觉得这个演员已经进入角色了。

张英　电影的结尾，徐帆演的女主角，卖掉自己也要救孩子，让孩子活下去。这个举措如同黑暗中的微光，照亮了世道人心。

刘震云　说到人性的黑暗，任何一个角落里都会有黑暗，但这个黑暗的地方一定不全是黑暗。黑暗的话是因为有光明的对比。最黑暗的时候，人性能散发出一些微弱的光芒。我就想说，这点微弱的光芒照亮了这个民族的未来，而不是任何别的。不是我们每天能够听到的这种大而无当的话，而是人和人之间那种人性的微小的善意。

老东家亲人全走了，剩下的人都不认识了，然后小女孩也是剩下的人都不认识了。他说你叫我一声爷爷，咱俩就算认识了。他们两个人是陌生的人，瞬间成了亲人。其实亲人是需要有血缘关系的，另外成为亲人是需要时间的。但是在瞬间中成为亲人，那就是在最黑暗的时候，人性散发出那个微弱的光芒。

张英　听说冯小刚的导演版，和现在公映的电影版本，差别很大。

刘震云　目前看到的这个版本，肯定它不是拍摄的全部。

结尾之前有几场戏也是拍了，但是小刚把它剪掉了。如果电影它没长度（限制），本来完全可以演那个老东家进潼关的遭遇，这里面就没有表现他的哲学思考，只是用行动来说了。

如果是用小说的话，老东家进潼关的遭遇一定是不可或缺的。比如还有这个小女孩她从哪儿来的，包括最后旁白，说小女孩15年以后成了俺娘，从来不吃肉，也不流泪。为什么？我觉得它都是下一部作品的开始。

刘恒

■

在小说上我还有野心

我脑海里有两个刘恒。一个是小说家刘恒，一个是编剧（导演）刘恒。

作为小说家的刘恒，二十世纪八十年代中期出现在中国文坛，并成为当时正兴起的所谓"新写实小说""新乡土小说"的代表作家。在当时，小说还笼罩在集体话语的语境下，刘恒已经在迈向个人化写作的道路上先行了一步。他的《狗日的粮食》一发表就引起文坛的广泛关注，之后接着发表的《伏羲伏羲》《虚证》《白涡》《黑的雪》《逍遥颂》《苍河白日梦》等作品在文坛激起了强烈的回响，这些作品以罕见的激情描绘了现实的冷酷与温情、命运的痛苦与残酷、人性的美好与丑恶、理想的幻灭与绝望、苦难中的挣扎与思考，以怜悯的眼光审视尘世之中的芸芸众生，给读者留下了深刻的印象。

与此同时，刘恒在电影和电视领域内的成功参与，扩大了他在社会大众中的影响。从《本命年》开始，到《菊豆》《红玫瑰白玫瑰》《贫嘴张大民的幸福生活》，然后是《云水谣》《张思德》《集结号》《铁人》《金陵十三钗》《我的战争》，到2021年2月刚开机的电影《731》。刘恒是中国影视圈最受欢迎、价格最高的编剧之一，和他合作的都是影视圈最大牌的电影导演——谢飞、黄蜀芹、张艺谋、冯小刚、尹力、关锦鹏等人。这些年他写就的剧本，改编成电影和电视剧后，受到了观众的欢迎和好评。

刘恒曾经用两句话来比较文字和影视的魅力，对他来说小说是妻，影视作品是妾。如果一部小说是一部好作品的话，它有永久的生命力，而作为一个编剧，一个剧本在影像作品完成的那时起，就宣告了它的死亡。多年不写小说，刘恒一直在当编剧，原因是他无法抵抗文字转换成影像之后所散发的魅力。无论是文学创作还是影视作品的编剧，就写作而言，在刘恒心中没有任何高低贵贱之分。认真写剧本的刘恒，相信自己的电影剧本会随着自己写作质量的提升，而获得它应有的价值，他的剧本不应该泯灭和被遗忘。

"我觉得电影有某种神奇的东西在里面，好像在几秒钟之内，甚至更短的时间之内，唰一下就能感动人。电影的那个力量是文字没有的。但是，文字的力量更长久啊。

"电影好像水一样，流过去就流过去了。谁也不会反反复复看一部电影，看两遍看三遍就足够了，但是好的小说反而会反反复复地看，基本上没有什么技术上的折旧，电影会折旧的。再过 10 年，电影拍摄方法变了，你这个电影就很土，就没法看了。小说好像不大存在这个问题。小说好像只是在叙述方法上，或者是在世界观上会有比较大的变化，但是它的那种持久性，比电影要长得多。"

话剧《窝头会馆》与北京

张英 你为什么会写《窝头会馆》？

刘恒 张和平来找我，要为北京人艺写一个戏。给北京人艺写戏，肯定是有特定条件和要求的。当时想赶在新中国成立 60 周年的时候上演，便于扩大影响。人艺素来有这样的传统，新中国成立的时候，老舍开始写了《龙须沟》，新中国成立 10 周年时又写了《茶馆》。新中国成立 60 年，文艺界应该给她的生日送份礼物。我觉得人艺的这种真诚感情挺可贵的。

中国人比较注重节日吧，跟人重视生日差不多。你跟你爱的人，祝贺生日的时候，要说点儿吉利话；给老人过生日，也要说点吉利话和祝贺的话；给孩子过生日，还是要说吉祥话。这是中国人的传统。共和国过生日，恐怕也是这个路子，比较符合民族传统和大众的心理预期。

我最初构思的时候，想写一个现代生活的戏，有某种荒诞性。后来斟酌了一下，觉得不太合适。一个原因是北京人艺的表演传统，它的长处不在荒诞上，而是写实的传统；另外一个原因，如果在献礼期间上演一个荒诞戏，会有点怪异。最后就彻底放弃了。

然后我们再转换方向，决定写北京一个普通人家四合院里的故事。我住在北京南城，周围都是各地的会馆。当年康有为、谭嗣同、李大钊，都在会馆住过。我对琉璃厂、大栅栏、菜市口这一带非常熟悉，玩文物的、经营当铺的，各行各业都有。

我有个朋友在宣武区（现已归入北京市西城区）的图书馆当馆长，他编过三大本会馆资料，曾经送给过我。我搜集了非常多的材料，最后选择会馆是因为它有意思，留下的材料也很多。

张英　北京的会馆，房主也好，房东也好，管理者一般是什么系统的人？

刘恒　各种各样的都有。它最早和最主要的功能，是服务进京赶考的人。他们从外地来到北京，参加科举考试，需要有一个住的地方。另外就是，进北京做京官的这些人，要联络乡党，也要有一个自己的地方。做官的人里面有满族有汉族，这些会馆里主要是汉族人。

汉族人为什么在宣武区建会馆呢？还是清朝的时候开始的。明朝的时候，贵族、平民、商人都在城里，满人进关之后，他们悉数被赶出城外。城内的所有的住宅，全部给满族人腾出来了。汉族人就扎到宣武和崇文，主要居住在宣武。文人参加科举，进不了城，不让他们进城。

宣武区在紫禁城南边，历史上各地商人和秀才进京赶考，只能从广安门进北京城。天长日久，物以类聚人以群分，慢慢形成了各省的会馆。

宣武区这地理位置，正好是南方人进京必经之地。那个时候秀才考试，主要的进皇城的渠道是广安门，所以进了广安门之后，基本上就居住在这一带了，等着进城、谋官、赶考、经商、联络感情、谈事儿，都在这一带。

所以宣武区才会有几百个会馆，生生灭灭的，前后可能得有上千个会馆。很多会馆面积很大，除了建筑庭院外，好多院子里都带庄稼地，靠种菜养活里边住的人。更多的会馆，经过传承之后，有的就产权不清了。还有人觉得，养它太费钱，养不起了，结果就没人要，没人接手，最后衰落成了大杂院。只有个别庞大豪华的会馆，一直还保留了，延续下来。

张英 《窝头会馆》有原型或者接近原型的故事吗？

刘恒 没有。我写的是一个小会馆，是无中生有的一个会馆，虚构出来的。我看资料的时候，很多热闹的会馆，到了民国以后，因为建筑老化、庭院庞大，产权人无力修缮，就逐渐荒废凋零。有的人看到会馆无主了，就开始乱住了。谁住了，就算谁的了。

有好多会馆是那种董事会管的，类似于股东选一个董事长出来，董事长再选一个管理者 CEO 出来，就替大家经营运行着。股东们轮流请吃饭，带点生意来，顺便把这个会馆的业务给商量一下。很松散的一个组织。有点像不太正规的小股份制公司似的。挺逗的。

这些会馆里面，精彩的故事数不胜数，但现在全都泯灭了。

张英 你在会馆住过吗？

刘恒 没有，我住的是大杂院，生活了很多年。但我（以前）住在西城，挨着皇城非常近，比南城的条件要好一些。那个时候，北京的传统说法：东富西贵，南贫北贱。东富，东边就是富人多；西贵，西边就是官员比较多；南贫，就是南边是贫民；北边是贱民，外来的那些打工的人。

我住的那个大杂院是铁路宿舍。从前那个地方叫灵境宫，是某个皇帝老师的一个院子。三进院，还有些小套院。后来日本人建北满铁路的时候，成为北满铁路局局长的私宅，解放以后，被新中国的铁路局拿过去，改成了铁路职工宿舍，住了几十户人家。上到局长，下到扳道工，都住在那个大杂院里。

我们家住在最外面，大胡同边儿上，房门冲北。这通常是抬轿子和赶马车的人住的那一层，比较差的房子，不高，比较矮。这房子，现在还是我们家的房子。我妈妈从 1964 年在那儿住，好几十年了。1964 年之前，我们住在西直门外，老皇城根儿护城河边上，西直门火车站的边上，那个地方就属于贱民住的地方。

我父亲是门头沟的农民，解放以后，进北京城来找工作，就当保安，经常扛枪、站大岗，完了之后当铁路警察，没有房子住，就在那边搭棚子住。

张英 《窝头会馆》里，这几家人的组合，有什么讲究？

刘恒 可能是从创作需要出发吧，来组合这些人物。我小的时候，虽然在西城住，但我上小学在南城，紧挨着琉璃厂。我们学校后门就在琉璃厂，我有好多同学在这附近住。我有的时候到同学家里玩儿去，能感到跟西城那个小胡同不一样。

西城的胡同，基本上是坐北朝南，很规整。到南城这边，小胡同就很乱，东西向的。八大胡同更有特点了，是回廊式的二楼，门字形的楼，很有特点。另外，它那房子不是传统的民居——北京四合院那种房子，它有的时候带一点洋范儿，有点儿中西合璧的那种房子。这一带小二楼非常多，就是《窝头会馆》里面那种小楼，为了增加使用面积。

好多院子是民国之后建的，或者是清末的时候，洋人进来了。那房子完全是中式，但栏杆儿是西洋式的。弄的那木头跟花瓶儿似的，那种柱子一个一个的。楼梯也是西洋式的，木头楼梯，跟中国传统没有什么关系，纯粹是中西合璧。

《窝头会馆》舞台上的布景，是美工到南城一个地方一比一拷贝出来的，所以非常像。

张英 《窝头会馆》里的家庭有原型吗？

刘恒 没有什么原型。就是组合起来的，一直在变。以前是年代和背景，后来就是集中在几天了。我最初的构思是从辛亥革命开始写的，濮存昕演的那个老头，他还有一个哥哥……人物关系非常复杂。

我写话剧没有经验。最初构思很庞大，是不是可以用复杂感来增加戏剧性，用那种情节的巨大的变化，来增加生动性？最后一琢磨，两个半小时的话剧，根本没有那么大容量，所以要精而又精，一个简练的人物关系，生发出简练的情节。最后就简化，一直在用减法。这个话剧太难写了。两个半小时里，要把最精彩的东西留下，真是不容易。

戏里主要就写五个人物：房东苑国钟守着小院和儿子，靠收房租、酿私酒和腌咸菜为生；前清举人古月宗靠着卖房子转房契时设下的陷阱，一直赖在小院里白住；保长肖启山整天催捐税、抓壮丁、算计着街坊们的钱和苑国钟的这座小院儿；小院里安排了两个女人，一个做妓女、拜耶稣的田翠兰，一个和丈夫私奔、信弥勒佛的前清格格金穆蓉，她们天天掐架。

在人物和角色设置上，我基本上是按照自己的人生常识、人生经验去设定的。

张英 作为一个普通观众，最大的满足可能是，那些人物是活的。小说家写的人物，往往都有现实生活的人为原型，你在创造这些戏剧人物时，靠什么为依托？

刘恒 张和平说，要把人艺的主力动员起来，他最初点了一些人的名字。《窝头会馆》剧中的主要人物，从外形到个性，都是冲着人艺的杨立新、何冰、濮存昕、宋丹丹和徐帆这五个演员写的。

我写的时候，是照着几个演员写的。比如说宋丹丹这个角色，我考虑的就是发挥她演戏的长处，她那种功力，她嘴茬子非常脆，台词非常脆，具有生动性，举手投足都有生动性。我觉得像这种生动性，是演员在台上跟观众交流的最主要的一个工具。有的演员很认真也很投入，但是他没有生动性，演得很吃力、很卖力，观众回应的程度也非常低。宋丹丹却举手投足就能把观众情绪调动起来。我觉得这个长处很了不起。

濮存昕那个角儿，我也是照着濮存昕写的，是我想象的濮存昕，焕发了幽默感之后，可能是那种状态，可能会比一般的有幽默感的演员效果还要好。他在舞台上表现得挺棒的，一旦投入之后，那个才华一下就迸发出来了，确实是好演员。外界通常认为濮存昕好像很严肃，不是那种靠幽默感来取悦观众的。但他的幽默感一旦焕发出来，我觉得效果会更好。最后，实践证明，这个结果跟我预期的是一致的。

张英 你说宋丹丹台词的功底……我不同意这种看法啊。我觉得台词的密集度，超大，超强了，有时候观众逮不住一些笑场的地方，停不下来。你是有意有这种追求吗？

刘恒 这不是。这可能跟我自己的创作特点有关系。你看我写《贫嘴张大民的幸福生活》的时候，我为人物设计的台词就很满，尤其是为张大民设计的台词更满。梁冠华最初演的时候说，你怎么写这么多啊，背不下来啊，能不能删点儿。但是他后来演到最后说，你能不能多给写点儿台词，他说着说着就上瘾了。观众恰好能被那个台词调动起来，故事有好多的信息，实际上是通过台词来传递的。

这个跟我的创作习惯有关系。有的时候台词太密集了，技术上就可能会产生问题。但是我觉得在失去某些东西的时候，会得到另外一些东西。我觉得自身会获得某种平衡。比如说，我对话剧的结构了解不够，而且能力也不强，基本上是属于没有抓到结构规律的状态，还在摸索。实际上话剧有时候是靠结构吸引人的，一个大的结构，或者是设置一个大的悬念，或者是一个大的迂回，声东击西，把观众给吸引住。但是这个技巧，我掌握得不好。我的台词的密集，恰好弥补了这个缺陷。观众来不及关注那个东西的时候，被密集的台词给吸引住了，就分散了注意力，同时也适当地获得了一些满足。那个缺憾就被抵消了。

从这个角度来说，密集的台词可能也是必要的。如果台词稀了，节奏放慢了，结构上却没有吊观众胃口的东西，那弱点一下子就暴露出来了。所以我事后一分析，可能是因祸得福。

张英 台词的张力胜过了结构的张力。林兆华处理台词，故意让演员的台词说得不是很清楚，节奏很快。这就是北京南城人说话的习惯吗?

刘恒 北京土话实际上很不好听的,就是我们自己有时听也不好听。北京人说话含着说,就好像嘴里有唾沫,它故意含着,始终在嘴里含着,就好像嚼着一口粮食,没有吐出来,乌鲁乌鲁说话。

我觉得林兆华倒未必是要故意标新立异,台词量比较大的情况下,只能加快语速,同时加快对白的衔接。甲说完了乙马上就要接上,不能有太大的空当。而且甲的语速比较快,乙的语速也不能太慢,丁的语速也是那个节奏。最后一集中起来,大家觉得哎哟,得紧跟着听,稍微一没跟上就滑过去了。这没办法,这可能是我的剧本造成的。

戏剧演出现场和写作的书房

张英 老舍的戏,往往是一个加法,从第一场戏,派生出第二场、第三场来。您这是一个减法,集中地整在一块。

刘恒 不是第一场,是某一幕的一场。我忘了《秦氏三兄弟》那个话剧是几幕的了,是四幕还是几幕。《茶馆》是它第三幕还是第二幕其中的一场,好像是焦菊隐还是谁跟老舍说,"你《秦氏三兄弟》就甭演了,中间抽出这段来给拾掇拾掇,把这《茶馆》给弄一弄"。后来,中间那一小段《茶馆》的戏,给抽出来,扩大,生发出来。等于有个二度创作,生发出了《茶馆》。

张英 过程我不是很清楚,但我很好奇这个过程,北京人艺主流的戏,《龙须沟》《茶馆》,就是讲北京南城大杂院里的生活,这成为他们的看家本领。

刘恒　他还不是南城。像老舍是满族正红旗，实际上是住在新街口那边，也是西城区。满人八个旗，是按照北京城顺时针旋转的。正黄旗、镶黄旗、正白旗、镶白旗，完了是红旗、镶红、蓝旗、镶蓝。按着半个顺时针，再从上面走。所以严格说来，像老舍《茶馆》并不纯粹写南城的，《龙须沟》是写南城的，龙须沟地处天坛北边，在崇文门外边。

张英　看人艺的历史，回过头一看，能记住的几出戏，好像都是写北京的平民生活的戏剧，与胡同、大院有关。

刘恒　这个是没有办法的事情。尤其是当我写1948年的时候，我相信这个历史阶段，它的历史素材，被很多人咀嚼过。大家都想用这段历史，生发自己的立意，表达自己的世界观。我既然选择了这一段，在别人已经奔驰过无数回的土地上，要拿出自己的一个新的立意来，确实要费一番思考。

严格说来，你回过头去看，不光是北京人艺了，包括所有的戏剧，跟1948、（19）49年有关，（跟）历史大变革有关的主题，基本上是一类：新旧的更替。就是新的战胜旧的那种喜悦，以及旧的必然灭亡，那种坚定不移的信念。还有就是对新社会的讴歌，基本上走的是这一个路子。

但我觉得那个时代的社会理论，包括文艺创作的理论，是阶级斗争学说。我觉得所有的处理，包括世界观所遵循的那个线索，都跟当时整个社会的阶级斗争，那种意识形态有很大的关系。所以，我们现在有一个便利条件就是，不被这种学说所束缚了。我们现在已经公认这种学说有它的片面性，它在某一个历史阶段，也许有它存在的合理性和必然性，但是我们不能用那种眼光去分析1948年的状态，得加入我们新的观念。所以你说有困难，但我们也有便利条件。我们至少比前辈那个时候所处的政治环境，要宽松得多了，被规定的情境反而少了。

张英　因为是献礼剧，要赶这个节庆档。一种是讲新旧更替，但是《窝头会馆》的剧终收尾，是在解放前一刻。当时没有想到去处理"新旧更替"的问题吗？《龙须沟》《茶馆》，都有这个问题。

刘恒　《茶馆》最后让孩子去解放区，就投八路了。这都是有某种套路在里面的。咱们如今的时间节点上，我相信所有的戏剧观众是有生活经验的，不止有改革开放之后的经验，还有新中国成立之后60年的生活经验。我觉得观众所有的生活经验，都是他观剧的时候的一个思想基础。实际上《窝头会馆》的背景落在1948年，也变相地迫使观众在经历了漫长的生活变化之后，再回过头去看戏里1948年的生活状态。我觉得作者不用给观众结论，人家自己会有结论的。

这个过程，得让观众自己去完成。我觉得可能含蓄一些，会显得艺术性更高一些。要是主题过于露骨了，或者过于直白了，艺术性就会受到削弱。这个分寸有的时候不是太好控制，因为观众也是参差不齐的。显然，你满足了一部分观众，另外一部分观众就会不满。

所以最后思考来思考去，我还是以自己的表达为最高准则。我自己表达得舒服了，或者我整个作品的表达是完整的，没有残缺的，就可以了。至于观众怎么说就随它去了。他认识到了就认识到了，他没有认识到的，看个乐儿就完了。

我们不是非得弄一个牵牛的绳子，拴在观众鼻子上，牵着他走。即便有的观众觉得你就得给我一个绳子，你牵着我走我才舒服，咱们也没有必要去满足他这个要求，你爱往哪儿走往哪儿走，愿意走到哪儿就走到哪儿。很多观众从一个剧里，能够看到不同的东西，挺好的。

张英 "贫嘴张大民"讲的是房子的故事。《窝头会馆》讲的是票子的故事，你的解释是讲钱的故事。

刘恒 《窝头会馆》最后还是房子的故事。实际上，从农村到城市，房子占了多么重要的地位。但是跟钱相比，房子的地位还是要弱一些，钱应该是第一位的。几乎每天每个人得不知道多少次跟钱产生纠葛。

我估计，一个生理上成熟的人，每天可能会有一些跟性有关系的念头，但是跟钱有关系的念头绝对不会少于这个性的念头。钱是重要的人生刻度，几乎你一走就跟这个刻度有关系，一睁开眼这个刻度就在这儿摆着呢。这个是真没办法的事情。

你现在打开电视新闻，股市涨跌、金价的攀升，所有的新闻都跟这个有关系。如果你买了房子要交按揭，每个月就考虑这点儿事情，是吧，就是这点儿事情。

张英 《窝头会馆》上演后，你请了莫言，请了一帮作家朋友来看戏，他们的意见都集中在哪儿？

刘恒 他们的意见，五花八门吧，还是客气的。他们的意见要比网上意见客气多了。(笑)网上的意见有一些是比较尖锐的，我觉得都有道理。

比如说，我跟邹静之是好朋友，他看完戏之后，私下里就一直跟我探讨：演员台词的节奏，跟接受者的心态，必须得契合。如果节奏太快，或者一味地追求那种生动性，可能就降低了生动性本身的效果，有点儿欲速则不达的那种感觉。整个戏下来，还得有低谷，该平淡下来就平淡下来，不要老追求高潮和效果。他说得非常对。

我们在写作的时候，速度是很慢的，写两分钟的戏可能用一个上午的时间。8 点到 9 点的时候，我写了一个高潮，9 点到 10 点，又写了一个高潮，我们感觉好像过了两个多小时了，但到台上其实就是两分钟。两分钟凑在一起，两个高潮撞在一起了。写作的时间，跟戏剧表演的时间是不同步的。戏剧两个半小时，我们写了一个多月。这要是有经验的作者，即便是写一年，也知道某个情节在台上是处于什么位置，他会控制高潮的程度。

我属于没有经验，就自己怎么高兴怎么来，哈哈。所以台词就显得有点密集。他们的意见，我将来写作的时候肯定要考虑，说得非常有道理。

张英　戏上演以后，你经常去剧场看戏，观众的兴奋点和兴趣点跟你的预期有差异吗？

刘恒　有差异。有的差异非常奇怪，我就突然觉得我写作的那个书房，跟表演的剧场有巨大的差别。我在书房里所设想的氛围，跟剧场的氛围有极大的距离。我不能完全准确地揣摩出那个氛围。但是在书房里我自己能控制。有好多我认为很生动的话没有反应。最简单的一个就是："民国要不像个民国，叫他妈官国算了。给他改个名儿叫中华官国。不要三民主义了，要三官主义，官吃官喝官拿……"我是觉得应该口比较脆的，但是观众非常静，比较安静。

张英　或者有什么地方是你没有预期，但观众反应很强烈的？

刘恒　没有预期的，比如戏里有一段情节是濮存昕被枪打了，他说没打着，谁也没打着。但是就哐当摔那儿了，打着了。我最初设想的时候，没打着，我想晃观众一下，就是让观众真以为没打着，结果突然摔倒，让观众一惊。我没想到濮存昕一说"没打着"，下面轰就乐了（笑），后来还是打着了，观众又乐了。这时已经是大悲剧了，观众还乐。

我突然发现，剧场里的氛围真是单一氛围，就是观众好像不由自主地跟这儿乐。我觉得跟常识的判断还是有区别的。你像那种话"是哪阵风儿把您给兜来了""多大的风啊都把我给兜来了怎么没把您给兜飞了呢""兜飞了又他妈给兜回来了"，像这种词儿，我写的时候是完全生活化的，没有一点效果的，结果剧场里说一句笑一场，说一句笑一场，就每一句说完，下面都笑，奇怪。还有说"摩西领人出埃及了"，就那句话，结果笑得特别强烈。显然，《出埃及记》这个《圣经》的故事，大家全知道。挺有意思的（笑）。

张英　你会写当下生活的戏吗？

刘恒　我觉得拿1948年来说事情，观众还是有隔膜。我希望观众很近地来看这个事情，但是观众一进剧场，被间离了，跟世界隔绝了。那我干脆把这个世界搬到台上来，让这个台上跟外部世界是一个整体，观众可能会有更切身的感受。

写当下生活的戏，我觉得还是基本的人生矛盾。生死、荣辱，跟这些事情有关系。当下在时间上没有距离，所以难度会更大一些，一点儿折扣不能打，完全跟观众直接交流。现在观众对生活的认识丝毫不输给你，观众对人生复杂性的认识丝毫不输给你。你在这个时候给人家展示你自己的世界观，你的生动性和深刻性要不能满足他，就等着挨骂吧，哈哈。

我不知道触碰到现实之后，观众有多大的耐性，或者你的戏有多大的迷惑性，真能把观众吸引住，而且你能说服他，征服人家。这是个大问题。

《窝头会馆》反响不错，起点比较高，下一部戏，还真不能掉得太厉害（笑），至少不能掉下去，所以比较难，给我自己出了个大难题。

张英　你还给国家大剧院写了歌剧。

刘恒　我现在在给国家大剧院的陈平写歌剧。这个题材也是他们指定的，他想写一个贫困山区的女教师，她身上天然带有某种献身色彩、牺牲色彩。

我当时应了之后马上就打退堂鼓了，我说我不能做，这不是要出洋相么。而且纯粹外行，怕耽误事儿。这个作品要在建院两周年的时候上演，我说万一要写砸了呢，大家脸上都不好看。

他们定的是一个山清水秀的贫困山区，类似于华中或者华南地区。我采访不能跑太远，我就定在陕晋边界，就陕西和山西的交界的地方……两个县一个区，找了很多教员，各种各样的乡村女教员，失恋的、先进教员、模范教员，有在职的，有代课的，见了很多老师。

我还见到过失恋的女老师，一说失恋经历的时候还非常激动，非常激动，打击非常大。生活情况一般，就是温饱吧。家里没有什么太像样的东西，摆着三张桌子，小孩儿拖着鼻涕就来了。一大帮大大小小的孩子，分几个年级，就那么坐着，墙上一个小黑板。

在采访的时候我会做一些记录，主要是感受那个状态。实际上有很多青年教师真不错，性格很活泼，很开朗，很阳光。环境虽然很艰苦，但他们非常热爱自己的职业，说话也很大方，问什么说什么。

我哪儿知道音乐需要什么样的词儿啊，就写顺口溜来着，写了1000多行顺口溜啊，从来没有这么玩过开口押韵。我最初热爱文学、学习写作的时候，电影剧本和话剧剧本全都写过。诗也写过，所以写歌词应该也不陌生，哈哈。一般搞文学的人都写过诗。热爱文学的人，都要转两句诗。

现在已经写完了，钢琴谱已经全弄好了。布景在做，演员集中，导演在指挥排练。作曲是郝维亚，中央音乐学院作曲系的教授，咱们国家到意大利学歌剧的第一个博士。他以西洋为基础，加了中国元素，民间的元素。加得还不错，但是我还没有完整地听过，我只是听一些局部和片段。我觉得还不错，就是配完器之后不知道效果会怎么样。

我还是比较喜欢悲剧

张英 现在进电影院或者进剧场的电影和戏剧很多，但是真正找到让人感动的东西并不多。《窝头会馆》这个戏里面，哪些地方写的时候，能让自己被打动？

刘恒 我觉得，我还是比较喜欢悲剧。而且依照我的人生经验和写作经验，我觉得所有的悲剧跟牺牲有关系。被迫的牺牲有悲剧感，主动的牺牲没有悲剧感。悲剧感的分寸，确实是跟人生经验有直接关系。

我们经常看到一种情况就是，作家在写作的时候，人物已经非常悲恸了，但是观众没有悲恸感，感受不到。你仔细分析，所谓的悲剧效果是他自己造成的，没有任何人给他压力，就是他自己下了个绊儿，把自己给绊倒了。观众就不会悲恸，你自己绊倒自己的，你就应该承担责任。但是（如果）他的摔倒，完全是被动的，完全是无辜的，观众就会非常同情他。如果他是为了避免别人摔倒，或者在替自己的亲人摔倒，或者在替一个素不相识的人摔倒，观众也会非常同情，觉得你这个人非常好。

像这种悲剧效果，确实要靠人生经验，才能感到中间那种细小的差别。所以我写《窝头会馆》的时候，基本上是按照自己人生经验的常识去设定的。写苑大头跟儿子的关系，那不是我跟儿子的关系吗。按照我的设计，最后苑大头跟他儿子得有一个身体接触，父亲奄奄一息，儿子要抱着他，希望挽回他的生命，或者生怕失去他，要去抓住他的生命。我希望在舞台上有这么个呈现，现在没有，好像生怕观众的眼泪滴下来，有点儿把观众给推开了。

按照我的设计，好像整个戏剧到最后，还要更悲伤一些。但是现在这个处理方法也很好。林兆华导演这个手法非常好。当然还有可以探讨的地方。

张英　你讲述这两种悲剧的差异的时候，我脑中想起《集结号》……

刘恒　对，对。包括《张思德》《云水谣》，也包括《铁人》那些处理，处理方法是相似的，都是我个人世界观的流露，是我个人好恶的流露，都是我这儿流出去的东西。如果说高级一点儿，是从我血管儿里流出来的血，有我的 DNA 在里面。我的血型就是这个血型。如果说是你自己的呕吐物也可以，反正是你自己反复咀嚼过、消化过的东西，都属于你自己。

张英　关于你的写作，有一种知识分子腔调的批评，认为相较于《黑的雪》《秋菊打官司》等作品，《贫嘴张大民的幸福生活》《张思德》《云水谣》这一部分作品中的批判色彩没有了，或降低了。这种批评我不太赞同，你认同这种说法吗？

刘恒　从这个角度理解也没什么错。我始终承认一点就是，我们每个人是有局限性的，我们生活在局限性里。我们平常的世俗的生活，以及我们的精神生活，都是在局限性里生活。局限性是无处不在的。

我们写作者是在局限性里，寻求突破或者寻求一种完整的表达。并不一定是要按照某一种格调，或者某一种方式来贯穿自己所有的表达。可能我在某一个表达里完成的是那个任务，在另外一个表达里完成的是另外一个任务。我那个表达可能局限性不同，这个表达的局限性，可能在另外一个方面限制了我。但是我都要设法克服它，要设法完成我基本的艺术目的。对写作者来说，你既然是在局限性当中生存，结果就不会是完美的。结果也是存在局限性的，不可能完美。

年轻的时候完美是存在的，觉得理想主义是无坚不摧的。但是经历了无数的局限性的经验之后，我们发现，就是要在这个局限性里来追求完美，追求一种残缺的完美。就因为它有残缺，所以我们的追求永无止境。这就是我的人生观。

张英 这些作品都是不同题材不同风格的，你处理得都很圆满，取得的各方面的效果也让各方很满意。但你个人的内心，是否有一种相对稳定的美学、稳定的价值观？

刘恒 实际上我还是挺怀念年轻的时候，那种偏激的状态。虽然现在看来有很多幼稚的地方，但是年轻的时候靠着某种偏激，可能在某个方向上走得很远，能够走到极致。现在人上岁数了，四十不惑，五十而知天命。知天命的时候，我觉得可能用"中庸"这个词不太恰当，但是我确实变得比较宽容了，看待这个外部世界。以前是容易愤怒，容易一根儿筋，看到了阳面看不到阴面，看到了上面看不到下面，老是顾此失彼。

现在看问题，就尽量地迫使自己全面立体地看这个事情，尽可能全面地看。而且往往是设身处地地从对方的角度来思考这个问题。这个时候你会发觉，又是我刚才那个观点，人人都有局限性，各自有各自的局限性。真正能够成功的人，实际上是在某种程度上克服了局限性的人。但是人生的局限性，不可以完全克服。

我觉得死亡应该是最大的局限了。你生命的局限性，就是靠死亡来终结的。就是面对最基本的局限性存在，其他的一切局限性都是顺理成章的，都是合理的，都是必须面对的。以为或者设想把局限性全部打破，追求一个没有局限性的生活和人生，不可能的。理想主义不可以建立在这个基础之上。你再理想主义，也不能把局限性消灭掉。社会的局限性、个人的局限性，是难以磨灭的。

张英 但是从外界的角度来看，会觉得最近您接受的那些有局限性的题材和创作项目，是不是多了呢？尤其这些年，您做了很多编剧（工作），离原来的小说家的身份远了一些。

刘恒 对。这个可能就又牵扯到我的悲观主义了。还是那句话，跟年龄有极大关系。人，在生理上衰老之后，精神上有的时候也变得……你不能说是消沉了，但是你就会看到自己的能量是极其有限的。在严酷的自我反省之后，你会发现自己有很多的不足，这个时候就没有雄心壮志。没有那种雄心壮志了。

虽然有的时候可能还蠢蠢欲动：我应该有更大的成就，我应该如何如何。但实际上反躬自问的话，觉得自己不行。对于我在我自己的精神世界里所追求的那个高度，我的能力太有限了。首先是学习不够，我是在"文革"期间早早就当兵去了，在需要学习的时候没有学习，知识储备就不够。

再有一个就是，你投身于世俗社会之后，世俗社会的种种条件都在牵扯着你。你要考虑老婆、孩子、热炕头，呵呵，就是那种基本的人生的满足。像这种东西也会消磨人。最后认定，自己就是一个凡人。凡人就应该忍受凡人所处的这个世界。还是那句话，可能又是局限性了。

张英 人生有的时候是人带着生活走的，有的时候是被生活推着走的。你答应去做电视剧的导演，拍《少年天子》，是偶尔为之、灵机一动吗？

刘恒 偶尔为之。拍《少年天子》的收获非常意外，收获非常大。我对影视的表达有一个我自己的判断，觉得它至少在艺术的影响力上，不输给小说。当然网络写作兴起之后，影视又受到冲击。所以现在，艺术的表达手段越来越多。在这种情况下，如果我们认为所有的表达手段都是平等的，那么我们没有资格贬低任何一种表达手段。

我觉得任何表达手段，都不可能取得至高无上的地位。我还认为任何想取得这种至高无上地位的努力，都是徒劳的、不存在的。但是在所有的艺术表达手段里，肯定有些差别，有覆盖面的差别、影响力的差别、传播的深度和广度的差别。所以我对影视的表达，有某种期待。我觉得它的胳膊伸得比文学要长，覆盖的面要广。

我曾经怀有某种浪漫主义想法，觉得我隐匿的思想、思想的成果，可以借助影视这种大众化的手段传达到更深远的地方，能够比我的小说产生更有效的影响。我以前是怀着这种目的介入影视剧创作的。

但后来我真正接触到影视制作之后，我发觉我过于乐观了。有的时候影视所承载的东西、所运输的东西很有限。这个有限，我觉得倒不在于运输工具本身，就是影视表达手段本身，而在于接受者。你把这东西运过去了，接受者不需要你这东西。

现在影视市场的现实是：你把哲学运过去了，人家不需要哲学，人家要的是广告，人家要的是娱乐，人家要的是最基本的一个消遣，人家要的是分散注意力、能够引起快感的东西。而你在运载一种自以为深沉的东西，自以为永恒的东西。运到了之后，没有人要，成为废品。所有的这些努力，没有效果。

张英　你在影视剧里，做过哪些尝试？

刘恒　我在《少年天子》那个电视剧里下了很大的功夫，往里面塞了好多"私货"。《少年天子》里，有许多关于专制和自由的矛盾、关于长辈和晚辈的矛盾，很多这类的思考，还有关于生和死的一些思考。我在这个电视剧里确实是下了功夫，但是大部分传递不出去。

结果，收视率一般，在圈里口碑很好，在影视界口碑很好，尤其是学影视制作的那些小孩儿，有好多人都非常喜欢。但是也仅此而已了。

电视剧播出以后，社会的反应，比我设想的要差得远了。一般人觉得太闷，看不进去。我好心好意做了很精美的食物端上桌，人家不吃，拂袖而去。

张英　普通的观众觉得，抒情性多了，节奏有点慢。作家搞影视都会遇到这个问题。刘毅然当时拍电视剧《霜叶红似二月花》，也面临这个问题。

刘恒　所以你给普通观众讲人生是没有必要的，运大萝卜白菜就可以了，实际上有点儿那个意思。后来我突然发觉，电视剧这种大众娱乐形式，不适于干这个事情。

张英　但是电影可以完善这个效果。

刘恒　电影有这个效果。比如《集结号》，那效果就比较明显，影响也比较大。因为恰好那个强度够了，力度也够了，所以社会影响、效果好像是还不错。但是，这种效果会迅速地消散掉，没有太持久的影响。

我觉得说得更简单一点，就是职业化写作，你面对的就是这么一种状态，你必须得拿出尽可能完美、尽可能平衡的一个成果。我觉得可能跟牧师宣教一样，他永远面对的是《圣经》和这些信徒，取材于《圣经》，不停地要把自己的信念用生动的、有说服力的方式传递出去。实际上搞影视，干的是个挺乏味的工作，但是里边儿肯定会有技巧、有真诚。

但结果，你不知道，最后有好的效果，可能也有不好的效果。这个就听天由命了。

张英　小说《菊豆》的结尾很棒，但是电影《菊豆》里最后是一把火……这样的处理，当时有过争议吗？

刘恒　当时有。这一把火可能在视觉上更能说明问题吧。我觉得那一年有好几个电影，最后都是一把大火，大家不约而同用了这个视觉画面。这个处理，实际上跟人类的经验有关系。大家不约而同地认为，这个火一旦燃烧起来，就象征着什么。

就跟拍电视（一样），有些画面不停地出现，但是我们仍然百看不厌。比如爱情，男的女的一好，嘴唇儿就碰在一起，我觉得这个是司空见惯、千篇一律的表现，但是，没办法，就得有这些画面，哈哈哈。生活里就是这样。这没办法。

张英　《铁人》这个题材，你从中找到的是什么样的立足点？

刘恒　可能还是父辈给我的那种印象。我父亲就是一个非常好的人，非常利他的一个人。他们那一代人，在人格上是非常有力量的。我父亲当了一辈子警察，也是优秀的警察，但是地位非常卑微，始终是一个小派出所的所长。

我印象最深的就是，那时候我还年轻，派出所要盖房子，经费不足，12000 块钱，要盖 10 间房子。他骑着自行车，转北京周边的砖厂，找那最便宜的砖，自己联系车去拉砖，拉完砖自己挖地基，领着派出所警察挖地基，别人下班儿了，他自己跟那儿夯地基，最后盖了 10 间房子。最后一打预算，还剩 200 块钱，把这结余的钱给上级送回去了。这完全是公家的活，他靠自己的力量做，人品极其好，从来不讲报酬。

当时的那一代人，是很奇怪的一代人。我父亲老了，70 多岁了，帮人理发，他有一个推子，弄一个小皮包，有一块布、一个梳子、一个剪子。我们家住的那个大杂院儿里，几乎所有大人孩子头发都是他理的。他到了派出所，所有派出所警察的头发都是他理的，从来不要钱。谁家房子漏了，大热天的自己顶着大太阳，到房顶上给人刷沥青，在房顶上晒得满脑袋是汗，给人家帮忙刷房子。

这代人给我印象太深了，太深了。我相信生活里确实有这样的人，勤勤恳恳、利他的、愿意帮助别人的，而且在帮助别人的时候，他感到很高兴，确实有这样的人。

张英　等于父亲是《铁人》的原型。

刘恒　我写王进喜，写张思德，就比着我父亲写，我用不着找别人。我写张思德，跟我父亲极其相似。我父亲是小矮个儿，不爱说话，说话有点儿结巴，他是 1947 年还是 1948 年去当兵，人家嫌他个儿矮没要他。结果他哥哥（我大爷）当上兵，跟着部队走了。

我父亲没当成兵，后来到北京当警察。解放以后，他在石景山老家分完土地，进北京城来找工作。严格说来，他是 1949 年大变化的一个既得利益者，没变化以前他是穷人，要房子没房子，要地没地，穷哈哈的。解放以后，分了田分了地，进了城找了工作，加入共产党，在城里扎下根儿来了，就成城里人了。我母亲始终没有工作，是家庭妇女。

我父亲一辈子，一直为新社会勤勤恳恳工作，就这么一个人，人生比较平顺。因为他地位比较低，所以在"文革"的时候受到了一些小的冲击，单位给了他一些小的冲击，把他那个小小的权力也夺了。但是他没有受到大的苦难。这么一个老人，他已经不在了。

张英 虽然是主旋律的题材，但是电影仍然能唤起观众的感动，是因为你把自己的那种感动搁进电影里去了。

刘恒 对。另外，我还有一个判断就是，善恶不以意识形态的划分而划分，它是不成正比的。不是说我们有了一个意识形态的标准，或者我们有了一个政治信念，持有这种政治信念的人就是善的，持有对立面信仰的人就是恶的，没那么简单。

大家一想到主旋律的时候，就觉得是某种意识形态的产物，就简单地画等号儿，我觉得不对的，没有那么简单。就好像我们高呼着自由的口号，我们自身的污浊就被冲洗干净了吗？不会的。该是丑恶的还是丑恶的，该是纯洁的还是纯洁的，跟意识形态的划分没有直接关系。我觉得这才符合人类的复杂性，也符合人类的现实。

所以我写所谓主旋律的时候，别人爱说什么说什么，我是在发我自己的心声。别人给它贴上标签，那纯粹是别人的问题。你说是主旋律那就是主旋律，你说不是主旋律那就不是吧。你说拍马屁那就是拍马屁吧，哈哈。你说是真诚的表达，那就是真诚的表达吧。我觉得电影也好，小说也好，这就是任人评说，我们自己干自己想干的事情，就完了。

张英 你是怎么开始介入电影的？

刘恒 我介入电影的原因是小说《黑的雪》被谢飞看中了，要改剧本，我自己就改呗。但是坦率地说，我最初热爱文学写作的时候，电影剧本和话剧剧本全都写过。诗也写过，所以写歌词应该也不陌生，哈哈。

张英 一直有消息说，你要拍电影了？

刘恒 对。《少年天子》让我做了一回总导演，最后剪片子花了一个多月。剪片子的过程是个折磨人的过程，正好在非典的时候。我戴着大口罩，带着一个小孩儿，就我们俩在那儿剪。但是剪完之后收获极大，我突然对影视的表达、对画面跟文字的关系，有了跟从前完全不同的认识。

我写剧本的时候，没有接触电影语言，想当然的东西很多。《少年天子》剪辑完了之后，我突然发现了电影语言是什么东西。实际上参与剪辑是真正地了解电影语言（的过程）。我写那个剧本文字，不属于电影语言的范畴。反而是拍了那些资料片、片段，供剪辑用的那些东西，那是语言。语言的素材，在那儿堆着。

你在工作室里剪那些素材的时候，其实是在写小说，用影视的语言在拼贴小说。最后拼接出来的东西，跟你的文字表达完全不是一回事儿。后来我在写剧本的时候，就知道没有必要使劲的地方不用使劲了。我的剧本儿有长进，跟我剪片子的经历有极大的关系。

我既然写了这么多剧本，就还想当一回电影导演，彻底地实践一次，对我编剧的业务进行最直接的了解。我觉得电影有某种神奇的东西在里面，好像在几秒钟之内，甚至更短的时间之内，唰一下就能感动人。电影的那个力量是文字没有的。但是，文字的力量更长久啊。

电影好像水一样，流过去就流过去了。谁也不会反反复复看一部电影，看两遍看三遍就足够了，但是好的小说反而会反反复复地看，基本上没有什么技术上的折旧，电影会折旧的。再过 10 年，电影拍摄方法变了，你这个电影就很土，就没法看了。小说好像不大存在这个问题。小说好像只是在叙述方法上，或者是在世界观上会有比较大的变化，但是它的那种持久性，比电影要长得多。

张英　电影是什么题材？

刘恒　当时已经选定了项目，改编我自己的小说，它的生活背景跟《菊豆》《狗日的粮食》里的背景是一样的。故事发生在我父母的家乡，门头沟区的山里，我父亲的那个村子，一个东斋堂，一个西斋堂，我父亲他们住在东斋堂，西斋堂是鬼子的一个据点儿，鬼子经常出来。我从小就听那些故事（笑），很好玩儿。

但我就是担心没有时间。另外，心理准备上还不足，怕自己得不偿失吧，哈哈。

张英　你当导演之前，专门去电影学院进修了一年，老老实实上课……

刘恒　不到一年。本来是想一年，后来因为工作太紧张，只学了半年。我通常提前 10 到 20 分钟，自己孤零零地在教室里坐着，等着上课，同学们才陆陆续续地来。当时几个老师，谢飞、司徒兆敦、韩小磊，真不错，课讲得很生动，很好。我那时的听课笔记整整齐齐的，现在还留着。

回看旧时来路

张英　现在的文学青年看你们这一代作家，都觉得赶上了好时光，非常顺利就出来，走红了，但你好像是个例外，直到 10 年后才正式成名，以一篇《狗日的粮食》引起文学界的关注，成为当时的所谓"新乡土小说"的代表作家，之后你走的路就一帆风顺了。你现在如何看待那段经历？

刘恒　我是在 1977 年开始文学创作的，我那时 23 岁，当时的文学理想和现在的理想（相比）发生了很大的变化。那时写小说基本上是给自己欣赏的，等于给自己制造水果糖，含在嘴里甜不拉叽的。当然现在也没到给自己制造毒药的程度，但是现在确实冷静多了。

这是一种不由自主的选择，可能和整个文坛的氛围有关系。在我二十出头的时候，在我从来没有发表过小说的时候，我偷偷利用很多时间去练习写作。在部队的时候，可看的书很少，电影就更少，除了阿尔巴尼亚和朝鲜的一些电影以外，几乎没有什么可以看的。所有的艺术教育除了几本书，像《钢铁是怎样炼成的》，高尔基的《我的大学》《母亲》《在人间》等这类小说，精神食粮主要就这些，还有一些国产的战争片和一些样板戏，就什么都没有了，连《红楼梦》都被称作是黄色小说，只能包了书皮偷着看。当时主要的艺术熏陶就这么些东西。我在部队是技术兵，白天有工作任务，晚上躲在被窝里看书写作，有一次被领导发现了还提出了批评。那段经历对我非常重要，我觉得少年和童年（的经历）对我的创作尤其重要。

张英　在《狗日的粮食》之前，你还写过哪些作品？

刘恒　主要写一些粉色的跟青春期有关的东西，而且都是想当然的东西，从小受正统教育而形成了思维惯性，总觉得世界是美好的，一心把痛苦的生活简单化。少年的时候对生活充满了理想主义的想象，可一旦入世之后就会发现生活的不美好，对初涉社会的少年自然是一个沉重的打击。这时候文学来救急了，文学可以实现生活中不能实现的东西。思想是一直很单纯的，善良程度有相当水准，但我对自己的内心欲望特别敏感，脑子里老琢磨事情，实际上脑子里必定要搜集自己的创作材料，这是自然而然的，在家乡的小时候的生活自然而然就出来了，就有了第一批有我自己声音的作品。这个特点确实在创作上帮助了我，当我三十而立之后，我觉得应该把那些粉色的东西去掉。

1986 年写的《狗日的粮食》，是根据我少年生活真实的记忆写的，那时候人对粮食的缺乏，我的印象很深，饥饿往往会导致人灰心丧气，甚至走向死亡。因为他们的生活压力特别大，所以他们有时候劳累了就会说，活着还不如死了好。这段生活给我留下难忘的记忆。这篇小说写完之后丝毫没有什么好的感觉，读一读感觉还可以，有一些意想不到的东西，比较有语感。最后寄到刊物，也是压了一段时间才发表，我也没觉得怎么样。发了之后，大家都评价说感觉不错，现在回过头来看，这是生活的恩赐啊。后来就有了《伏羲伏羲》《黑的雪》《白涡》。

最早写的是《白涡》，在《黑的雪》之前，我仍然没有觉得好，写的时候碰到一个障碍，不知道该怎么跳过去，无法解决，后来干脆不理它。发表后读者没有感觉任何不适，我认为很勉强的地方读者却不在意，这个经历给我启发很大。你认为自己在创作当中有一个坎没法迈，就先用一种自己也不满意的办法强迈过去，读者会理解，甚至会毫无觉察的。这多好啊！可是对你自己满意的地方也别太得意，读者说不定还吐唾沫呢！

张英 那个时候你的创作状态很好，仿佛正处于一个喷发的状态，集中写了一批高质量的作品。《黑的雪》里李慧泉给我的印象特别深，那种企图自我拯救的挣扎和绝望的反抗动人心弦，黑暗之中闪耀出来的微弱人性之光，那种内心的绝望与疯狂与当时小说的调子完全不同，受到了广泛的关注和好评。

刘恒 其实不能说是喷发期，因为写的时间很长，只不过比较集中地发表了。《黑的雪》在青年读者中引起的反响比较强，有很多同你一样年龄的人时常提起它。

写《黑的雪》那一阵我迷过一段儿哲学，从十九世纪到二十世纪的，读这些书让我感到了某种愉快。我记得很清楚，1988年我儿子出生那天，他妈妈进产房，我坐在楼梯口读一本哲学书，一边读一边想，我儿子将来是个哲学家多好啊。过一会儿护士告诉我生了个大胖小子。那个时候我的阅读习惯发生了变化，以前觉得哲学毫无用处，故弄玄虚，突然就喜欢上了。哲学的严谨启发了我，开始比较系统地考虑自己的创作基点，考虑中国农民的生存困境，等于是主题先行。

我分析小时候在农村获得的生活经验，维持农民的四大生活支柱：一个是粮食，维持农民的基本生存；还有一个就是性，性是家族传宗接代和生命的延续必不可少的东西；再一个是力气，就是农民获取粮食、进行性活动的能力；还有一个是梦想，就是精神活动上的某种需要，农民对梦想的描述非常丰富，一个老人、一个小孩到每一个人的梦都不同，他们生存在封闭的环境里，想象力却很发达。

我从每个角度写了一篇小说，《狗日的粮食》写粮食，《伏羲伏羲》写性，还有一个是写力气的。最后一个是梦，最后转成了一个长篇《苍河白日梦》，但与头三个小说一个系列不一样，它们都发生在同一个地点、同一个区域，人物故事变了，但在主题上还是一样的。

张英 读你的作品，总能感觉到无处不在的悲剧气息，这种悲观笼罩了几乎所有的作品，但现实中的你总是显得很乐观，这种反差我觉得很意外。对你的创作影响是不是很大？

刘恒 可以用"悲观主义"这个词来概括，但这个词不太招人喜欢。不如说是冷静的现实主义，反正它提供了某种东西，有点看破红尘的意思，至少作者站在那里，有点叹气的味道。但我这样写的时候，给我自己造成了极大的精神痛苦，自己完全陷进去了，情绪几乎失控。我写作《苍河白日梦》，写到伤心处，竟然大哭起来，我爱人觉得很可怕，你怎么能够写得这样呢？咱不写了还不行吗？我觉得这种悲观主义对我的精神是一个伤害，无论如何要退，与"悲观主义写作"告别了（笑）。后来歇了一段时间，写剧本，放松一下。当然，我不相信一个人在生活中充满愉悦的时候，能写出很好的作品来。我反而相信在一种很痛苦、很焦虑、很孤独的状态下更有可能写出扎实的作品。

苏东坡从京城贬放时，多痛苦啊，太不走运了，但他在流放中写的诗多好啊！他用诗安慰了自己，而且建立了一个永世不朽的艺术王国。我看过他给皇帝写的奏折和大量官样文章，如果他继续做官，继续按那条路子写下去，肯定就完蛋了。所以流放的痛苦在某种程度上拯救了他的艺术生命。尼采、叔本华也是这样，由痛苦而疯狂，由疯狂而崩溃，思想擦出了异常明亮的火花，进入了克制、极端而又自由的状态，写出的作品实在太好了。

还有卡夫卡，生前从来没有感觉到自己的作品好，他为写作做出了极大的牺牲，像一个殉道者，为二十世纪的知识分子树立了一个难以逾越的榜样。好像一个世纪的苦难都被他承受了。

张英　在《贫嘴张大民的幸福生活》的序中你感叹造化弄人，有时候作家着意用心血写出来的作品被大众忽视，有时候漫不经心、自然而然写的作品却非常受欢迎。

刘恒　在那篇序里我说得并不正经，但仔细想一想，这也是作家的宿命之一。用生命写的作品不一定好，偶然为之的却有可能成为精品。所以自己写的任何一篇作品，随便搁在一个地方，让时间去检验吧！但是，我并不想贬低媒体的力量。尤其是现在，所谓哭得最响的孩子有奶吃，媒体的导向力很容易影响公众，一本不好的书媒体却一起炒作叫好，公众会相信的，这本书有可能会长上翅膀，真的飞起来。一本好书，如果媒体对它视而不见，就会默默无闻，就会被埋没掉。这并非不可能。

张英 现在的文学作品很少有让我们记住的人物，你是怎么想到要写张大民这个人物的？有评论家说张大民的贫嘴和调侃是一种无奈，是弱者对现实的妥协和认同，对这种观点你怎么看？或者说你已经和现实达成了和解？

刘恒 我觉得中国国民性的最大优点确实是韧性。为了生存他们能够承受旁人不能承受的那种劳动和痛苦。你看那些从外地到北京讨生活的下层劳动者，生活条件多苦呀！他们能咬着牙干最累最脏的活，舍不得吃舍不得花，一分钱一分钱积累着属于自己的财富，使自己的生活一点一点好起来。这是中国人非常大的一个长处。

张大民是一个夸张的人物，我有意夸大了人物的承受力，他超越了常人承受的能力，他的这种方式从精神上讲是一种无能的力量。我用小说来强化这个人物（的特性），实际上是强调某种个性、某种主题。它用夸张的手法，跟武侠小说里把一个人弄得飞檐走壁、强调到极致，是相同的效果。人活着可以到这种境界，不要期待来世，也不要期待于命运发生突如其来的变化，更不能指望在现实中有一个神灵来帮你一下，只能自我解救，有能力就改变你的生活，没有能力就承受生活给你的痛苦。在这种痛苦中想办法，从你的生活中榨取更多的欢乐，这是一种积极的生活态度。

有人觉得这种生活态度不对，应该起来反抗，你痛苦了就要嚷嚷，把痛苦的人集合起来反抗，这无非是要重新分配资源，打破原有的社会秩序，想重新公平，但这种重新分配可能导致更大的破坏。中国历史上的变动反复说明这个问题。一个朝代一个朝代发生变化，怀着美好的希望却付出了惨重的代价。

咱们楼前边扎堆下象棋的人多棒啊！外国人看了都叫好。在国外，人与人之间的距离很远，平时很少联系，除了上教堂面对上帝时离你比较近，一出来又关到家里去了。中国十几亿人在资源很贫乏的状态下，只能以这样一种方式生活，可以达到最好的平衡效果。一旦有人要打破这种平衡，那将会灾难重重。

张英　这几年经过大众传媒有意无意的渲染，你已经是国内作家中最有名、身价最高的黄金编剧。你的适应能力也非常强，当别人还在徘徊、观望的时候，你已经取得了很好的效益，包括远远大于作家的名声。你一会儿为大导演写剧本去了，一会儿回家写小说了，质量都还不错，在这之间游刃有余，却保持了低姿态，也没有像别的编剧趾高气扬、骄然自得，你更多的是出自哪方面的考虑？

刘恒　对于我来说这是一种自然而然的结果。作为编剧，我没有太多的主动权，我写剧本实际上也是对现实的妥协。小说则是一种独立的创作，这种独立性的价值不可替代。作为一种现代的表达方式，电影已经成为一种越来越重要的艺术，到了二十一世纪，作家的声音会越来越小，现代的传媒工具的影响会越来越大，仅仅依靠文字本身来传递信息是远远不够的了。所以，作家没有理由孤芳自赏。我觉得现在的电影、电视剧之所以不是令人很满意，是因为一大部分很有才华、艺术天分比较高的人没有介入这里面来，没有被市场所接纳。一旦这些人都介入这当中来，他们所具有的丰富的创作思想和丰厚的艺术准备会推动艺术向前发展，会使电影、电视剧的艺术层次更高一些。

张英 很多作家声称写剧本对写作有伤害，但他们一有机会还是照写不误，你如何看这种言不由衷？

刘恒 在我写小说之前，我就搞电视剧了，我还写过话剧，我早期还写过剧本。后来写小说。写剧本吻合了我内心的某种需要，一直到现在动了更大的念头想拍电影，与当初的梦想都有关系。写电影剧本在文体上没有多大意义，它只有一种意义，是否合适于拍摄。很多人写剧本不成功是没有点到要旨，这种能力看你怎么使，很多在文学上成功的人写剧本不成功，实际上他没有掌握技巧，因为写剧本的难度、技巧性一点也不比写小说低，而且确实有一定的规律在里面。

写剧本对小说是否造成伤害我不能确定，但就我个人的感觉而言，只要不是大规模、机械化地从事剧本创作，是可以保护自己的灵感的。我早期的剧本基本上都是以写小说的路子去写的。各个体裁之间都是不同的，有其内在规律，但因为你操作不是很多，所以基本上不会给正常的写作造成多大影响。与我合作的导演，像谢飞、张艺谋等人工作都比较认真，我想这也是他们成功的原因。对我来说，我对写剧本的喜爱到不了写小说的那种地步。如果让我放弃的话，别的都可以，最后只剩下小说。从另一个角度来看，写剧本逼迫你焕发出创造性，搞出新颖的东西，难度和挑战性并不亚于小说。

我理解作家写剧本都有某种复杂的心态，但是在历史上有很多大作家写过剧本，马尔克斯、福克纳等作家都写过剧本。像马尔克斯前两年还写过剧本，最近还为巴西的一家电视台写过电视剧本。像《教父》的作者，搞学问很有名，但为了养家糊口，他到图书馆查资料，写起黑手党小说。事实上他对黑帮一无所知，完全是凭想象，根据资料虚构，但他却写出了离现实最近的小说，而且一举走红，成为写这类题材最优秀的作家。像这类作家你无法去评价，他写了《教父》之后，失去了在纯文学界的名声和地位，他实际上在一个现实利益和纯粹的艺术之间做了某种选择，达到辉煌的成功。实际上剧本创作与小说创作并无高低贵贱之分。

张英　有一个问题我一直在想，中国作家的创作生命都比较短，很多人写着写着就消失了，作品很少能长期保证稳定的质量，能够写一辈子好作品的优秀作家相当少。而国外的情况正好与此相反，像米兰·昆德拉、马尔克斯、杜拉斯等作家的创作生命都很长，一直写到老。能否就你个人的经历探讨一下这个问题？是什么原因造成了创作上的中断？

刘恒　我觉得一个人的创作储量和石油储量是一样的，这是一个非常宿命的东西。你有那个储量，可能会写到 80 岁，总有的写。你没那个储量，也许喷一两下就完了。像歌德那样的少，七老八十还能写，还能写出青年人的豪情。在中国这类作家更少见。张中行老人是一个范例，笔丝毫不见老，人和人真是不一样，所以有的时候不是作家不努力，而是在一段时间内疯狂地开采，储量耗尽了。通过我自己的观察和感受，人的惰性是人的天性的一部分，惰性一来就会放缓，工作的吸引力也降低，观察力和敏锐力也就降低了。惰性是作家的大敌，是好多作家往下坡路走的关键。古今中外像这样被淘汰掉的作家太多了。比如在十九世纪的欧洲，我们觉得大师很多，但是多少人在写呀，有多少人红过呀，最后大部分人都无声无息了。

脑力劳动和体力劳动一样，干的时间长了，也会产生厌倦和逆反心理。这种惰性造成的伤害有时候不亚于"文革"中政治造成的伤害和现在商业对他造成的伤害，但落到最后，对作家最大的伤害就是他自己（造成）的，其实作家到最后最大的敌人就是他自己的惰性。这种惰性直接造成了进取精神的减退，造成你的敏锐程度和奋斗意志的减退，最后导致你身心疲倦，丧失了使你的创作达到某种辉煌程度的能力。所以我觉得作家最重要的是勤奋，类似于过去练功夫，得天天练习，半夜还得爬起来练习，还得常年坚持，才能成为一代高手。

我很佩服那些勤奋的作家，多么勤奋呀，像一架不知道劳累的机器，像工作狂一样写作。他对写作的热爱融到骨子里去了，不论对他的创作如何评价，他的工作精神非常值得学习。还有日本的松本清张，直到40岁才开始写作，非常刻苦认真，甚至为了验证身体的极限，连续写作直到休克住进医院才停下笔。一个人为写作能够废寝忘食到这种地步，特别令我敬佩。还有去年（1998年）的诺贝尔获奖作家萨拉马戈，他在接受记者采访时说，"我早上起来就写作，下午写作，吃晚饭后散步回来再接着写"。老先生快80岁了，如此敬业，咱们比起来差距就大了。而且他对记者说，你们来之前我在写作，等你们采访完走了我再写。真了不起。他们都是我写作的榜样。

沈从文是一代大家，有人说他的创作从1949年以后就不行了，我觉得他在二十世纪三十年代后期就不行了，那种冲劲没有了，而且他明显在文体上也出了问题，我不知道他在那个时候到底出了什么问题。这种状况在中国很多作家身上都有，只不过程度或大或小而已。有的人长时间中断写作，后来又开始写，创造力却丧失了，也有的人可能在精神上突然就松掉了。从现代人的角度去看，文学史已经被前人清理得很干净了，如果能搜集到当时的文学资料，你会发现当时的情况和现在差不多。

现在回过头看周氏兄弟，我不明白鲁迅为什么突然就不写小说了，咔嚓一下就中断了他的小说创作。如果鲁迅身体还好，1935年后接着写作，会出现一种什么状况？他是在体裁上做出新的选择，或出现一种新的变化？当时他50多岁，正值创作的晚期，按说他写小说炉火纯青了，可以写出更好的小说来。但是他改写杂文了。到底为什么，还真不好说。如果他自以为小说写得好，不会不写吧？

他弟弟周作人搞翻译，早年也写过小说，后来一辈子写小品文，像流不断的水一样，一直写到80多岁。从他的日记来看，他妻子患老年痴呆症，整天跟他闹别扭，妻子死后他一下子轻松了，那么大的年纪，又进入一个写作高潮。当时环境已经很糟了，快到"文化大革命"了，还在努力写作，脑子也非常清楚，还四处催稿费。真是佩服他。他真是一个好作家。以写作为生，体现得活灵活现。

周作人有一个观点对我有触动。他在1925年前是一个慷慨激昂的人，后来发生变化，他为自己辩解，忘了他（具体）是怎么说的了，大意如此：我承认我思想平庸，难道平庸的思想就没有价值了吗？何况我本来就是一个平庸的人。他把平庸平常化、合理化了，他要用自己的写作把这种平庸的境界提升为一个正常的境界，想办法让大众接受。我理解他实际上是想表露某种真实，这与他小品文的倾向有极大关系，任何鸡毛蒜皮的事都能写到文章中去，都能写出某种意味来。他真的以为自己平庸吗？我看未必。

我的弦比较松，惰性经常冒出来，时不时地要给自己一点压力。有时候情绪懒散，就会拿本闲书打发一天，什么也不干，然后晚上又会责怪自己，很后悔浪费了一天。有的时候就绷起来，干劲特别足，可以连着写，直到把长篇干完。真希望写到老，像文坛所有的老妖精一样牛。

张英　如今文学的想象力正在减弱，随着都市化进程的加快和电子时代的来临，文学的复制性越来越强，想象力越来越贫乏，好像越是在封闭的环境中人的想象力越丰富，越是在开放的环境中人的想象力越是萎缩。同以前田园牧歌的时代相比，现代人做的梦在内容上已经发生了非常大的变化，由丰富到单一，文学的想象力和创造力也小多了。

刘恒　我现在对因特网非常警惕，网络上的信息量太大了，对人的大脑是个摧残，浏览多了会造成无序记忆。云集的信息使人的大脑没有能力去筛选，实际上你的大脑成了一个存储垃圾的地方，最后，你成了一个捡垃圾的。这太可怕了。

信息爆炸造成的文体有三大类型：一、消息体（新闻体），一纵即逝的文体，它只提供一次性消费，这种文体是没有生命力的，不能第二次使用；二、合同体，严谨，最大限度保护一个人的商业利益，符合现代生活里的那种利益分割，像堡垒一样把你我截然分开，冷酷、准确，它使文体干巴；三、广告文体，它是一种自由文体、夸张文体，把一个虚假的东西安排在一个美丽的东西上，冒充真实。它们在我们的生活中无孔不入，只追求一种效果，即谋求最大的利益。我越看广告文体，越看到人的交流之间的那种欺骗性。在这种环境里，文人起来登高一呼，不管呼的是什么，不管呼得正确与否，很容易又被看作是一条广告，真假难辨了！

文学正处于一种贬值的状态，类似于快餐，吃完饭就消化了。它对文学的威胁很大。现在有很多聪明人搞文学，也是走这个路子，在尽可能短的时间内，占领尽可能大的市场区域，拾取最大的利润。一批完了，再来第二批。

张英　总有人批评说，现在的文学不太好，离现实生活和时代越来越远，作家们只陶醉在自我的世界中，文学越来越成为小圈子内部的东西，越来越颓废，越来越没有力量，不如二十世纪八十年代的文学好？你对他的说法有何看法？

刘恒　在政治力量、经济力量这么强大的情况下，你让作家如何显示自己的力量？但对现在有些个人化的作品，你能说它没有力量吗？弱者的胡言乱语，你能说它没有力量吗？作家个人的力量像一个锤子，当现实比较明确时，可能马上会把它砸开，当现实成为一个铁核桃，现实的力量非常庞大、非常复杂的时候，作家的力量不足以敲开它。

有人说中国没有大思想家、大作家，我觉得这是个苛求。现在这么一种状态之下，你指望一个人的大脑那么强大，从那么高的高度来要求他，这太不切实际了。

张英　你对同行和同龄作家的作品，看得多不多？

刘恒　每个人写作都不容易，在某种意义上讲我们都是同病相怜，只要在坚持写作，不管同行作品怎样，对每一个人都应该保持敬意。所以我一般很少评价别人的作品，自己能有收获就行。有一些非常好的作家，我能看见他背后和他心里的东西。尽管我看得不多，有几个作家的动向我是一直在关注的。

张英　如果让你回到从前，站在人生的十字路口，你有很多机会选择人生的道路，你还会选择当作家吗？

刘恒　如果让我回到 20 岁，恐怕干不了别的，还是选择写作，唯愿准备工作确实做得更好，写到我今生达不到的美妙境界上去！

别把自己的作用估计得太高

张英　有人说中国作家太聪明，出不了大作品，比起二十世纪八十年代，参与社会、关注现实的热情减弱了好多。我觉得作家还是应该有自己的立场，对大是大非的问题应该有自己的明确态度。我觉得为什么现在的作品没有力量，正与此相关。我觉得你应该说点心里话。

刘恒　（笑）不要说心里话，这该伤人啦，有一部分原因是为了保护自己，但是最主要的原因是不希望伤害别人。至于聪明不聪明的问题，我觉得这也恐怕是现实教育的结果，毕竟自己的这张嘴、这支笔的力量是有限的，作家对某一种政治性、社会性问题的表达能起到的作用微乎其微，使他丧失了表达的兴趣。除了现实教育以外，还有一个历史教育的问题，从历史角度来看，也会发现这种声音的发出有时候不是作家本人所能决定的，而是社会所决定的。

张英　这也不能排除，但是作家和诗人作为艺术家中的一分子，作为社会良知的代表，往往都站在社会的前列，起着非常重要的作用。从国内国外看都是这样。

刘恒　从这个角度去看当然也可以，但是我觉得作家和诗人不能胜任这个任务（笑）。他和普通人一样，有大量的缺点和毛病，丝毫不能因为他想担任什么角色就把这些缺点和毛病给去掉了。如果他要抨击社会，我就不信在他的身上没有他所抨击的对象的影子。你说我有宿命感，那么在这一点上倒是挺宿命的。人的善恶难以摆脱，所以有的时候，可能有无能为力的感觉，至少我是这样的。以己度人，将心比心，我怀疑包括一些老作家，他的毛病是沉默，可是并不意味他们软弱，也不意味他们聪明。我觉得更多地意味着某种无奈，或者是某种顺其自然。我基本是这么看的。

张英　在国外，学者是来解决问题的，而作家和诗人只是发现问题，他把这个问题放大了，让全社会都知道。而在国内，情况正好与之相反，作家和诗人基本上都在埋头写作，对身边社会环境正在发生的事情与变化视而不见，学者则承担这种职责，成为呐喊者，难道这种现象是正常的吗？

刘恒　我不知道咱俩谈的是不是同一个问题。咱们可以换一个角度，这可能与一个人的性格有关系。举一个例子吧，李敖社会言论非常多，我觉得这与他个人开朗泼辣的性格有非常直接的关系。任何一个作家给自己定位，就是历史、现实加上他自己的个性，促使他采取一种特定的人生态度和艺术态度。这毫无办法。

张英　我对李敖比较失望，他曾经和专制政权斗争过那么多年，精神一直没有妥协过，然而在他斗争的对象消失之后，在商业时代的强大影响下，他现在已经变成一个靠卖个人隐私（而走红）的畅销书作家了。

刘恒　你对谁失望也好，或者对谁抱很大期望也好，这都是咱们的一种主观看法，最后他能走到哪儿去，谁也不能左右他。你要说我宿命，我在这一点上确实宿命。像李敖他那种性格是成也萧何败也萧何，他的性格会给他提供很好的支持，但是他的弱点和他的长处有直接的关系。我很喜欢他那种敢作敢为敢说话的态度，这样的人在中国不多，中国文人里这种性格就更少。不喜欢他的人讨厌他的做法，喜欢他的人也未必会像他那样去做。

现实总对作家产生影响，而且经常变化。比如在"文革"时，经济对作家的影响非常小，影响更多地源于政治。二十世纪八十年代以后，对作家的影响更多的是来自商业方面的因素。尤其是九十年代，国家以经济建设为主要目标，作家受到了冲击，那个时候容易丧失自己的个性。这个时候同样如此，甚至比那个时候还要厉害，这是一种悲剧。当然你也可以说它是喜剧。这种内心的痛苦要比以前好一些，因为现在有选择的权利，比如你可以选择下海也可以选择上岸，但是看到别人悠闲地在市场经济中游泳、玩耍，而你站在一个寂寞的地方，你会感到很孤独。

这实际上加重了对作家的考验，同时对作家提出了更高的要求，就看你适应生活的能力到什么程度，你的意志力坚强到什么程度，你忍受孤独的能力到什么程度。我觉得这是每个作家都会碰到的问题，不可回避。每个人心里都在打小算盘，这是很正常的，排斥它也是正常的。你排斥经济的诱惑有可能是出于精神的独立，也可能是你内心焦虑的表现。这种精神的欲望和物质的欲望会打架，这个过程让作家遭受到很实际的人生痛苦。这时候作家做出哪种选择都情有可原，这是他对客观事物的一种反应啊，毫无办法。

张英　我觉得大众文化和精英文化的冲突越来越激烈了，但是从现实层面来看，大众文化已经成为公众和社会文化的主流。

刘恒　搞纯文学的在题材上追求通俗化没有多大意义，我自己是这么理解的。通过走通俗化的道路和读者发生市场性的联系，对写小说的人和写诗歌的人来说意义不大，但是把它作为挖掘人类痛苦和发泄自己精神痛苦的一个工具，它就具有非常重要的意义。所以只要人类的痛苦还存在，只要创作这种形式还存在，他的困惑还存在，小说和诗歌就灭亡不了，因为它承担了传达人类永恒的任务，通俗不通俗是其次的。

从这个意义上来说，作者和作者相互交流，中国作家和外国作家产生交流，作者和国内外读者产生交流，它的一个最主要的纽带就是那种共同的痛苦和困惑。在这一点上我很有信心。人类的困惑是永恒的。

张英 随着科技突飞猛进的发展，我们生存的环境越来越恶劣，生活节奏越来越快，精神压力也越来越大，往昔舒缓的田园牧歌式的生活已经一去不复返了，面临的问题越来越多，而人文学科和艺术在这方面却大有作为。

刘恒 像这些事，文学也一直想办法给答案，管用不管用另说。我觉得这不论到什么时候，人的生存恐惧都难以消亡，为了获得短暂的精神安慰，宁可去相信一种荒谬的东西。这种饥渴跟人在沙漠里遇到含水的东西就想吃甚至喝尿的道理是一样的。追溯宗教的起源这些问题，人们总说前世、今生、来世，用死后的一个美好承诺来安慰你今生的艰难困苦。从无神论的角度来说，可能有点无知和迷信，但是不能否认它在精神上的安慰作用，这种自我安慰会提高生活质量，否则总是生活在恐惧之中，你要面对很多麻烦。

张英 在我们这个民族长期的历史发展进程中，在不同的历史时期内，佛教、道教和儒家思想在不同的朝代起到过巨大的影响，对民间的精神价值取向起着引导和安慰的作用，满足了民间的精神需求，对稳定社会、安抚民心起着重要的作用。直到现在这些东西在民间仍有着深远的影响。近些年，我们对它们的作用有些忽视和不承认了，甚至对它们的研究几十年来一直没有真正深入过，更没有像样的研究成果。

刘恒 我们不是不承认，中国不是那种一神教的国家，比如泰国的佛教、西方的基督教，在他们国家占主要地位。中国在某种程度上可以说是泛神论的国家，你到民间去看，神特别多，菩萨庙、娘娘庙、妈祖庙、财神庙、土地庙，随便弄一个就是神。最近报纸上有很多这样的消息，前不久在北京郊区有人抓到一条蛇，把它供起来，说是蛇神，让它给人看病，很多人前去上供、烧香。这就是泛神论。反过来又可能什么都不信，中国人总爱走两个极端，要么全信要么全不信。

鲁迅审视国民的劣根性有一点就是动不动就下跪，这是一个大毛病，我认为它的起源就是泛神论。只要有足够的善良、足够的愚昧，随时可以把狗当作神供起来，这很可怕，但也没办法。但是真正的宗教必须尊重，比如像藏族，他们朝拜是一步一磕头，一直到拉萨。在这个过程中，肉体痛苦是存在的，但是这种行为在精神上却是一种提升，前面有一种神圣的东西在召唤他，哪怕这种东西在别人看来再虚无，他也愿意做出牺牲。这很了不起。

再比如搞文学的人，他为什么爱读书啊？尤其读好书的时候，他可以进入一种"准宗教"的状态。这本书在一个文化程度低的人或者不识字的人眼里可能是一堆废纸，而在文化程度高的人手中，这些纸和纸上的字会让他进入某种敬仰、怀旧、纯化的过程，跟那种宗教状态是相似的。但是我们不能因为有文化就在知识中享受这种自我安慰，更不能盲目地指责那些用很低级的方式通过盲目崇拜而扩大自己精神安慰的人。

我觉得大家在根源上是相似的，这是人类悲剧命运的一部分。人类就是这么脆弱。但是大家采取的方式不一样，获得的结果也不一样，有的方式是可以产出的，比如知识分子沉浸在这种状态中，他可以产生思想。这种思想有可能对社会有益，也可能对社会有害。那种很低级很愚昧的自我安慰方式则有可能什么有益的思想也产生不出来，反倒阻碍了他的生存能力。单从追求精神安慰来看，谁也不肯说自己就是错的，但是在方式的选择上确实有高低优劣之分。

张英 我同意你的看法，所谓纯文学和通俗文学、精英文化和大众文化的冲突的背后，我们忽视了一个起码的事实——读者的需求是无论哪一方都不可能全部满足的。

刘恒 我觉得你要拿这个做比较的话，可以想想《还珠格格》，它给一般大众带来了很多审美快乐，但是它也有一些相对负面的影响。它使大众的审美习惯简单化，这确实是现代传媒带来的消极作用，这是谁也避免不了的。它就是有意要简单化，它要替你完成很多任务，让你不费事。现在的电脑不就是走这条路吗？尽量替你完成，倒不是为了让你省事、让你高兴，它的最大目的是追求最高的利润。它为这个目标而服务。

电视剧和电影也有这个特点，那种模式化的情节和高技术带来的简单快乐，可以达到很好的商业效果。这种潮流谁也阻挡不了，简直是毫无办法。知识分子在这个年代里怎么办？你可以躲在自己的小屋里朗诵唐诗宋词、小桥流水，你能躲到世外桃源里去吗？你要真去了，没准儿两天就疯了，哭着喊着要回来。商业的因素无所不在，那种追求利润的图谋无所不在。知识分子要发出自己的声音，动力究竟在什么地方？效果在什么地方？

这对我来说是个困惑。我不觉得个人站出来说些什么、做些什么就能改变社会，很难。如果我愿意，唯一能够做到的就是手拿扫把，把大街扫得干净一点儿，这可能是比较实际的效果。

张英 我总觉得你是不是有点儿悲观？

刘恒 这倒不是悲观。如果我要继续做文字工作的话，我提供的东西，无非是在原有的给那些读书人带来的特殊的快乐里再添一点儿，知音在读你的书的时候，有可能得到某种精神安慰和小小的满足。除此之外我看不出自己的所作所为还有什么用处。

社会在快速发展，科技的力量已经取得了至高无上的地位。现在处于社会科学前端的研究者和大知识分子，在各个国家包括那些发达国家，差不多都成了政府的智囊团，为政府出谋划策，使国家的利益得到最大限度的发挥。他们实际上只是这架机器上的一个钉子而已，所谓能发出自己的声音简直是开玩笑了。

张英　所以有人感叹说在二十世纪，很难找到真正有创造力的艺术大师、文学大师和思想家，比起十九世纪那个大师层出不穷的星光灿烂的时代，在取得的成果上差别确实是很大。

刘恒　靠一个人的大脑推动社会前进的（梦想）可能在二十一世纪是破灭了。一个人的思想再强大，也只配给时代做个花边了。试图去阻挡潮流、显示自己的个性真是太难了，所以在这个时代，诗人更像一个不合时宜的存在。

唯一值得庆幸的是社会再发达、生活再舒适，人类的精神痛苦还是依旧，下个世纪也别想改变。对死亡的畏惧、对爱的一种渴望同样会永远存在，和从前的二十世纪是没有区别的。在这一点上做文章，是美差也是苦差，艺术和文学责无旁贷。

张英　就是说在这一点上，你相信还是可以做文章的。也就是这一块地还可以种种庄稼。文学的力量是能够给人一些慰藉的。

刘恒　我不能说可以给人家多少安慰，因为我连自己都满足不了，我肚子里一大堆麻烦，只能先想办法安慰自己，把自己的事情做好。我觉得最后给人带来心灵温暖的还是人的善良，人要在精神上进入一种比较舒适的状态，还得靠人与人之间友好的、温暖的相互关怀，这可能是人类最有安全感的状态吧。

张英　难道这仅仅就是文学和艺术的功能和使命吗？

刘恒　人在听音乐时会不由自主地进入一种陶醉的状态，文学在某种程度上就是起的这个作用。就我来说，看前人的伟大作品的时候，在精神上获得了极大的满足。知识分子之所以爱读书、喜欢哪个大师的作品，直到自己动手写文章，和他在大师的作品中获得了愉悦感和极大的精神安慰有直接关系。我现在看苏东坡的作品，看得非常感动，那些作品里有很多震撼人心的地方。正因为他提供了这个东西，所以他才有今天的这个地位。

张英 你通过写作，这种悲观的态度是加重了还是减轻了呢？

刘恒 这是一种自我拯救，如果在这种自我拯救过程中把自己逼到墙角里去，也许不是一件好事。我准备放弃抵抗，我还是以写作为生，但不会为了写作陷入一种疯狂中去，像陀思妥耶夫斯基、尼采、叔本华、果戈理、三岛由纪夫、川端康成、海明威晚年都被自己逼死了。那种宿命的力量推着你往前走，想自我保护都不可能。开个玩笑，我觉得世界上的好作家与两种疾病有关：一、精神疾病；二、肺病。在当时都是绝症，先从生理上把他逼入绝望之中，然后在心理上给他们一个异于常人的回报。不信可以看看卡夫卡和契诃夫。

我希望我的悲观能像一张网，通过过滤产生一种非常汹涌的创作思想，使我的创作受益。卡夫卡最敏感的时候，感觉自己的耳朵像一个多汁饱满的树叶。奇异的感觉之下，那种奇异的想象力可见一斑。我的感觉长上翅膀的时候不多，只能以他为榜样，让自己处于敏锐的状态。有时候悲观会周期性缓解，但不久又迅速恢复到原来的状态。这是一个循环的过程。我不知道鲁迅写作的时候会处于一种什么状态，可能是一种焦虑状态吧？周作人却相反，处于非常松散的状态，松散到了是非不分的境界，直接影响他后来人生的选择。

人的惰性是一种常规的东西，它启动了人的自我保护装置，避免人在生理、心理上过度劳累而走向疯狂和极端。我觉得把自己置于不太过分的自我保护的装置之下，加上创作上的勤奋，争取勤奋到苦行僧一样的程度，也许有可能写出一些好的作品来。

张英　俄国知识分子（包括作家）总被评论家拿来作为评价中国知识分子（作家）的某种参照，甚至在精神上成为我们某种转换吸收和研究借鉴的资源。你如何看待这种努力？

刘恒　俄国知识分子已经痛苦了多少代，痛苦不起作用，只能留下一些痕迹让人回味，而新的伤口仍然一道一道往下扎。托尔斯泰那个时候，希望把自己的土地送给农奴，遭到家人反对，他最后崩溃了，死在一个小车站上。他连自己的生存弱点都不能克服，何以去克服俄罗斯社会的弱点？他本身作为俄罗斯的一道伤痕摆在那里，只能让后人去品味他的悲惨的心声了。

但是对我来说困难在什么地方呢？大家都说中国没有大作家和大思想家，没有大的观点笼罩生活，实际上这是每一个作家梦寐以求的目标，谁都希望自己的作品有那么大的概括力，从生活中提出某种辉煌的东西。但这只是愿望而已。

一个人的作用实在太小，一个人所能达到的程度也实在太浅了，现在唯一能够确定的是争取达到自己所能达到的最好的写作状态，对外界所有有利的思想保持敏感，对过滤到头脑中的信息保持最强的捕捉能力和分析能力。但这是说起来容易，做起来难。

张英　对一个崭新的新世纪，你能展望一下吗？

刘恒　新世纪是科技时代，科学会更加强大，人性会更加脆弱。人的痛苦自然会存在，只要会转移，人的行为会更直接、更机械化、更药物化。可能科技会使药物直接改用于人的生命和心理，但你感觉会很舒服。一代人被药物所控制，被人为的状态所扼制，所以悲哀、痛苦也许会是产品，包括它产生的一些副产品都值得怀疑。

在小说上我还有野心

张英　编剧刘恒现在红得发紫，小说家刘恒很久不亮相了。在二十世纪九十年代，评论家们把你归纳在批判现实主义作家里，价值观是知识分子的立场，但《贫嘴张大民的幸福生活》出现后，就引发了争议，有批评家说你写作的立场发生了巨变，变成了妥协和投降。你怎么看当时的争议？

刘恒　我自己有非常清晰的规划。跟开关一样，跟换频道一样，到时候"咔啪"就换频道了。

二十世纪八十年代的我所持的那个立场，你觉得是比较典型的知识分子的立场。实际上跟这个属性相比，应该说是典型的八十年代立场。八十年代，不光知识分子持这种立场，几乎所有的人，在某种立场上，都有非常激进的地方。八十年代，应该说是思想启蒙的年代吧，改革开放之后，思想一放开之后，大家怀着自由奔放的热情，抛弃一个旧世界迎来一个新世界，大家意气风发。但实际上走了一段路之后，到九十年代，热度有点降低，你说是坏事吗？它相反可能更冷静了。但是跟精神世界的这种冷静相比，经济和整个社会的物质生产极热，可以说是高热，它跟精神世界的这种平静和冷静成反比。所以九十年代人的状态，应该与九十年代的思想特点相关。

我觉得用这个时间划分可能比较准确一点。九十年代的知识分子，跟八十年代的知识分子是不同的。我觉得就是形势比人强，在那种情况下，仅仅靠自己的精神力量来抗衡这个巨大的物质世界，显然是力不从心的。最后好像确认了一个唯物主义的观点就是：经济基础是决定一切的，强大的改造人、影响人的力量。实际上我们在获得物质财富和物质幸福的同时，在精神上会处于一种风雨飘摇的状态。在这种状态下，我的选择就是宽容、忍耐、想得开（笑）、不钻牛角尖，而且不放大自己的力量，不幻想靠一己的力量、靠知识分子自己的力量能够完全地决定社会的走向、决定乾坤。我觉得不（要）抱这种幻想。

张英　就是不站在知识分子的精英立场，不再给社会开药方了。

刘恒　不抱这种幻想。而且，从哲学层面来说，我们经常嘲笑一个富人瞧不起穷人。一个人挣了钱他笑话穷人，我觉得是卑劣的表现，是很无耻的表现。

但是一个人在政治信念上，获得了你认为的真理，自认为站在了一个比较高的高度，有没有权力蔑视下面的人，有没有权力蔑视处于草根阶层的人？就是有没有权力蔑视那些为了基本的生存而喜怒哀乐的人？恐怕没有。在精神世界，大家依然是平等的。你掌握了再多的知识、再大的真理，你也没有掌握居高临下的权力，恐怕没有。

知识分子不可以如此自大。我觉得世俗有的时候是值得尊重的，世俗里隐含着大多是蚂蚁一般的老百姓的人生和生命，这些都是值得尊重的，所以不可以轻视。现在我们经常有知识分子动不动说这个是垃圾那个是垃圾，我觉得这样的看法是不对的。我觉得只有希特勒、只有法西斯，才持这种观点。你千万别掌握权力，你一旦掌握了权力之后，你要是拿这些现象当垃圾去消灭的话，那就是个希特勒一样的人。我们是不可以这样居高临下地去看人的。希特勒就认为日耳曼民族是最棒的民族，他就认定了。他在生理学上是这样认为的，但是这种思想，到现在仍然没有灭绝。西方仍然认为异己的意识形态是低下的、卑劣的，是不应该存在的。在精神世界的种族主义、政治上的种族主义，今天依然存在，永远想把对方贬低下去。我觉得作为知识分子，应该宽容，应该看到别人的长处，同时也不要过多地贬低自己。

张英　非常同意刘老师，您这个说法我觉得很清晰，在精神世界不能够有贵族和平民之分。但是在文学的世界里，是不是还是有贵族和平民？比方说我个人，最喜欢您的作品还是《伏羲伏羲》那一类的，就是力道很强的那种作品。

刘恒　我还是觉得，虽然我们承认人的平等，但是社会上毕竟还是有精英存在的嘛。而且我想在原始社会里，大家都出去狩猎，能打到猎物的肯定是跑得最快、最有力量的那个人，生活里需要这样的人，我们也希望自己成为这样的人。虽然这个不是我们贬低其他人的一个条件和理由，但是我们成为这样的人之后，既可以造福他人，也可以造福自己。

包括在精神世界里，实际上文化人都怀有这梦想，希望靠自己的成绩能够取得一个不朽的地位。至少在精神世界里，留下自己的痕迹，把自己的创造物长久地留在人类的精神史上，都有这种梦想。但仅仅是梦想而已（笑）。反正我对自己不抱太大的希望，我觉得我的知识储备不够，好像上帝也没有看中我。

张英　回首自己写下的小说，在乡土题材的这个系列中，会觉得有个高低之分吗？

刘恒　我现在没有很清晰的评价。我只是觉得，我真正想写的东西还没有写出来，而留给我的时间已经不多了。要按照最好的创作年龄的话，我可能顶多还有10年的时间。我的体力和精力，都不知道会处于一种什么状态。所以，如果这10年里，我没有抓紧时间写出我真正想写的东西来，我此生休矣（笑）。

张英 在写作《黑的雪》的阶段，你是评论圈非常看重的作家。东北的阿成说"刘恒是一个硬骨头的、沾着血写字、写得很劲道、批判性和立场都很鲜明（的人），写作受鲁迅影响很深，写作上是很深的人性批判"。在评论家眼里，后来到了《苍河白日梦》，你的写作姿态发生了转变。你怎么看自己的这个变化？

刘恒 这个可能跟年龄有极大的关系。我现在不能很清晰地判断，我在某个年龄段到底是处于什么状态，但是我大致地可以分得清楚。

比如说我 30 岁之前，或者 30 岁左右吧，是理想主义阶段。我认为一个理想的生存状态是可以靠我们的努力建立起来的。到 40 岁左右的时候，我觉得这种理想主义是虚无缥缈的，靠我们的精神力量，是不足以建立我们所确立的这个理想社会的。我们得依靠很多条件。

而这个社会的真正、主要的力量，改造社会的主要工具并不掌握在我们这些搞文学的人手里，这个权力在政治家手里、在经济学家手里、在发明家手里、在那些掌握专利的人手里、在比尔·盖茨手里。到 50 多岁，我就突然发觉，社会总是残缺的，社会是不完美的。社会相对完美，或者比较完美、在某程度上完美，是可以接受的。反过来说就是某种程度的不完美、某种缺陷是可以接受的。

而且我们不能指望睡一觉，早上起来这个缺点就不存在了。恐怕如果要改正缺点的话，也是一个日积月累的过程，一个漫长的改良的过程。而且我们不能指望把一个旧的缺点改良完了之后，我们就不会产生新的缺点。我们人类永远会有缺点的。这是我们的包袱，一直就得背下去。所以社会的不完美，就和我们个人的不完美一样，是可以接受的，是我们的宿命。

一个 50 岁的人抱着这种态度，你想想作品能不发生变化吗？会发生变化。

张英 《苍河白日梦》后来被张黎拍成《中国往事》，我看完了电视剧，又找了小说看了一遍，还是觉得小说好。中国人思考家、国、个人命运的思维定式都在里面了。

刘恒 电视剧我根本没参与，我连看都没看，我跟导演说，你们爱怎么搞怎么搞吧。剧本儿有点儿照顾观众，有些噱头，搞得不太好。

《苍河白日梦》当时写得我都快疯了……精神上挣扎，最后是痛哭流涕写的。写到最后，给绞死了。整个故事都是一个美梦破碎的过程，人就掉到河里，投河，都是痛苦至极。我不相信人有了伟大的人生目的之后，他的人生里就不包括那些猥琐的个人目的。通常伟大的目的和猥琐的目的是结合在一起的。如果用伟大的目的，把自己猥琐的目的掩盖起来，甚至偷天换柱，那更卑鄙，同样是卑鄙的。

所以不管人们说得多么好听，我们通常会透过他表面儿的言语，看到他内心至少跟我们不相上下的那些善恶同体，我们会看到的。所以他骗不了我们，所以我们也不会轻易地被迷惑。我现在基本上就持这种人生观，你说怎么办，成了牛皮糖了。

张英 你还会写小说吗？

刘恒 有规划。我最后的职业收尾是小说，我的人生的收尾也是小说，哈哈。要沉入梦中去，沉入自己的梦中。

我不喜欢在没写完之前透露作品的任何情况。有的时候，可能会告诉别人我正在写什么，一般在没写完之前不会对外界透露，这主要是对媒体的一种谨慎吧。

杨争光

■

用文学把时代精神表现出来

从文坛消失已久的作家杨争光2003年露面，在《收获》杂志上发表了长篇小说《从两个蛋开始》。和上一部长篇小说《越活越明白》一样，杨争光说，这是他作为一个作家不得不写的两本书。

在《从两个蛋开始》里，他关注的是中国政权的基础和民族的根性；在《越活越明白》里，他关注的是如今已成为社会主流的"知青"那代人的理想、情怀和对自我实现的扭曲的努力；在下一部小说里，杨争光试图关注中国读书人的根性。

试图描述杨争光的身份是艰难的。先锋小说家、寻根小说家、地域文化小说家、诗人、著名影视编剧、策划人、专业作家……杨争光在这十几年里，被人贴满了标签。

因为喜欢文学，从山东大学中文系毕业分配到天津工作的诗人杨争光，在天津工作两年后调回了家乡陕西。因为喜欢他写的诗《我站在北京的街道上了》，曾经有读者从北京跑到天津，为的是站在杨争光面前给他朗诵一次。

1998年以前的杨争光，由诗歌转入小说写作，以《土声》《赌徒》《黑风景》《棺材铺》《老旦是一棵树》等作品而引起广泛关注，和贾平凹、陈忠实一起被好事的评论家誉为文坛的"陕西三宝"。

因为文学，在陕西省政协办公楼下面的那层地下室里，杨争光一家人像卡夫卡的小说《地洞》的主人公，在终日不见阳光的地下生活了11年。

1989年之后，身为西安电影制片厂的专业编剧，不写小说的杨争光专心于电影和电视剧本创作，创作出《双旗镇刀客》《水浒传》等一批剧本，成为身价最高的编剧之一。1995 年，靠着"触电"写剧本挣来的钱，杨争光不仅解决了生存问题，也从地下搬到地上，一家人从此能看见太阳了。

因为在影视创作上的杰出表现，杨争光被大众所知晓、熟悉。一位优秀的小说家，显赫的声名不是因为他的小说，而是因为他的电影和电视而起，这不能不让人感叹今天一个优秀作家所面对的世俗化的现实。

在人民文学出版社出版的《从两个蛋开始》封面上，写着这么一段广告语："喜欢剑走偏锋，专好奇幻一路；会讲故事专讲故事，独门技法招数诡异。《双旗镇刀客》《水浒传》著名编剧杨争光之最新小说。"这令他感到尴尬和不安。

家在西安，单位在深圳，住在北京，杨争光已经习惯了在江湖漂泊的生涯。在亚运村附近的一个像迷宫似的小区里，杨争光在租来的房子里接受记者的采访，一再诵读自己写在笔记本上的小说片段——这是他多年写作养成的一个习惯。

影视文学和小说

张英　你当初为什么会开影视公司？

杨争光　影视公司是我和几个朋友一起办的，前几年投资拍片主要是利用社会上的资金，经过两年多的试验，慢慢也摸索出一些门道，自己开始投资拍片。自己拍片可以避免一些投资方和制作方、剧本创作上存在的分歧，可以按自己的艺术标准拍出质量好的片子来。我们现在是投资、剧本创作、拍摄制作一条龙，但这种努力是否会受到欢迎，要靠时间来检验。

艺术有相通的东西，但更多的是独立领域有不相同的东西。

张英　当时，拍电视剧动用了很多作家产业。

杨争光　我们搞这个电视剧严格来讲主要是一种商业行为。当时和北京的几个朋友一起聊天时，有人提到了搞模特题材，说既有青春气息，又是当今生活，老百姓应该喜欢。于是当时找到了文坛正走红的 11 个作家，一人负责两集剧本创作。参与者有贾平凹、苏童、叶兆言、格非、余华、刘毅然等作家，每人分开写。但到剧本出来后，风格差异太大。

我对《中国模特》不大满意。它在商业上不太成功，没有取得好的经济效益；在创作剧本上，也不成功。作家们写剧本都有些力不从心，热情有余。他们对影视行当不是很熟悉，在创作剧本时就遇到了很多困难，把不足的地方暴露出来了，却把自己的长处搁置了起来。因为这种写作毕竟带有命题创作的意味。这个片子拍得不是很好看，但它在制作上、技巧上比较精致，画面感特真、特美。

张英　从影视、从信息角度上看，文学不仅没有衰落，反倒更繁荣了，如我国每年都有几千部电影电视投产制作，而这些电影电视首先来源于文学，必须依赖文学。文学由书本表现转向了视、听多种表现方式，艺术多样化、多元化了。

杨争光　我同意你的说法。现在咱们国家最缺的还是剧本，好多电视电影公司（现在有许多社会资本进入、涉足影视业）都在寻找剧本。市场大了，而影视节目却老跟不上，这与剧本也有关系。

我国电影电视企业编剧队伍也不大，比小说家的数量差得太远。剧本短缺的现象在一定时间内还会存在下去。这两年我老是想写小说，但一直写不成，因为一直在忙着剧本创作和其他事情。

张英 记得你开始创作是先写诗再写小说，后写影视剧本的，对吗？那些诗作给人的印象特深，在当时引起了极大的轰动，如《我站在北京的街道上了》等诗作。诗、小说、影视剧本，你更喜欢哪种艺术表现方式？

杨争光 那都是十几年前写的诗。那首长诗发在《诗刊》上，在当时引起了强烈反响，后来还获了奖。电台搞一个北京节目，把那首长诗作为开头和结尾，进一步扩大了它的影响。我的创作经历很简单，高中毕业后回家种了四年地，后来进入山东大学中文系，毕业分配到天津市政协工作，后思念故乡又调回西安工作。从在农村时就开始写诗，到大学里开始写小说，再又转向电影电视剧本写作。

在诗、小说、影视剧本三种中，我更喜欢纯粹的文学创作，如诗、小说，直到现在我仍然对诗充满了感情，因为我毕竟是以一个诗人的身份出现在文坛的。但诗发表的园地不是很多，读者也越来越少，而且现在诗歌和读者之间的距离是越来越远。小说比诗要好，影视同读者（观众）之间的距离更近一点。

对一个作家来说，写东西总是想给人看，不仅仅是自己看的。我由诗转向写小说是有原因的，到陕西蹲点时扶贫、体验生活，原准备写一些诗，结果到陕北一看，有关黄土地上人的生存状态、人的生活对我触动非常大，结果诗写了一些，小说写了二十几篇。

这些小说发在《人民文学》《上海文学》等刊物上，陆续引起了文学界同人的关注，获得了一些好评。

再后来，我就调进了西安电影制片厂做专业编剧，开始从事影视文学剧本的创作。

张英 我认为影视文学和小说创作是两种独立艺术领域里的不同的表现，写小说的自由度比写剧本要好得多，写剧本你必须做一种妥协，因为它有许多局限性。如我同格非、苏童很熟，他们表示以后再也不会写剧本了，因为太受限制。

杨争光 这种妥协肯定是有的，也是必须的。写小说比较自由，天马行空、任意遨游，而写剧本往往有太多的顾忌。因为剧本最终会被拍成影视剧，作者可以引导，不能同观众对立。

目前我对影视文学剧本创作还是比较感兴趣的。我想刘毅然、吴滨、余华等许多小说家转向剧本写作，一定是他们很感兴趣。我是电影厂的职业编剧，与格非、苏童他们不同，他们纯粹是职业作家。但到后来，我对电影电视也培养出了一种感情，过去总觉得电影电视有一种神秘感，小时候在农村我跑好几里路去看电影，天很冷，冻得发抖，但还是津津有味，很愉快。电影电视剧制作是一项集体性的劳动，不是一个人的劳动，合作在一起还是比较有意思的。大家坐到一起聊、讨论、修改，所以我搞影视剧创作成功率比较大。

张英 我看了你的很多作品，觉得你属于那类风格明显的作家。如你的语言瘦硬简洁，叙事干净利落，善于运用动词，注重刻画人物行动状态，你对中国农民的特殊心态有着特殊的把握，对农民偏执的那种性格淋漓尽致的刻画非常引人注目。

杨争光 我对自己的小说评价是，我写得太少，作品太小。公正地讲，我自己的小说就那么几篇还可以看。所以评论家把我的作品拿出去评价，我认为到现在为时尚早。

张英 那么，一些评论家把你归纳到"新乡土""新写实"流派中，你对这种归纳有何看法？

杨争光　我认为创作和批评属于两个不同的范畴。作家用作品来表达自己对这个世界的看法和思考，作家的作品是评论家的依据，评论家实际上是拿作家的作品讲他自己的话。评论家可以对作家的作品进行分析、猜测、揣摩，作品是不是真是那样，对作家来说那无关紧要，但这种分析对评论家是很重要的。比如作家到一个地方去采访，把采访对象变成小说，采访对采访对象无关紧要，但对作家来说是很重要的。

这几年评论界"新写实""新状态""新乡土""新体验""后现代""新生代"等种种新旗号层出不穷，这恐怕是出于发行量和经济利益上的考虑，也许是编造者认为这样命名更能体现编造者的艺术倾向性。把我归纳到"新写实""新乡土"中，我不能同意这种划分。啥叫"新乡土"？为啥要加一个"新"字？是因为乡土小说要比过去新，还是因为对原有的乡土小说有些突破？关于这些众多的文章我还一直未见过（真正、认真分析归纳的理论）。对于我来说，作品一旦完成，它的价值就不再用于我，不管是"新写实"还是"新乡土"，对我并不重要。还有一个更重要的原因是：作品太少，拿出来研究还不够格。而且这几年我没有写过作品，要进行研究、分析，还要等我写出一些作品后再说。

张英　我一直认为你应该在小说上继续走下去，这也是读者的期望。这几年来，文坛普遍笼罩着一种浮躁之气，无论是创作界还是评论界，能够静下心来专心创作的人特别少，对此你有何看法？

杨争光　这几年几乎精力全部花在了影视创作、制作上。可能今年、明年就转向小说创作，已经做好了这方面的准备。

正如你所说的，当今文坛确实较浮躁，文学创作是作家个人的东西，理论也是评论家个人的东西。但我发现现在理论是大家共同的问题，其实一个国家文学整体风格是由众多不同的、个性非常鲜明的作家集合形成的。但到现在，我们作家的种种独特风格正在消失，慢慢淡化。理论也在东一下西一下，扎得不深，没有形成一个真正批评的声音。无论是创作界还是批评界，到底能拿出什么东西说服世界、证明中国文学的成就到了怎样的地步，我觉得这一切还不是很令人满意。

另外，这几年商品市场经济对文学界的渗入对中国文学有一个好处，就是把文学那种封闭状态给打破了，过去的传统模式也受到了冲击。但是也产生了一个不好的后果，作家批评家们的责任感、自尊、良心、职业道德、敬业精神也几乎在同时丧失，这是令人担心的。

传统与现代

张英 我读你的小说《老旦是一棵树》《黑风景》《棺材铺》等，我认为你把传统与现代结合得比较好，对中国贫困农村生活的洞察和尖锐的描写无疑具有更强的传统现实主义精神，而从中发掘出来的喜剧效果和黑色幽默、反讽又显示出你受现代派文学的影响。那么，从创作层面上看，你对传统与现代持何种看法？

杨争光 从文学史上来看，每一种新的写作模式出现，如法国新小说派等各种流派的出现，都会对小说艺术革新起到很大的作用。但到后来，能长久不衰地让人去研读的作品不是很多，留下来的作品往往不是那些走在小说革命最前面的先锋小说家的，这种现象无疑对我们作家有某种启示。我认为小说的不一样应该更多的是内容上的不一样，对世界的认识、观察的角度、分析不一样，而不是在外在形式、流派、变化、技巧、文体上下功夫。

新小说派获奖的作家只有西蒙一位，这说明了什么？我从来没听过托尔斯泰、海明威属于哪个流派，拿西蒙的小说同托尔斯泰的小说相比，我更喜欢托尔斯泰的作品。再比如米兰·昆德拉的作品我也爱读，马尔克斯的《百年孤独》我也爱看，咱们国家有很多作家学《百年孤独》，但作品出来后怎么看也不如《百年孤独》，按理说你反映的是中国生活，应该熟，但我怎么也看不顺眼。因为你学不到人家内在的神韵。这种种现象都应该给我们很多启示。

我在写作时对小说形式也没有下功夫去做，我认为怎样表达更接近内心的宣泄、使表达更完美，我就用哪种方式。最终决定小说采用哪种形式、文体、语言、技巧是由小说内容所决定的。使用表达最清楚的方法，形式自然就形成了，不是刻意去追求的。

我常常在读外国作家、理论家的作品某句话时，突然得到某种美感、启示，然后产生一个故事结构，再寻找人物。写作者不可能在故事叙述前面下太多的功夫，所以我认为小说家应该关在院子里，冷静地考虑这些问题，注意把小说写得更好些。现在小说家对这方面的考虑似乎更少了些，功名、财利对大家的腐蚀是不是也重了些。文坛当前也太热闹了，作家应该冷静下来，有一种敬业精神，在自己的园地上耕耘，出一批好作品。

张英 你的作品给人印象最深刻的是在我国作家中比较少见的冷峻感，这一方面是源于对人自由生存和发展的艰难认识与体悟，另一方面是由你对文学的理解所决定的。像《黑风景》就是由一系列谋杀连接谋杀、报复引来更残酷的报复所构成。整个叙述过程极为简练，平淡朴实的语言蕴含着一种深沉的力量，这种接近传统又不等同于传统的新白描叙述和独特的感觉，形成了你自己的艺术风格，这种风格是得益于诗歌写作吗？

杨争光　我写诗带有半叙事的味道。这种经验在我写小说时就派上了用场。在写小说时作者尽量让人物说话，我对人物心理和环境的描写也是比较少的，常常通过人物的言谈举止让人能感觉到一种环境的存在，用行动让读者感觉出人物的微妙心理。我觉得作家用很多形容词描述人物看不见的心理活动时，往往是不准确的，所以在写诗、写小说时我很少用形容词，常常是一种很具体的描述，如我写太阳绝对不会形容它红、亮、美，可能是太阳像个干红薯。这样写引起的联想空间比较大，读者的参与感也比较多。

后来，西影厂找我去写剧本，当职业编剧，可能就是看中了我的小说的这些特点。而长期从事电影、电视职业编剧的工作习惯特点对我锤炼小说语言也很有帮助。

张英　那么，你在创作上受过哪位作家的影响和启示？

杨争光　我很喜欢海明威、契诃夫、托尔斯泰，这些作家的精神世界很让我震动。

海明威让我最喜欢的是他的那些短篇小说，而不是被公认的那几部大部长篇。他在语言层面上的修辞、比喻，平白朴实得让我惊叹，透露出来的一种精神让我激动、兴奋，常给我一种影响，一种力量。他的"冰山理论"和中国的国画有些类似、相同的地方，如西方的油画没有一处不抹油彩的，而中国画却把空白也作为画面表达的一部分。这是中国最传统的文化，恰恰我们许多作家在这上面不是很注意。

张英　当前，文艺界有一种思潮认为"农村乡土文学"的时代已经过去，目前文学应当转向城市文学板块，他们的理由是中国近现代以来的一批文学大师全都是乡土文学作家，而目前中国正向工业化国家、城市化生活发展，所以应该大力提倡城市文学，目前已经出现了众多相关刊物以及开发城市题材的作品，对这种说法我不能同意。那么，作为一个乡土文学作家，你如何看？

杨争光　这种说法是不适宜也不科学的，对我的称呼（乡土文学作家）也不恰当，即使中国再进行经济改革，再过20年，中国仍是一个农业国家，农业文化为主流。从这种意义上讲，中国农业文明在中国文学上的表现，在小说领域中是远远不够的，而且差距是非常大的。作家取得的成就跟一个具有全世界最辉煌的农业文明的国家五千年历史是不相称的。这种工作不是做得多了，而是做得少了，反映城市现代文明、工业文明的文化严格讲还没有积淀下一些东西（文化），所以中国城市文学基本上还是外国城市文学的一个翻版，这并不是我们自己的东西。

沈从文的乡土小说艺术价值高是众所公认的，他带给我们的是中国传统文学诗歌里的乡土乡景，情景交融、悠远、幽雅的诗意，淡淡的忧伤，这种境界令我非常喜欢，但中国农民的真实性格、文化积淀带来的沉重，在沈从文的小说里并不多见。他的小说是淡淡的哀伤、忧伤，而不是激烈的、沉重的、像铅块一样化解不开的痛苦伤悲。

我们国家在小说艺术上的发展是很落后的，真正的小说艺术发展的时间是很短的，现在有个严重的问题是，中国作家许多人都不知道、不清楚自己处在什么位置上，不知道世界在什么地方。不要动不动就学拉美（国家）、日本、法国等国家一些作家，跟在别人的潮流后面走，失去了自己。有人讲中国农民是一盘散沙，其实中国作家也是一盘散沙，从来就没有形成一股凝聚的力量，然后从各个地方、方面来展现、突破，在写作上把我们这个国家这个民族的真正面貌、精神气势表现出来。有人讲我们这个民族是没有精神的，我不相信。哪怕是颓废、灰色的精神也是一种精神，作家就应该用自己的笔把自己所处时代的这种精神表现出来。

如美国文化，最珍贵之处就在于它树立起了一种美国精神，无论是电影、电视还是小说，它都有一种共同的文化精神、文化特征在里面。

张英 《老旦是一棵树》无疑是你作品中一部精彩的优秀之作。有人讲，这部作品延续了《阿Q正传》描写农民的写实风格，对农民形象的刻画把握极为准确，在描写农民形象上对许多乡土文学是一个大的突破，对这部小说你有何看法？

杨争光 《老旦是一棵树》故事是虚构的，但我对那些人物的性格、心理特征是很清楚的。这部小说的细节、局部描写都是很真实的，在生活中比比皆是。

我是在农村长大的，在农村生活了那么多年。这部小说的诞生过程很有意思，原来我想把它写成一个电影，写成后才发现拍电影不行，因为它同电影剧本的要求相去甚远。我当初想设计老旦在青草地里把一个小孩给掐死了（但最后小说里没这个情节），这个画面一直纠缠着我，在我脑海里反复出现，后来想着就把这个画面、情节写成了另一部小说《棺材铺》。严格讲，《棺材铺》是《老旦是一棵树》的副产品。就因为一个情节而发展成另一部小说，无中生有，小说家的工作就是这样，但艺术最本质的东西还是真实的、相通的，也有一种共性、相同的本质。

人其实是很疯狂的，但表现方式可以是滑稽形式，或温和形式，或不动声色形式，老旦站在粪堆上确实很疯狂、可怕、可笑，这种疯狂正刻画出了他的灵魂，这是一种战斗精神。许多民间故事常常令我感动，如"守株待兔""拔苗助长"等，这一直是可笑的东西，但往深处想，如果一个人认了死理永远等下去，兔来不来都没关系，站死、饿死也要等下去，那么这个行为就很厉害了。即使是错误的东西你把它坚持到底，立刻就会显示出一种形而上学的意义，力量也就显示出来了。而且我认为对《阿Q正传》的理解，我们原来一直认为是农民精神的劣根性，我认为这种理解未免太狭窄了。

张英 那么，对《赌徒》这部小说有何看法？《赌徒》表面看来似乎是叙述一个三角的爱情故事，脚夫骆驼爱甘草，而甘草只爱刀客兼赌徒八墩，骆驼在这场爱情追逐中从来都是输家，即使他为爱付出了生命。而八墩赌博最后输给了小孩琐阳，被逼逃走无疑是有特别寓意在内的。骆驼对甘草执迷不悔的爱、知其不可为而为之的追求闪现着令人感动的光彩。

杨争光 《赌徒》并不是一个爱情故事，爱只是作为推动故事情节发展的一种力量。严格来说，它写的并不是爱情，我更在意的是人物相互之间的关系，三个人之间的爱、想、恨，但最终没有一个是成功的，我想表达人在社会生活中的一种处境。人总在寻找活着的意义，使自己活得更好一些。骆驼想把不可能的东西当作可能，做到最后还是不成功。人总想长生不死、树碑立传、永垂不朽，要后代永远都记住他，这种心态很可怜，这来源于一种悲哀心态，"人不能战胜死亡"，无法超越死亡，所以人与生命的每一样活动都显示出非常悲惨、可怜的力量来，正是在这种精诚、锲而不舍的追求中才显示出一种灿烂壮观的精神来。《赌徒》与我这种想法是有关系的，像八墩把赌具都烧了，想否定自己，可是不行，和小孩琐阳在一起，赌火又上来了，这又显现出人的可怜来。人的生存总是充满了矛盾和尴尬。人告诫自己不能在一棵树上吊死，可现实生活中这样的例子到处都有。海明威死在小说上，商人死在钱上，教师死在讲台上，许多人对自己从事的职业、所处的生活困境不满又不肯离开。人战胜不了自己，这不仅仅是惯性,这是人身上一种固有的东西,与人的处境有关系。

张英　从你的创作中可以看出有一种自觉追寻,你对你笔下的人物充满了爱意和怜悯,表面上看叙述者似乎不动声色,实际上作者对作品中的人物充满了爱意,否则人物形象就不会写得那样好。在当今文坛众多文学作品过于浮夸虚饰、水分过多令读者反感的情况下,你的小说却尽量榨干水分。只提供"干货"的创作给读者以新鲜的视感。

杨争光　小说家对笔下人物的爱必须从一种宽泛的意义上去理解,我对我写的人物大多带些欣赏的含义,至少我不讨厌他。不管是正面还是反面,人物都有一点可爱。

是的,我的小说都是很短的,中篇小说从来也没有超过五万字。我从来没有因退稿而坐卧不宁、沮丧。在写小说时我也很负责任,不急,想好了再写。我思考的时间要比写的时间长,所以我的小说操作的因素比较多,即兴式创作比较少,我对自己写作有个要求,别说废话,尽量减少废话,要求自己把人物写得更好,让人物说话,作者、叙述者尽量不讲话,不参与故事的进程。人在不断地成长,思考在逐渐加深,作品也在不断地变化着。

还有一条,我不靠小说挣钱养活自己。在我生存艰难时,我也没有想过要用小说挣钱。我写小说的心态比较干净,没有创作之外的想法。

张英　我想提示一下,看了你的所有的作品,总体感觉创作题材和风格上还是单一了些,如果能广泛一点可能更好些。另外,你之所以一味描写黄土高原,是不是和你的自身经历也有某些关系?

杨争光　是的,我也有同感。但仔细一想,风格、题材不能轻易变化;如果要变化也要在变化能把小说写得更好的前提下,才能求新求变。小说家的创作风格转变是分阶段的，不可能太快。在一段时间内创作的小说可能都有些共同的特征，这也是很正常的现象。

托尔斯泰一生只写了三个大部头作品，《战争与和平》《安娜·卡列尼娜》《复活》，他创作的每个阶段都不一样，都有它自身不同的风格和特点。

作家自身的经验、经历，对人生的体验和观察人生的角度都会影响他的创作。一百个人看到的世界肯定不会相同，关键在于作家能否把自己的独特感受表现出来，而不在于你的故事和你的经历有多少相似、接近的地方。我的小说和我身边发生的事没有任何关系，但一些细节可能偶尔碰到就会写到作品中去，而且我认为自传性的东西写进作品中是淡而无味的。

张英 现在越来越多的作家都挤入了电影电视业中，像王朔、刘毅然，干脆就当上了导演，直接参与影视剧制作。从你个人经历来看，你认为电影、电视剧和小说之间正常的关系应该是怎样的？

杨争光 写电影、电视剧和制作、拍摄，要考虑的问题有很多，结构、场景、情节、画面、人物色彩都要考虑，还有技巧问题，太受制约。在创作过程中，我曾试着把剧本改成小说，或把小说改编成剧本，都很艰难。但由于我的职业是编剧，我很喜欢写小说，素材是现成的，比较自由顺心。不过有的剧本没法改编成小说，如许多人劝我把《双旗镇刀客》改成小说，但就是不成功。《流放》还是由剧本改成小说的，非常艰难，改了一年。前后改了四次，第三次写了三万多字，不满意，后来全撕了，再重来，第四次才改成功，发在了《收获》上。

作家参与影视制作，是好也不好，也是矛盾的两极性。但这种现象以后还会多起来。

张英　到了这个年龄，有没有想过开始写长篇？

杨争光　最近有一个打算，要写一个长篇《越活越明白》，内容是几个老三届的知青到农村插队的经历、生活和命运的变化。我只对人的经历、命运的反复无常的变化感兴趣，这几个人物我很熟悉，现在都快40岁了。就是由他们提供经费下去采访，马上要到海南、广东转一圈。很可能要对中国知识分子的命运有所反映和思考。

张英　我想这对你来说是一个新的尝试，你还没有写过知识分子的命运、知青生活类的小说，那么，这部小说也必然有你自己独特的思考，它和叶辛的《孽债》、梁晓声的《年轮》有什么不同？

杨争光　可以说我们整个中国知青文学都有一种倾向，就是有一种控诉意识，认为社会对他们是不公正的，这是一种先入为主的观念。我要写的与他们的作品在本质上完全不一样，我认为《孽债》《年轮》并没有改变他们对这段生活、这一事件、这批人的基本看法和认识，这段生活对人生存的那个环境到底带来了什么，什么才是最重要的？我认为他们把自己的得失看得太重了。而我可能不会这么想。

农民国度的现实

张英　在《从两个蛋开始》里，你通过写一个村庄来表现一个国家的历史，以个人眼光把二十世纪四十年代末至今的中国历史整理了一次，选择这样的题材是基于什么考虑？

杨争光　从文学观念上来说，我是拒绝那种宏大叙事的写法的，但是这个小说表现的时间长度和跨度，展现的生活可能跟宏大叙事有关。后来我发现以个人的方式进入历史可能是一个有效的途径。

在写这个小说的时候，我一直在想，我们都是一群什么样的人，我们是怎么变成了今天的模样？我要看清楚这个过程。为什么我们民族的土壤会生长出这样的苗，而不长出那样的苗？

集体化的劳动、"红海洋"其实不是从革命开始的，从清政府到人民公社已经有这种东西了，那种形式确实让人激动，应和了人性里的某一种东西，在带来愉快的同时，它也带给这个民族一场灾难。

这50多年的经历是很特殊的，有很多东西与我们这个民族几千年的历史有关。对我这样年龄大的人来说，我最熟悉的就是这段历史生活，能够表达我的很多想法，另外也是因为到现在为止似乎还没有一个作家来完整地写这50多年中国人所经历的生活，那我自己就写一部这样的作品吧。

张英 写之前你做了哪些准备呢？

杨争光 我原想从1900年写到2000年，一年写一个事，写满100年。中国100年里发生的许多有意味的大事在我的书里都有反映。后来觉得工程过于巨大，还是写一半算了吧。我翻阅了当时的《人民日报》发表的好多文章，也认真地翻阅过《国史全鉴》，政治、经济、文化领域发生的一些重大事件上面都有。凡是历史上发生过的事情，我想尽可能地涉及。

我原来的想法是在结构上用四个中篇小说组成一个长篇小说。但是，越写越觉得故事是有局限性的，开始、高潮、矛盾、结束都得要。后来就采取了现在的写法，按照年代写，写到哪儿算哪儿，既有一个相对独立的章节，也不破坏阅读的快感。还可以接着继续往下写，还可以根据需要在前边插写故事。我觉得这样一个开放式的结构，信息量可能会大一些，辐射力更强。我写得很困难，花了整整两年的时间。

张英　你试图从符驮村村民的日常生活出发，去审视我们这个民族的精神价值变迁，在这个过程中，你发现了什么呢？

杨争光　中国社会最基础的是农民。中国的城市人说到底也是进了城的农民，中国的城市是都市村庄。农民的根性渗透在我们的各个方面，我们的行为方式依然是农民的行为方式。十几亿中国人日常生活的文化传统和价值观念，和几千年前比没有什么大的不同。是谁让他们变成今天这个模样的？

我们这个国家的基础是由哪几类人组成的？农民和读书人。在《从两个蛋开始》里，我想认真地梳理一下半个世纪之中发生的各种各样的事情，揣摩一下中国人在经历这些事件中的心思、作为、状态，这肯定是有意义的。

我的下一部小说是写读书人的，中国的读书人给我们的国家政权源源不断输送着血液，成为管理者、统治者，长期管理、统治着我们这个国家。他们到底是一些什么样的人呢？我觉得我们什么都有，我们在任何时候、任何情况下都是对的，都有我们的道理，因为我们有一样法宝，那就是：此一时彼一时也。能坚守的时候就坚守，守不住了就消解、就变通。我们就是这样一路走过来的。

咱们国家没有伽利略、哥白尼，就连达尔文都没有，没有这个文化传统。中国的读书人在二十世纪三十年代的时候，似乎曾经自由过一段时间，能自由地思考一些问题，但是没过多久就有了变化。

中国的读书人把理想看得非常重，总是幻想有一个理想的社会，实际上这个东西是不存在的。他们想救国救民，最后不但没有救成，把自己也搭了进去。

中国很少有写读书人的这类小说。有人说《范进中举》应该算一个，但是我觉得它只是一个漫画，作为小说我觉得是不够的。如果我把农民和读书人这两类人搞清楚了，我就没白当一个小说家。

中国没有知识分子

张英 《越活越明白》里的安达应该可以算这样的读书人吧，你通过安达写了要改天换地的老三届人的精神溃败，让人触目惊心。

杨争光 我熟悉的其实是中华人民共和国成立以后国家培养的读书人，比如老三届那批知识青年。

安达身上体现的，与其说是理想破灭的过程，还不如说是传统读书人与自我相剥离的过程。自我和社会合谋，塑造了安达的生命过程。我经常不愿意用"知识分子"这个词，因为它是有严格界定和内涵的，我更愿意用中国过去所说的"读书人"这个词。中国的读书人，从古到今，几千年来一直有浪漫的、理想主义的脾性，推崇以天下为己任等等，挺冠冕堂皇的。社会在变化，但读书人读书做官，学而优则仕的脾性依然如故。

没有"文化大革命"他们的命运也是这个样子。打破他们的梦想的绝对不是上山下乡，还有比上山下乡更深刻的原因。有一个无形的东西还在决定他们的命运。比如说读书人为什么读书，怎么表现自己？在这个社会上立足，是怎么样立足，实现自己的理想和人生抱负，还是当官？

在今天的社会里，能形成一个群体的，还是老三届，今天的他们，无论是在政界还是在商界，形成了一个重要阶层，影响着这个社会，也受这个社会所影响。虽然我在《越活越明白》里写过上山下乡那一代人，但我觉得还远远不够。

张英 你写"知青"，角度和以前的小说也不同。揣着"理想"、下乡插队、回城做工、读书治学、下海经商，安达的人生经历其实是那一代人的经历。

杨争光 我不同意那种一写"知青"生活就控诉就批判，认为城里的孩子被下放到农村之后不公平的看法，如果说这样不公平的话，生在农村的人怎么办？以前的一些小说拿这个来说明这种不公平，我认为这里面隐藏着更大的不公平。

小说里最重要的人物是安达，他怀有自己的梦想，主动下乡，然后又回城，上大学。他想做时代的英雄，到最后却做了他最不想做的商人，也成功了，挣了很多钱，但是他发现他不再是他自己了，活得非常痛苦，他最后的理想是在他的遗嘱里实现的：一、不开追悼会；二、丧事从简；三、骨灰撒在祖国的江河湖海里。

我一直在想，理想到底是什么东西？当理想依然是理想的时候还是崇高的，但是一落到实处你会发现它立刻就改变了：什么是人类的命运？什么叫人类的解放？革命到底是什么东西，其实就是对社会的影响力。谁对社会最有影响力？最有权力的人最有影响力。说到底安达就是个想当官的人，想更多地对这个世界产生影响。

中国几千年来一贯的体制之下，这个国家最有权力的人也是最具影响力的人，因为他能调动一切。有人说文化人的言论也可以影响社会，但是最具话语权的是最有权力的人。所以我认为像中国的读书人几千年不变的命运是社会和自己合谋而造成的。因为你自己首先信奉这个，你自己也愿意，你的欲望和社会对你的要求合在一起把你塑造成这个样子。说你是被迫害、被侮辱、被损害的人，是不准确的。

所以《越活越明白》真是与社会批判无关，至少从我的创作初衷来说与社会批判无关，我更多关注的是读书人本身。

张英　仕途不再是读书人唯一的路了，现在的路也多起来了。

杨争光　中国社会真正出现一点变化，是在二十世纪八十年代初，中国人试图用另外一种方式来生活，搞改革开放，也就是信奉另一种生活方式。

改革开放以后到现在，情况也有所变化，比如你不做官可以去做生意赚钱了。而我们过去的文化传统对金钱是很鄙视的。经过改革开放，我们更能理解权和钱之间的关系。过去你当官以后肯定也会有钱，古人说书中自有黄金屋，黄金屋不是说读书能给你带来钱，而是你通过读书当官以后会有钱。

张英　很多人不会同意你的看法的，过去100年里没有一个人能够跳出这个怪圈的吗？

杨争光　有一个两个人不能说明问题。

在《越活越明白》的后记里，我提到了中国文学史上的几个代表人物，像屈原、司马迁、鲁迅等。屈原的爱国主义情感丰富充沛，但他的忠君之情带有奴性，奴性在中国古代读书人中具有传承性，这与中国知识分子的命运有关，与政治形势有关。司马迁没有自我，在他受刑绝望后，穷途潦倒，没有什么功利思想了，反而写出了《史记》。但是，他的文字中有一种怨妇般的情结，比如在《报任安书》中，还带着奴性的控诉。

中国的忠义，是以忠为主的。中国的普通人是土壤，读书人是土壤中的苗，为统治阶级输送血液。现代的知识分子最重要的责任是对人类群体的终极关怀，还要永远跟现存的不完善体系形成对抗。人类的生存体系永远不会完整，人类要前进必须找出自己的问题所在。鲁迅是个标准的知识分子，是和秩序对抗的人，很彻底，永不妥协。他也是把奴才和奴隶分清楚的人。奴隶是种身份，而奴才是自找的。鲁迅在批判社会的同时对自己也不放过，而且从来不装饰自己，不掩饰自己，不替自己说好话，这样的人太少了。

还是"国民性"的问题

张英　通过这两部小说，你找到了什么样的答案？

杨争光　这种答案我认为是永远找不到的。我们是不是能变个样？我觉得我们寄希望于此，尽管这个希望很渺茫、很悲观。人类到底应该以什么样的方式生活更符合人性，人类并没有找到答案。美国那么发达，它也没有说它那里就是天堂。

我有一个观点，你想了解别人很难，你了解了自己就了解了这个世界的大半。实际上我是通过写作在解剖我自己，我不是医生，我没有能力去救别人，连我自己都救不了。

张英　《老旦是一棵树》所刻画的老旦这一人物，被认为是继鲁迅笔下的"阿Q"之后中国文学里最难忘的文学形象，在对国民劣根性的批判上达到了非常深的地步。

杨争光　《老旦是一棵树》后来被法国人买走了版权，改拍成了电影，好像还得奖了。法国人认为它是一个人类的寓言，把它改成了一个欧洲的故事。

实际上我们现在面临的问题仍然是鲁迅当年思考的"国民性"的问题，我们现在是不是比过去更好了？我们是怎样活着的？处在怎么样的一个状态？看清楚了我们自己，知道我们的问题在哪里，等我们想改变的时候，也就好改变了。

跟几千年前的祖先相比，我们的道德水准很难说是否更高尚。是的，我们的日子比以前的人好过了，我们速度更快了，因为我们有出租车、火车、飞机，但是我们的精神、灵魂、素质有没有改变？这是我们最大的问题。

张英　和二十世纪动荡不安的中国历史相比较，文学并没有拿出相称的作品来。你觉得问题在哪里呢？

杨争光　中国小说比以前有进步。作家在技术上驾驭和结构小说的能力，随着多方面的借鉴与继承普遍地提高了；从关注社会、政治、意识形态到关注人，作家关注的东西更丰富了。

遗憾的是，中国人在二十世纪经历过那么多的历史事件，但是并没有产生多少伟大的作品。苏联的四年卫国战争，产生了那么多伟大的作品。难道中国的十四年抗战不比卫国战争更悲壮、更惨烈吗？但是作家写不出来与之相称的作品。我看到抗日战争时期的幸存者，还有南京大屠杀的幸存者，他们要跟日本人讨一个说法，而作家对此视而不见。

我们看到更多的是遗忘。我曾经写过一个小说《上吊的苍蝇和下棋的王八蛋》，在这个小说里我想探讨一下记忆和遗忘的问题。有一对兄弟，一个整天生活在记忆当中，一个整天生活在遗忘当中。弟弟觉得这个哥哥是一个王八蛋，老是跑到河东去跟人下棋：咱妈是怎么死的你不知道吗？哥哥回答说，有这个事吗？就算有这个事，难道你让我整天把这个事情记着、活在记忆里，不让我下棋了？哥哥说弟弟是一只苍蝇，总是影响他的生活。最后弟弟上吊死了，留了一句话："这个世界是王八蛋的，而苍蝇应该上吊。"人家告诉哥哥说你弟弟上吊死了，哥哥头也不抬，继续和别人下棋。

人总是活在记忆中是不对的，对经历过的事情没有任何记忆也是不对的。人经常处在两难的境地里面，无可奈何。

现实对我的影响最大

张英　你的人生经历对你的写作有什么帮助？

杨争光　有直接的关系。我当时在大学读书的时候，也是一个热血青年，比如说女排打球打赢了，我就和同学排着长队上街游行，激情澎湃，觉得自己对整个民族的强盛和命运负有责任。后来大学放假回到农村，村里人就问我，听说你在学校里很胡闹，不好好念书？我发觉我们村人跟我们这些大学生的看法完全是不一样的。那个时候突然打了个激灵，想这个问题。

大学毕业的时候，我分到了天津工作，我当时想在外面待上五年，有一些人生经历，可以丰富我。

结果，我在天津没待够五年就迫不及待地回西安去了。然后是到陕北蹲点，我给基层的计划生育的工作人员帮忙，带着医生满山上去追违规超生、怀孕的女性，不是上环就是引产。我还帮助农民一起在山上栽苹果树。

那段生活对我的影响非常大，所以我觉得在中国跟土地最接近的人是农民。中国的市民文化是从土地文化、村社文化演绎过来的。

在北京，随地吐痰要罚 50 块钱。农村土地广阔，吐一口痰还行，城市人太集中了，罚款是为了让你们不要乱随地吐痰。有一个人吐痰被罚款，他对执法人说，吐一口痰 50 块钱，这么贵？马上讨价还价了，把吐痰的事忘了。还有很厉害的人呢，执法人要罚款，被罚款人交了一张 100 的。执法人没钱找，被罚款人说，不要找了，我再吐一口痰就行了。

农民观念的一切渗透在我们的政治、经济、文化包括军事里，几千年来价值观念并没有改变，包括对金钱的认识，都跟土地有关。

在那段时间里，我读大量的书，这些书对我有很大的影响。我发现自己写不了诗了，于是开始写小说。

张英 你写过那么多剧本，对你的小说写作有影响吗？

杨争光 我的习惯是干就干好一些，有点敬业精神。我在西影厂写过差不多 10 个剧本，有七八个都拍成了电影，比如《双旗镇刀客》《杂嘴子》等。

影视和小说是完全不同的两种东西。小说可以自由地表达作家的思想，写剧本就必须做出很多妥协。所以我喜欢写小说，书发表、出版能卖多少、挣多少钱，这些不在我考虑的范围内。很多人觉得我有病，不好好写剧本挣钱写什么小说。我觉得我现在生存已经不是大问题了，温饱问题解决就可以了。

张英 经济上的富足对你的写作有好处吗？好像有人认为越穷越能写出好作品来。

杨争光 不用为生存而奔波，经济上的富足肯定有助于作家心态上的自由，能让他更投入写作中去。从古到今，舞文弄墨一类的事情，都是富裕、有钱人做的事。在饥饿状态下，填不饱肚子的人是没法顾及精神的，即使硬写也写不好。

张英 说说你在写的剧本《刘邦和项羽》吧，你为什么会对这段历史感兴趣？

杨争光 这段历史有阳刚之美，也有阴柔之美，像"霸王别姬"

这个词就包含了英雄和美人，这很富有诗意。司马迁的描述、后来各种各样的故事，都给我留下深刻的印象，那种活得不拘束、不拘谨、自由奔放，无论打仗、钩心斗角，还是死亡、情感，都很舒展。我非常欣赏生活在那个时代的人物，他们的生命状态很大气，阳刚、舒展、自由，让我有向往之情。

卢新华

■

海外归来的文学信徒

1978年因发表短篇小说《伤痕》一举成名的卢新华，大学毕业后，在《文汇报》当了四年记者，因为害怕命题作文，写消息写得头痛，加之想从事文学创作，在下海经商失败后，他到美国加州大学洛杉矶分校东亚语言文化系就读。

硕士毕业后，生性不安分的卢新华卖过图书，开过公司，做过金融，当过赌场发牌员。在解决完生存问题以后，辞去工作，回到文坛，开始写作，花了三年时间，捧出一部长篇小说《紫禁女》。

在接受记者采访时，卢新华说：《紫禁女》的写作初衷源于对于民族发展历程的关注。我选择生理上半闭锁的那种石女来写故事，我想在生命奥秘、男欢女爱、身体告白、异国情调、情色伦理中，表达个人和民族打破先天封闭限制、走向自由开放的痛苦历程，展现百年中国的历史境遇和悖论。一个民族的封闭半封闭最终要血崩。"

但是，《紫禁女》出版以后，评论界反响不一。有人批评这部作品只是一部通俗情色故事，认为"又一个严肃作家堕落了"；有人称赞这部作品，认为它沉重地表现了一个打开先天封闭限制走向自由开放的生命遭遇到的无与伦比的痛苦历程。

《紫禁女》

张英 为什么会写《紫禁女》？

卢新华　在美国生活了那么多年，经常奔走于美国和中国之间，我一直在构思这个小说。有一天我跟一个公司经理去洗桑拿时，突然灵机一动，想出我的书的名字——《石女传》。石女是一个什么概念？中国太像一个石女了，她是半封闭的，而不是全封闭的。紫禁城与石女有很多相似之处，高雅、雍容华贵，但它也是一个封闭和禁锢的象征。

多年来我一直在反思中国的文化问题，因此，我在写的时候不仅想到一个女人的经历，而且也联系到中国的历史和现状。石玉（《紫禁女》女主人公）的经历刚好与改革开放是同步的，石玉的身体和经历跟中华历史文化也有微妙的联系。可以让人联想到中华的文化，跟我一起思考。

这些年来我一直在想换一个角度来思考中国文化。苏东坡有一句诗"不识庐山真面目，只缘身在此山中"，在不同的距离观察同一个事物（结果）是不一样的。石玉生理的缺陷是一个烙印，这个烙印跟伤痕不一样，伤痕是鲜血淋漓的，它是长期的历史文化因素沉淀的结果。我原本在扉页上用非常尊敬的心情写了释迦牟尼的一句话："万千变化，尽在一行一去。"后来他们没跟我说，就把这句话去掉了。

可以说，这样一部小说是我在美国生活多年后反观中国文化，对中西方文化进行比较、反思的结果，它包含一定的隐喻成分，象征一段大家都熟悉的近现代史，也象征民族从闭关锁国到走向开放的艰难历程。

张英　这是一部主题先行的概念化小说，你说过在小说里每一个人物都有象征性。

卢新华　是的，石玉的姑姑代表佛家；吴源、常道分别代表的是道家、新儒家。儒家思想重今生，但重现实，道家思想看入世，释家讲来世，都是压制人的欲望的。长期以来中国的科学技术发展不起来就是因为压制了人欲。

我对新儒家是持批判的态度的，我认为中国形成半封闭状态，70%应该由儒家负责。在今天这样一个新的社会形态里我们已经不需要儒家，但儒家作为一个精神的根源仍存在巨大的影响。

儒家自身存在一种悖论，吴源要追求功名利禄，另一方面精神又要崇高神圣，这两者之间有很多冲突的地方。鲁迅讲过中国人喜欢瞒和骗，这个瞒和骗是怎么形成的？就是长期的儒家思想形成的，总是说一套做一套。他们想做圣人，但总是做不到，做不到就变成虚伪了。老子没做到，儿子就没信心了。

常道由于长期的心理精神的压制使身体上人欲的器官变成了像婴儿一样，这种状况是偏离了正常人的。因为老子说：专气致柔，能婴儿乎？他把婴儿的状态当作一种境界来追求，使其生理上也像婴儿一样弱小，无法成为一个真正的男人。

张英 你特别提到了佛、道、儒对石玉的影响，这些并没有让她成为一个健康的女人。

卢新华 中国文化是佛、道、儒三种文化杂糅出来的，石玉是受佛、道、儒三方面的影响诞生的，因此石玉到了曲阜，就像回到了故乡，因为她的血液里融合了儒家的血。石玉的生理通道的半封闭式是由一种内在机制造成的，这种机制的核心是强调存天理去人欲的程朱理学，这种思想以儒家为主导，吸收了儒道两家思想发展起来。

我本来是想写石玉看到了自己的前生是一个白首穷经的老儒生，屋内挂满了存天理去人欲的字条，但觉得这样写太牵强了，所以改成了大出血。姑姑给她的是佛教方面的影响，而常道对石玉更多是精神上的影响，"道"不仅是道家的道，也是一种人文精神，使石玉更深地落入魔性的药方。常道虽然离开了，因为他无法忍受看房的石玉，他与欲本身是不相容的。但是他说他永远关注着石玉，也就是说道作为一种精神永远关注着中国，指引着中国。最后的血崩是说，中国对外的政治、经济、文化交流已经相当频繁，甚至到了水乳交融的地步。我也有一个担忧，到底能不能生下这个婴儿。石玉还是要找常道，因为一个民族不能缺少精神支柱。现在人欲横流，天道没有了。石玉呼喊常道，就是中华民族对道的呼唤，这是我们的整个根基。这个"道"的含义也很多，包括道德伦理。儒家需要改造，道家就是我们的根基。有了道心，即便不发达，也同样可以生活得充实，那么我们就不需要再走欧美的道路。

张英　这个新生儿就是未来，就是希望？

卢新华　我觉得生殖是一个民族精神的生命力，现在，这个生命力发生了问题。因为她的佛道儒几个文化源泉都是重精神不重欲望的。像日本，仅靠一个明治维新的手术就能成功，国势马上就上来了。

但是中国情况不同，看看历史，最早是炎、黄两个部落的融合，后来秦始皇的祖先被发配到南方蛮荒之地，与当地人结合，秦国统一中国后，把各国贵族聚到咸阳，客观上再一次促成融合，到了汉代，汉族也形成了。所以汉族本来就不是一个纯粹的民族。融合有一个优势，它可以吸收原先各族的优势，但如果几代不融合，就会退化，甚至不如以前。汉族的优势到了汉武帝就达到鼎盛；北朝有一个融合的过程，把积弱的南朝给灭了；唐朝是一个民族大融合的时期；宋朝由于与辽、金对峙，没有融合的机会，因此国势就不强；元代忽必烈的继承人都排斥汉人，所以统治时间不长，只能昙花一现；明朝非常保守，清人打进来后，又是一次融合，迎来了"康乾盛世"。但是后来逐渐趋于保守，就越来越弱了。

张英 在小说里你借用孔子之名提醒石玉，一把钥匙开一把锁，美国人布鲁斯又象征着什么呢？开启石玉的钥匙？

卢新华 我把我对美国人的印象都概括到小说里布鲁斯这个形象上去了，包括他们的个性，正直、善良、虚荣。但是，他们自认对世界有一种责任，并且按照基督教的信条来做这些事，在我们看来有时是很虚伪的。

他对什么是石女很好奇，他使石玉怀孕，幻想自己是以基督教救世主的身份播下文明的火种。当时他说："敞开你的大门，我要为你播下文明的火种！"这些话都是隐喻性的，当时基督教（是以）救世主这种姿态进入中国的，他们都是抱着拯救的心态。

张英 但你对未来很悲观。

卢新华 我对中国还是很乐观的。现在经济上去了，在某种程度上多少能促进精神文化的发展。我只是希望呼吁更多的人来关注精神文明的重建问题。

我在通过石玉的形象批判和反思的同时，我也想象着她是一个非常高贵的、美好的、博爱的形象，除了身体上的那一点缺陷，在我心中，她是一个完美的女人。

张英 陈思和教授这样解读《紫禁女》："熔生命奥秘、男欢女爱、身体告白、异国情调、情色伦理等于一炉；在深层却以各个人物为象征，表达了个人和民族打破先天封闭限制、走向自由开放的痛苦历程，展现了百年中国的历史境遇和悖论。"你同意这样的解读吗？

卢新华 现在网上有很多的评价，有些评价很高，像说《紫禁女》是中国的《百年孤独》，我看了当然是很高兴的。本来出版社想全部印上去，作为广告的，但是我认为不能自吹自擂，所以只选择了陈思和的一段评论。我想一本书应该经得住咀嚼，它的内涵是无限的。我的构思是以中国整个历史和现状为背景，其中也涉及很多国际关系，因此每个人的形象都有内涵，有人称之为史诗是不为过的。读者可以有不同的联想和索隐，但作为一个作者，是不想自己来向读者解释的。

张英 你在小说里藏了这么多象征意味，你认为读者能够懂你的苦心吗?

卢新华 如果读者能读懂我书背后的寓意，我会很高兴的；如果读者只看到表面的故事，为主人公石玉的悲剧洒一掬同情之泪，这也是很好的，也是有收获的。因为我的书是给不同层次的读者的，不同的读者读同一本书往往会得到不同的东西，各取所需嘛。

但是，我还是希望有一些大学文化、对中国历史文化传统比较了解的读者，他们能够通过一本我的书来反思一些东西，想一想中国面临的问题。我相信真正有文化内涵的人会读懂的。

我个人很喜欢鲁迅，他的作品写得有思想、有力度，而且老少皆宜，在每个年龄段都会有不同的感受。我希望读者在阅读石玉时，20岁的时候看一个故事，到年龄渐长时又会看到更深的东西。

张英 有人很失望，因为《紫禁女》更像是一个通俗言情小说，不像是你写的小说。按照你的丰富经历，你完全可以写出伟大的作品，但你没有。

卢新华 我觉得把小说写得好看点不是什么过错，中国文学一直以来强调文以载道，但我现在觉得文道并重更加合适些，我们应该强调文学的娱乐功能，如果一部小说没人要看，还说什么载道呢？而且到这个时代人们对"道"生了厌恶感。

说到"道"，有人道有天道，老子说，人道是损不足补有余，天道是损有余补不足。道，摸不着而感受得到，我们现在的一切都像沙滩上的字，潮水一来就全不见了。佛有佛道，道家有道家的道，文有文道。我们过去要求作家写指令性的东西，而我现在想的文道是指作家用文字表现、还原其切身感受到的生活，就像盐溶于水，不着痕迹。但如果这个道是别人给他的，在他的生活经历之上，就无法还原。因此我强调文道并举，是要求充分调动作家的个性，用作家自己的眼光去观察生活，并且有作家自己的语言技巧。有人喜欢玩文本主义，有人喜欢写通俗文学，这都可以。现实生活是不完善的，它就要求有文学这个梦。

多年以来我一直在反思中国文化历史，突然找到这样一个形象，就把它表达出来。很多重视文本的读者和评论家就不会满意，但这不是我考虑的主要方面。一本书不可能面面俱到。

《伤痕》的批判性在今天仍有意义

张英　《伤痕》的成功也是时代造就的，所以我非常赞同你的说法——像中了一张大彩票。

卢新华　我一直在写，一直在投稿，等于一直在买彩票，不买怎么能中大奖呢？

张英　最近有评论家对《伤痕》做出新评价，认为篇幅不长的《伤痕》在今天看起来虽然艺术上比较稚嫩，思想上也欠深刻，但它突破了当时的"三突出"文艺宣传模式，没有歌颂任何一个正面形象，传达了在"文革"中受过侮辱和迫害的中国百姓心声，让当时的读者耳目一新，产生巨大的社会影响。从文学史方面看，它确实是一个开启新文风的标志。

卢新华　讲到《伤痕》的幼稚我也是默认的，但是其中也有时代的幼稚。作家是和一个时代联系在一起的，我现在写的东西不可能放到二十几年前。当时一个悲剧都不能写，也不能写中间人物，只能写正面人物，而且要突出英雄人物，特别是主流英雄人物。当时学校里批评《伤痕》不够典型，晓华为什么不反抗，为什么不与"四人帮"斗争？试想，在当时的环境下，她怎么能认清"四人帮"？因此我觉得有些人批评《伤痕》幼稚，是没有理解那个时代。它的肤浅是与那个特定时期相关的。《伤痕》是一部同情弱者的（作品），那个时候有多少人能冲破思想禁锢，漠视家庭出身去同情弱者？我出身"红五类"，不存在家庭出身问题。《伤痕》中描述的也是我观察周围悲剧的结果。我看到一个很优秀的男孩，读书极好，只因为出身不好，就要去挑粪，经常要受欺负，如果是在今天，不知道他能做出多少科研成果来。这些虽然不是发生在我身上，但我看了真的很难过。

我现在手上还有当时《文汇报》主编给我的 16 条修改意见，其中第一条，我原本写的是"除夕的夜里，车窗外墨一般地漆黑"，但他们说这可能有隐射，"四人帮"粉碎了，怎么还会漆黑一片呢？于是改为"车窗外五彩缤纷的灯火时隐时现"。还有一条，晓华坐在车上看见旁边有两个青年侃侃而谈，他们当然在谈恋爱，但是修改后是在谈祖国的大好形势。我最反感这些，但是要发表有什么办法呢？下面晓华受到农村大伯大娘的照顾，但是报社说大伯大娘阶级性不够，改为贫下中农。最后小说还加了一个光明的尾巴，晓华大踏步地向南京路走去。

当时《文汇报》发表《伤痕》也冒了很大的风险。

张英　评论家的重新解读是因为《伤痕》道出了历次政治运动所有受害家庭的心声，还有小说里流露出来的对社会弱者所具有的同情和无奈。因为当代文学后来失去了"伤痕文学"时代最宝贵的东西：传达民意，抒发民情。每个作家都有他的创作自由，写自己想写的作品，但是今天，当数以万计的作家逃避现实、回避社会问题时，我们的文学肯定出了问题。如果不能始终保持某种道德理想的永恒关怀，文学作品想要打动读者是不可能的。

卢新华　上次陈思和讲到，中国的文学就是一块大石头压在上面，然后向两边生长：一边是身体写作，满足低级趣味；另一边是追求文本主义，玩文字游戏。陈思和在这本书的后评中讲到，有些东西还是留给索隐派去做吧。这话讲得巧妙，但事实上他也没法去一点点谈他对中国历史文化和现状的感受。

中国文学有讽喻的传统，作家必须能批判现实又有自己的个性。一群人坐在有油漆味的屋子里久了，就浑无知觉，突然有人走进来说，这个屋子有味道，对身体不好。中国就是需要这样一些人来说真话。一个作家首先要有批判性，再有同情心。如果没有批判性，同情心就滥了。

我一直在想，难道我们就这样长久沉默下去吗？难道就没有一批人、一批知识分子来重建文化精神？我们现在呼唤一种人文精神，一个民族没有人文精神，经济再发达，也会变成泡沫。我希望通过文学找到更多的知音，抛砖引玉，为中国精神文化的重建呐喊。

张英　现实的问题是，你连听众都找不到了。

卢新华　我在大学时就讲过一句话，"幻想既是不幸的源泉，也是生命的支柱"。我们如果没有幻想、期待，就会对一切失去信心。我们呼喊，没有人听见，那我们可以先几个人谈谈天，至少可以影响一个圈子，这也不错。我们总不能随波逐流，对现实视而不见吧？

现在我国的经济问题是解决了，但还有很多思想问题没有解决。一个作家要在世界文学之林站住脚，主要还是看思想性。这种思想是作家自己感悟的，而不是别人强加的。

最近我看到一篇文章说，鲁迅反对孩子看《呐喊》，我们都批判孔乙己，说他迂腐，但是鲁迅其实是非常同情他的，认为他所受的苦太多了。我们民族存在很多问题，好像一个人脸上有灰尘，我们要把它擦掉，而不是不承认灰尘的存在。就是这么一个简单的道理。

张英 《紫禁女》之前，你曾经写过一个叫《细节》的小说，好像你的作品并不多。

卢新华 很多人讲我回归文坛，问我这么多年后为什么突然又提笔写作，我对他们说，我回归文坛是不确切的，因为我从来没有离开过文坛。

出国之前还出版过一本《森林之梦》，我当时开始尝试写长篇，还写过一篇《魔》。到了美国十几年时间里，我写的只有《细节》和《紫禁女》。《细节》我是做了一个梦，把梦写下来，就是小说的结尾，然后请假花了六天时间完成的。《紫禁女》写了两三个月。我写东西速度是很快的。

下一本小说，我会写美国赌场里中国人的风云，把中国人放在西方文化背景下去研究、去考察，当然还要有好看的故事。

张英 你会看今天的文学作品吗？

卢新华 我看书很杂，像历史、佛道、中医都有涉及。国外作家我喜欢像福克纳、卡夫卡、加缪、马尔克斯这些人的作品，国内作家我喜欢看"五四"时期那些直面人生、有个性的作家写的作品，比如鲁迅。

在美国生活18年，为了写《紫禁女》，寻找女性的语感，我系统地看过当前一些女作家的作品，我发现一些女作家写得相当不错，像陈染、林白、铁凝、王安忆，但是我最喜欢陈染，跟我的趣味比较相近。

张英 你现在走的人生路像在走江湖。

卢新华 前几天我在睡梦中想到几个字，醒过来就写下来了，"道心""童趣""禅悦"，作为我人生的信条吧。我按道、童、禅来排列，禅是一个最高的境界。做到了这三条人生就不错了。很多人认为我是一个随遇而安的人，能拿得起放得下。上次我去普陀（寺），道真法师写了《心经》送给我。在福州一寺庙看到"回头是岸"四个字，我加了一个上联凑成一对，"放手如来，回头是岸"。释迦牟尼说他的法到最后只有"因缘"两个字，万事因缘起，因缘而灭。最后这两个字也没了，无话可说了。有个高僧懂得了这两个字，说：在学佛以前，看山是山，看水是水，学了一段时间后，看山不是山，看水不是水，参悟后看山还是山，看水还是水。我原先不理解，后来慢慢体会到这说的就是因缘。我们今天聚在一起，就是一种因缘，也许上辈子就已经注定了。佛教讲真空假有，空是真的，而有是假的，不过是因缘和合而生的幻想。把这些想明白后，我们就知道我们好像背了很多东西，名啊、利啊，最后一切都要被取走，不如自己早早想开。

今年（2004年）的奥运冠军邢慧娜在比赛时，那个埃塞俄比亚的选手还以为邢慧娜落后她一圈，没想到快领先她一圈了。我在牌桌上看到有人为赢钱欣喜若狂，但是可能在他身后早已有人伸出双手，就要拿走他的一切。人生就是这样，你不放一样东西，就不能拿另一样东西，如果握紧拳头，还能拿什么呢？成佛的境界就是觉悟。如果谈学佛、学道的心得，我会比较有话说，我尽量把这些运用到日常生活中。《道德经》中有句话："为学日进，为道日损。"真正的道必须一层层剥去，最后明心见性。对"道"的理解也有很多歧义，过去我们讲了太多的"道"，使大家对它产生了反感。

在美国赌场的作家

张英　当时大学毕业，《文汇报》是点名要你去的吗？

卢新华　应该说，《伤痕》给了我的人生很多机会。大学毕业时我24岁，因为出生在"红五类"家庭，又是共产党员、退伍军人，我还是上海青年联合会常委、"文革"后第一批进入中国作家协会的会员、文代会会员，我就业有多种选择：我可以去上海市委当官；军队也愿意养我当作家，一去就给我中校待遇；学校分配我去北京《人民日报》，当团委书记。这对我都是很大的诱惑。后来，我左思右想觉得自己性格简单，爱憎分明，喜怒哀乐藏不住，不是做官的料，我还是适合做一个独立的文化人。后来，就去了上海《文汇报》做文化记者。

张英　有报纸说你是国内文人下海第一人。

卢新华　因为想搞文学创作，不合适跑新闻的我工作了两年多选择了离开，当时社会上经济开始繁荣，已经出现了一些赚钱的个体户、万元户了。我去深圳从商做生意的想法很简单，就是想赚一点钱，可以养家糊口，可以有稳定的生活来源，这样我就可以安心地写作。

当时在国内《文汇报》工作时，我必须写大量指令性的文章，不能自由地表达自己，后来我选择写一些人物特写、专访，可以有一些自己的味道，但不可能自由地发挥。离开了《文汇报》，自己养活自己，不再听命于任何人，不想写的时候就不写，想写的时候没有人干预，这是我当时的理想。

后来许多人说我是中国文人下海第一人，但其实不是。虽然我下海是比较早，但我知道至少黄宗英比我早，她在广东办文化娱乐公司的时候我还去探望过她。历史经常以讹传讹，我也没法去纠正。

张英 怎么想去美国的呢？比起国内，在美国你过得并不好。

卢新华 做生意开始赚了一点钱，后来连本全赔了。后来，我就想出国看看。当时我对美国的印象就是在大学里看过的美国电影《阿波罗登月飞行》，那里的繁华让我心驰神往，特别好奇，想看看资本主义究竟是怎么回事。当时刚好出版《森林之梦》，拿了一笔 1000 多元的稿费，我先是到上海外国语学院读托福，学习英语。

我去美国主要有几条，第一是我希望在经济上养活自己，为以后写作打下物质基础。第二是行万里路，把握自然。所谓工夫在诗外，写小说的人不能一天到晚坐在桌前，要厚积薄发。

1986 年 9 月，我乘上了去美国的飞机。下飞机后，发现原来答应接机的大学同学没有来接我，后来在飞机上遇到的一个杭州小伙子的亲戚家住了一个多月。

钱真是不够花，我从国内带来的 500 多美元，在加州大学洛杉矶分校东亚语言文学系报到注册就花了 300 多，剩下的钱根本就不敢花，怕生病。我当时真是想钱想疯了，为解决生活费，经熟人介绍，我在学校附近自行车行找到了踩三轮车的工作。

我们学校附近有个地方，外号叫作"小巴黎"，到了周末就有很多的美国人来游玩。和我一起踩三轮车的基本都是美国白人大学生或研究生，他们觉得这活儿既锻炼身体，又能挣钱，所以干起来都很开心。我是第一个做这份工作的东方人。

第一晚踩三轮车等了几个小时都没有客人，正在我沮丧和绝望的时候，有了第一个生意，到了目的地，客人给了我25美元车资，另加20美元小费，我高兴地收了下来。

我当时都是在周末和晚上去打工，运气好的时候一个周末大概可以赚300美金，一个月就有2000，这个数目当时真的是不得了。又好玩，又有钱赚，而且不耽误白天的学习，同时还可以练习英语听说能力，帮助我认识、了解美国人，自我感觉还是很潇洒的。

半年多后，我太太和孩子到了美国。有段时间，我也开车帮餐馆送过几个月的外卖。1988年我拿到硕士学位后，因为不想去中文报纸做记者，我到洛杉矶利民图书公司做业务部经理，主要出版一些与中国文化相关的书籍。后来，这个喜欢我小说的老板帮我办了绿卡，我们一家就留在了美国。

张英　后来去赌场发牌又是怎样一回事呢？

卢新华　1991年年底，我开始办公司，做金融、期货生意，结果亏掉了一万美元；后来做期货，又被别人骗掉一万多块。再后来又将7000块钱交给一个很好的同学让他代我去做股票，哪知道当年十块六毛一股，搞到后来已经是两毛五分钱一股了。这么来来回回一折腾，把钱全部弄光了。

现在想起来，幸好我踩三轮车赚到钱的时候，花五万美金在上海古北买了套140平方米左右的房子。这套房子现在增值了几倍，成了原始股。如果不买，就全赔进去了。

后来我只好再去打工。我家里有兄弟四个，但是我们的下一代清一色都是女孩。我妈妈一天到晚就像祥林嫂一样，老是寄录音来给我们听，希望我们再生一个。出于对母亲的孝心，我在美国就又要了两个孩子。

因为养家糊口的压力也大了。1992年，我决定到赌场去做发牌员，这份工作收入比其他工作要高得多。做发牌员必须先读专门的发牌学校，取得那里的毕业证书后才有资格去赌场应聘，在入学前必须通过考试，如果通过，美国政府会发奖学金，否则就要自己掏钱交学费。我顺利通过了考试，学习结束以后，经过一系列的培训、评估，我正式上岗了。

赌场内发牌员分高、中、低几个层次，几年里，由初级做到A级，我的收入主要是靠小费。美国政府根据不同级别对发牌员包税，实际上是远远低于实际收入的。一个好的发牌员年薪有八九万，差一点也有六七万。我进赌场主要还是为了谋生，而不是像一些人说我是在体验生活。

但中国有句俗话说赌桌上选女婿，指输后最能体现一个人的人性、气质。有些人输了钱就会冲着发牌员发脾气，这也是有的。一个赌场就像一个联合国，什么国家的人都有。我的一个世界文明大融合的观念就是在赌桌上形成的。每一个民族都表现出他们独特的精神气质，像犹太人特吝啬，以前看巴尔扎克、狄更斯的小说没有很深的感受，但在牌桌上，通过给小费这个细节，我对这个民族有了深刻的了解。韩国人出手大方，但沉不住气；日本人比较文雅；中国人爱面子，永远随大流。但是犹太人从来不给小费，别人看不顺眼，讽刺他。

赌场也像用兵打仗一样，需要斗智斗勇，怎么押赌注之类都有学问。很好玩，有时真觉得是在看戏，还有人付你钱。当然，有时赌客输了钱也会迁怒于发牌员，对你横挑鼻子竖挑眼，甚至把你当作他或她的克星。这时，你就得学会逆来顺受，否则，如果和客人吵骂起来，你这份工作也就算是做到头了。

做赌场发牌员的另一个好处是思考的问题与工作可以分离，只要发牌不出错，你想什么都可以。在发牌的间隙，我看了很多书，像《金刚经》《道德经》《易经》这些书我看了好多次。

后来我回到中国办了一家服装公司，我弟弟在那里负责所有的管理工作。我就想赚到钱，这样可以安心地做自己喜欢的事。别人总说我心想事成，有一次到一个刚清理过的池塘钓鱼，大家都说没有鱼，但我却钓到了十条鲫鱼十条毛鱼，来了一个"十全十美"。

我觉得自己跟做生意无缘，错过了好几次发财的好机会，几次投资都失败了，幸运的是，我也避免了几次风险。要不然现在上海这套房子都没有了。我原来想把孩子、太太接回中国，但是他们想法不同，洛杉矶是他们成长的家乡，他们在中国有很多不习惯，待了一年就回美国了，不肯回来了。

张英　当生存的问题全部解决，文学又成为你的归宿。

卢新华　我的原则是钱够花就行了。现在，我在美国有了自己的家，在上海也有两套房子，没有贷款负担，多少有点存款，养家糊口的任务已经完成，我觉得，可以把我的文学梦接上了。所以我辞掉了赌场工作。

这两年，我频繁地往返于上海与洛杉矶之间。半年时间在上海读读书，写写字，见见朋友，写我的小说。半年时间回美国陪老婆孩子。

当年去美国的目的，一是为了淘金，期望能攒下一笔财富，二是寻找人生新的可能性，丰富自己人生阅历，寻找自己文学的新出路。这18年里，我读了一个研究生，把老婆、孩子接到美国，拿到了绿卡，买了几处房子，去了那么多国家，还多生了两个孩子，又出版了两本书，做生意谈不上成功，但也谈不上失败，仔细算一算，还是赚了。

从我个人来讲，我觉得作为一个人活着，最重要的是有一种喜悦之情，不管做什么事，不管有多少名和利，都是开开心心的，就像傻子一样，人们说他们是前世的罗汉投胎的。我觉得这是一种很高的人生境界。

祝勇

■

看尽山河写故宫

"弱水三千，我只能取一瓢饮，面对每一个建筑空间，我也只能选取一个时间的片段（当然是我认为重要的片段），让这些时间的碎片，依附在不同的空间上，衔接成一幅较为完整的历史拼图。"在新书《故宫六百年》中，作家、学者祝勇这样写道。

　　这是祝勇关于故宫的第八本书。在故宫博物院工作的 10 年里，他先后写了《故宫的风花雪月》《故宫的隐秘角落》《在故宫寻找苏东坡》《故宫的古物之美》（三本）、《在故宫书写整个世界》，以及《故宫六百年》。

　　2020 年恰逢故宫建成 600 年，市场上出现了好几本题为《故宫六百年》的著作，但祝勇的书与众不同——它以平视的眼光，更多关注故宫中的普通人，呈现出他们生命的疼痛与哀伤。《故宫六百年》不是帝王家史，不是龙椅背后的猎奇，而是呈现人性温度之作，它试图将每个普通读者带到故宫的文化语境中，真实地听到它的脉动，真实地感受到它的呼吸。

　　除了书写和学术研究，祝勇还是故宫博物院的文化传播研究所所长，身体力行地向全世界传播故宫、推广故宫，不断通过电视纪录片、综艺节目等新方式来传播故宫文化。从中央电视台拍的 12 集纪录片《故宫》（2005 年播出），到《故宫 100》等，再到如今讲述"故宫文物南迁"的纪录片，一个个项目的背后，都有他的身影。

　　"故宫文物，跨越了大半个中国，还跑到国外。抗战时期，文物南迁期间，故宫还在国外办过几次展览。我们想通过这样一个纪录片，讲述故宫百年的沧桑，以及国难当头时，故宫人的担当。这个项目刚刚开始推进，还在探索的过程中。希望最晚在后年，能推出一个让观众耳目一新的片子。"

这篇访谈，跨越了 20 年的岁月。上篇作于 2000 年末，那个时候我还在《北京文学》工作，祝勇在时事出版社工作。下篇是在 20 年后，我到了腾讯新闻工作，祝勇已经在故宫博物院工作了 10 年。它是岁月的印迹，更是友情的见证。唯一不变的是，还是文学。

上篇

写作从大学时代开始

张英 我对你最初的了解是从二十世纪九十年代初的《台港文学选刊》开始的，当时你在这本杂志上发表了不少散文鉴赏文章，后来又在很多发行量很大的青年刊物上看到你写的一些青春散文。记得你读的是国际关系学院，你为什么后来选择了以出版和写作为人生方向呢？

祝勇 这与少年时代的愿望有关。当时许多同学都热衷文学，我身边的一些朋友都在写作，初中时代就开始尝试写短篇小说，那时我就不知天高地厚地给《人民文学》投稿。但是到目前只剩下我一个人还在坚持。很多人把它当作一种"爱好"而不是生命本身的必需，当成生存手段而非生存方式——它们之间是有本质不同的。

张英 你最初是怎样开始发表作品的呢？

祝勇 很艰难。我的学长都是外交和国际关系领域的人才，没有从事文学创作的。所以那个时候，没有任何人帮助我，全凭自己。不像其他大学——比如北京大学、武汉大学——的中文系学生，开始写作时总有学长们（他们许多已是文坛上的名人）提携扶助。那几所大学甚至形成了作家群。

我一直是单兵作战，我所身处的价值系统与我内心的准则有着根本的不同，有时的确感到孤独，像行走在戈壁上的旅人，没有伙伴，没有参照物，周遭有时沉寂得连一点声嚣都听不到，得靠一股韧劲坚持。我真正发表文学作品是从 1990 年开始的，纯粹是靠自由投稿打天下。那几年我的生活非常动荡，境况很不好，就是在这种情况下开始了真正意义上的文学写作。

当时我住在单位的集体宿舍里，那里的感觉和牢房差不多，一张床、一张桌子、一盏灯，行李就放在地上，就这样开始了我的工作和写作。我工作的时候正是二十世纪九十年代"经济热""下海热"兴起的时候，人文环境非常恶劣，昔日的友人，或是出国，或是有了"体面"的事业，在这种情况下选择写作为终身的事业，确实有点悲壮的意味。

我当时是在基本没有发表可能的情况下，纯然为心灵写作的，因而那时的作品不论质量如何，都可以说是内心的真实表达，在写的时候，从不考虑适合哪个刊物的特色和风格，自己满意了就寄出去，如果不合适发表就束之高阁，这种习惯一直持续到现在。这段时期我写的一些文章都是我个人的一些生命感受，也是整个青春期的情感积累。

我那时对台湾文学特别感兴趣，对台湾文学的阅读量也远远大于那些沉迷于三毛、林清玄世界里的人，包括林文月、司马中原、张拓芜、许达然等许多大家的作品都认真读过。所以在《台港文学选刊》上发表了一些文章，在这方面还算有点发言权。台湾文学里有很多个性化的声音，从大陆文学里我们常常能够感觉到一种元话语（即公共话语）的存在，个性的表现不够充分，从某种程度上说，大陆文学已经被规范化、体制化了，所以你可以想象，当时台港文学中个性、人性的成分对我们的冲击会有多么大，台湾作家风靡大陆，是有其内在的逻辑性的。

我从中悟出了一些东西，开始注重作品的美感——文学不一定都要有"教育意义"，那是一种功利的想法，精神上的愉悦首先就是重要的；如果一部作品连起码的审美价值都谈不上，又如何能够深入人心？只有符合人性的东西才有可能是美的。我的早期写作就从这个角度出发，但自己在个性的张扬方面没有做得令自己满意。

张英 我觉得港台文学在某种程度上恢复了我们的美学观念，文学不仅仅是我们认为的沉重的、宏大的、历史的、集体的表达，它同时也应该是令人愉悦的、有趣的、有美感的、个人的声音。它补充、完善了我们在美育上的不足，促进了僵化的、粗糙的、机械的感知的苏醒，如春风细雨滋润了人们的心田。

祝勇 是的。从这个意义上说，青春散文从台湾文学中得到了启迪，其个性话语的出现是有进步意义的，它在九十年代崛起也是有着必然性的。人们在这种充满青春情调的阅读中，发现了与自己心灵相契合的语言，聆听到从身体内部发出的声音，这种散文摒弃了传统散文那种居高临下的态势，代之以一种平常的叙述角度，很多人在读了之后，也开始了写作。

但是后来的情况发生了变化。这批青年作家最初是凭借着写作个性而赢得读者的，但是他们中有些人后来越来越依赖市场，越来越媚俗，作秀和捏造便成了家常便饭，这种被市场规定好了的写作，反而谈不上什么个性了，不过是照着固定的尺码裁衣罢了。写作开始掺杂越来越多的表演意识，问题就出在这儿，写作不能是表演，作家不能是明星，广告和宣传有着它的必要性，好的文章应当让更多的人看到，但是这种包装在成为表演，写作的心态和动机都发生了变化，从他们的文字中间可以看出这种表演性，是一种蓄谋，更是一种堕落，而不是生命、青春本身的吟唱。如果对某位青春写手的文章进行统计，我们会发现他已经有几百次爱情经历了，事实上是不可能的。很多人是把散文当成小说在写，情感也是虚构的。

后来，我渐渐感觉到青春散文的活力正在丧失，作品中"文学"的含量也在减少。这种"叛逆"型的写作行为，告别了一种程式化，却陷入另一种程式化，绝对是没有出路的，所以我就告别了青春散文的写作。

张英　事实上青春散文还有它生机勃勃的一面，像八十年代中期的青春散文在艺术上达到的造诣非常高，老愚主编的《上升》、顾潜主编的《青春的抗争》等散文集就代表了另外一种青春散文，曹明华、苇岸、唐敏、李书磊、王开林、胡晓梦、伍立杨、杜丽、冯秋子、元元等人的散文就给青春抹上了另外一种颜色，这也正是我们不能忽视的。

祝勇　青春散文一直是按两条线索发展的。一条是市场化的，亦即世俗化的；另一条则是学院的、知识分子的。八十年代一度引人瞩目的校园文化在九十年代初期遭遇挫折之后，后一条线索呈隐性发展的趋势，刚好同前一条线索呈反比，后者与前者进行的是耐力和信心的竞赛。作为同龄人，又同为写作者，坚守家园的一脉眼看着那些市场明星的书一再走俏而不为所动，的确需要极坚强的心理素质和自我意识，好在时间证明了一切。到九十年代中后期，后一阵营中许多人凭借实力浮出海面，成为真正的话语主体，所以迄今为止我一直把前几年由老愚他们编的那些散文集作为青春散文的代表，那些作者无论是现在写不写，他们的作品都是有着独特的价值的，他们记录了自己真实的青春与梦想。

可惜的是，"青春散文"这个词语已经被那些市场宠儿弄得粗鄙不堪了。当年青春文化崛起的背景是很激动人心的，比如，崔健、王朔的出现对我们就有着重要的意义。当时我们这批写作者对传统的文学框架有些看不惯，有一种愤世嫉俗的情绪，对青春文化抱有很大的希望，而且它的发展势头很好。老愚编的那些书，确实记录了我们这代人的精神历险。台湾的一些女散文家来大陆访问，在和我们交谈的时候，我曾对她们说，真正的散文在大陆，那是对我们这代人的预言。遗憾的是，学院的那条线索受到了抑制，而市场化的那条线索却大行其道了。

张英　这刚好与整个社会中理想主义退潮、实用主义和拜金主义盛行相吻合。

祝勇　是的，青春文化的退潮，与自身的内在因素有关，如写作没有向更深更广的方向拓展，也与外在因素有关，就是你所说的现实环境。那种纯市场化的青春散文到了后来就是赤裸裸的欺骗了。过去的散文受政治的制约，现在的散文受经济的制约。

那些所谓的青春文化偶像人格是分裂的，八十年代和九十年代的社会环境不同，这种不同造就了不同的文化。比如就大学生而言吧，我觉得就差那么几年，但是八十年代和九十年代的大学生存在代沟。

张英　我从精神上把大学的青春文化分为三个阶段：78至86届，86至89届，89届至现在。无论是从精神上还是从形象和文化上来看，彼此间的断层非常明显。灵魂的光芒正在减弱，梦想越来越现实，精神上的尊严正在向现实妥协，人文环境的恶化从大学的课堂就可以看出来。

祝勇　从外在的环境看，文化消费群体发生了很大的变化，八十年代学院里那一批理想主义者，面对的是九十年代适应了市场的师弟师妹们，结果就可想而知了。这时便有这个"王子"那个"王子"乘虚而入。

张英 当然，事实上也不是所有的人都去迎合读者，还是有人在坚持自己的理想和人生目标，只不过他们成为边缘文化的一部分了，像伍立杨在北京，华姿在武汉，唐敏在福州，鲍尔吉·原野在沈阳，王开林在长沙，等等，他们一直在坚持着当年的文学理想和人生理想，坚持着写作，从来都没有和现实达成妥协，相比迅速转向迎合市场、为了名利而写作的那些人，他们太不容易了。

祝勇 的确如此。在市场大量炮制"青春泡沫"的同时，真正杰出的散文，却只能在小范围里被传播。比如，苇岸的散文。不过现在读者的审美能力也在提高，你别看这批小孩，他开始可能会受骗，被"包装"牵着鼻子转，慢慢地有了自己的独立品格之后，他们对文化的接受便会从被动转变成主动。他们日臻成熟的选择能力，对于市场推出的这个"王子"那个"王子"来说，绝不是一个好的信号。恰是在这个时候，许多发行量在 200 多万份以上的刊物现在暴跌到只剩十几万份，因为它们在正在成长的读者面前日益显得轻飘了。毕竟，历史还是公平的。

刚才你提到人格问题，我觉得人格和良知对于文人来说是起码的要求。那些青春作家，他们在人格上是分裂的，他们在作品中所表现出的所谓"完美人格"，全部是用谎言构筑的。青春文化的最大可贵处在于真诚和真实，在于激情和透明，但是，遗憾的是今天的青春作者们已经彻底放弃了这一品质，像现在出现的什么美女作家、粉领一族，专走传奇情感和残酷青春的路子，整天坐在家里胡编乱造，这些人为了名利可以不择手段，在记者面前，竟然连自己的人生经历和家庭都敢虚构，胡说八道。他们时常摆出一副"另类"、愤世嫉俗的架势，其实他们是嫉了一种俗，却投入另一种俗之中。

张英　你如何看待文学的一些标签，"美女作家""70后""新新人类"？

祝勇　文学的标签不重要，更多的是市场考虑，与文学无关。"70后""新新人类"与我前面提到的"青春王子"在本质上是一致的，只不过"青春王子"的武器是"纯情"，而"新新人类"的旗帜是反叛罢了。他们的反叛其实是虚构出来的，他们骨子里其实媚俗得很。

他们追求的那种很"酷"的生存方式，诸如吸毒、群居，甚至标榜"无性之爱"等，很容易令人将他们同"垮掉的一代"联系起来。表面看来似乎很相似，实际上却是别如霄壤。虽然他们同为后工业文明的产物，但是"垮掉的一代"从灵魂深处表达出对后工业社会的厌恶，他们中许多人是富商、资本家的后代，前程似锦，但他们却放浪形骸，与现有的一切秩序彻底决裂，对资本主义的"摩登时代"彻底厌恶，不论我们今天如何估量他们的价值，至少他们是果敢而决绝的。

而"新新人类"却不会同后工业社会决裂，相反，他们依赖着后工业社会带来的一切便利——诸如媒体的好处、明星制的可爱，以及物欲的享受。这一批作家的作品中大量充斥世界名牌产品的名称，这种时髦的堆砌流露出一种后殖民化心态，反映出他们创造力的贫乏以及文化上自信力的不足。

"新文人"与文学流派

张英　你曾在与作家刘心武的对话中提出了一个"新文人"的概

念，应当说，你所说的"新文人"几乎与前面提到的市场化了的青年作家处于同一年龄段上，基本上是六七十年代出生的作家。你还为作家出版社主编了一套《声音的重量：中国新文人随笔》。该怎样理解"新文人"的出现呢？

祝勇 从青年文化的构筑到新文人的出现是一个自然的过程。我所说的"新文人"，主要是由青春文化中学院的一支脱胎而来，当然也包括一些来自乡土民间的青年作家，如这两年成绩不凡的作家凸凹等，说到底还是过去的一批理想主义者，他们是与那些市场化了的"青春美文"平行发展的。从某种意义上说，"新文人"文化与真正意义上的青春（校园）文化是属于同一条根系的。从今天"新文人"们视角新颖、无拘无束的文风中，还依稀可以窥见当年的青春痕迹。与"王子"们的隆重出场相对比，他们在九十年代初期逐渐地边缘化了，但是他们通过调整自己的步伐，又很快在思想文化领域发出自己的声音。一个鲜明的例子便是李书磊，他在北大博士毕业以后，在郊区赁屋而居，什么也不干，就读书，重读古典，忍受着无边的寂寞，还真有一点壮士一去的悲壮味道，显现出"新文人"的文化自觉。李书磊后来在一篇文章里追述了自己的那段岁月："1989年冬天到1991年冬天，我在北京西郊蓝淀厂附近赁屋而居。那两年好像朋友们一下子全走光了，我的门上干脆连留言袋也不挂了。偶尔也有人敲门，那是鬼鬼祟祟来推销手套、袜子或者大蒜之类东西的小贩。离住处不远有个春来饭馆，与我小时候看的《沙家浜》中的春来茶馆同名，使我觉得既亲切又古怪。我常到春来饭馆吃饭。这饭馆地偏，客人很少，我每次去都看见空空如也，白色桌布上落着尘沙，老板娘无聊地闲坐着。两年间我很少说话，只是在窗下读书，读古书。有时候读到感动处特别想与一个人聊聊，但没有人。我于是写成札记。那一天傍晚我走出楼门，发现纷纷扬扬地正飘着大雪。我一下子就想起了艾青的一首诗《雪落在中国的土地上》，站在雪地里不知为什么我竟泪流满面。"

张英 你还多次提到伍立杨。

祝勇 对，前几天我在国际关系学院讲课时还提到他。他在中山大学读书，八十年代的广州完全是一个蒸发欲望的城市，但他却在图书馆的古籍室里泡了四年，专心治学，心甘情愿地做他书里所讲的"时间深处的孤灯"。如今他作品里深刻的见识和扎实的学识功底堪与"老文人"媲美，都源于那时下的苦功夫。连舒展、陈四益、黄永厚、王得后这批老先生，都戏称伍立杨为"伍老"。现在回过头来看，这些人恰是当年校园文化的主体。老愚选编的那些书，我都多年不看了，但是回过头来一翻，苇岸、鲍尔吉·原野、王开林、伍立杨、彭程、刘江滨、姜威等，全在里头。许多年中，他们仿佛消失了一样，其实他们在艰难地奋斗着，靠着文化的自觉、艰苦的积累、生命内在的冲动，实现了写作的蜕变，九十年代后期又杀回文坛，介入九十年代的文化发展。

张英 你为什么称他们为"新文人"呢？

祝勇 我所说的"新文人"与"老文人"是相对而言的，老文人是指五十年代成长起来的那一批至今仍在思想文化界活跃的知识分子等。至于那些思想如干尸般僵化的人士，老则老矣，却与"新文人"毫无可比性，固不入考察之列。新老文人在立场上是相通的，有一些共同点。老文人耳闻目睹种种黑暗，是基于个人经历的切肤之痛，发出铁屋中的呐喊。而"新文人"虽无切肤之痛，可以说他们的成长历程比较平静，但他们仍然关注人类命运的大的主题，可见他们先天具有一种使命感，这一点更难能可贵。他们的反思，能够超出具体的时事，情感色彩淡了，学理色彩浓了。没有任何思维定式来束缚他们，他们也敢于突破困囿，而直达症结本身。或许只有接受了多元文化洗礼的"新文人"，才能将这种思考引向深入。

张英 能否具体比较一下？

祝勇 以何满子先生为例吧。何先生文章我是一向喜欢的，颇得鲁迅风骨，目光很犀利，文字功夫也好。但在对待舒芜的问题上，似乎总是纠缠于个人恩怨，不去挖掘体制上的病根。我对舒芜事件的看法与他很不相同，我们不仅要解决舒芜"是什么"，更要解决舒芜"为什么"。许多老文人都解决了"是什么"——what 的问题，为后者进一步研究提供了相对可信的历史标本，但却没有很好地解决"为什么"——why 的问题。如果你指责舒芜是犹大——暂且这样提——那么他为什么会成为犹大？这个令人不待见的角色，与其说是他主动扮演的，不如说是当时的那个时代强加给他的，真正的大导演并不是舒芜，他只是舞台上的一个小演员，甚至可以说他不是重要演员，一个很小的演员，连龙套都算不上，真正的导演躲在看不见的地方。我们要寻找的，正是那只看不见的手，是社会生活中那种无形、却很致命的强制力和同化力。这就是我与何满子先生的不同。我不知道这个例子是否可以说明问题——是否可以比较出新老文人的不同。除了我发在 1999 年第六期《黄河》上的《存在的代价——透过舒芜看"迷失"》以外，余世存也就舒芜问题写过一篇长文，大约两万字吧，叫《在迷失和回归之间：我眼中的舒芜》，发在 2000 年第一期《书屋》上，讲得更透彻，他可能说得更直接一些，基本上代表我们这一代人的立场，这就是"新文人"跟老文人的差别。

当然，老文人身上的许多东西是"新文人"不及的，需要向他们学习，这是另外一个层面的问题。

张英 我觉得今天我们再提"新文人",在现在的文化环境下,他的存在、地位以及处境非常尴尬,因为"文人"是一种过去的旧称,而且在精神和面貌上同现在完全不一样了,让人觉得与时代不是很合拍,要确立和树起一代新文化人的精神形象,非常难。

祝勇 物欲横流,的确是市场时代的负面,但是它也有它的好处,它把那种政治挂帅的假大空时代瓦解了,人也有了选择的自由,同时也为形成一个独立的知识分子阶层提供了条件。好比一个孩子,姥姥不疼舅舅不爱,没人要了,确实有点不幸,但他的自主性也同时提高了,自己有了决定权,自己的命运握在自己手里,亦不失为一件快事。中国一直没有形成独立的知识分子阶层,在传统的封建时代就甭说了,知识分子都要经过儒家经典的精神过滤,经由科举的独木桥进入仕途,不成官僚便成幕僚。"五四"打碎了独尊儒术的一元化的体制,带来一个五彩缤纷的时代。在当时,律师、教师、出版人这些由知识分子专有的职业的出现,正在孕育一个独立的知识分子阶层。这种知识分子阶层不依附别人,而能自己生存。只有经济独立,才会有思想上的独立——不需要通过科举来做官,来歌功颂德拍马屁,用学界的话说,知识分子的"毛",用不着再附在当权者的"皮"上。但是这个阶层的独立地位没有得到巩固,时局的动荡在不断地打断他们的梦想。1949 年以后,知识分子都变成国家干部了,这个大家都熟悉。所以,从某种意义上说,"新文人"的出现,衔接了"五四"之梦。在现代社会,他们的地位处境固然有尴尬的地方,比如他们至今还执着地守卫着自己的精神家园,与大的社会环境不合拍,比如他们的作品不可能畅销。但他们毕竟是属于自己的,他们不需要再看别人的眼色了——至于书商和老板们的眼色,又岂在话下?

张英 是啊，种种运动使知识分子蒙受的精神耻辱太深重了，中国传统知识分子所追求的人格独立、自由发言、按照理想改造社会的梦想在现实面前破碎了，到后来，大家好不容易看到了某种希望，可是市场经济和商业文化又在物质上给他们带来了强大的冲击，加上市场经济的不完善，权力集团与商业集团的权钱交易导致的腐败，不正之风蔓延到社会上，拜金主义和实用主义盛行，人的欲望没有节制。现在人文知识分子的处境非常尴尬，一方面远离社会中心，另一方面又企图对社会有所作用，包括商业意识形态在内的双重压力已经让他们很难抬起头了。

祝勇 的确，这是人文知识分子悲剧性的一面，但他们又必须在夹缝中求生存，不能怨天尤人。实际上这种大的环境还是有知识分子发挥作用的地方，起码现在的环境比以前要好，比如说读书吧，蓝英年说我们现在读的书他们当时想都不敢想，毕竟时代环境不一样。

这一代知识分子最可比的就是"五四"那一代。"五四"的作用是启蒙，类似欧洲文艺复兴和启蒙时代，但"五四"的路走得太匆忙了，实际上从1915年创办《青年杂志》（后改名为《新青年》）到1919年，短短四年——我说的是作为一场启蒙运动的五四新文化运动。时间太仓促，那代人的遗憾正好为"新文人"提供了用武之地。

张英 我是比较悲观的。我看到了你主编的《知识分子应该干什么》，我很高兴，你还有那么强的责任感。

祝勇 那本书是大家的文集，我不太方便在里面阐述我的一己之见。我虽然写了一个序，但我把这本书当成一个公众的讲堂，所以我不能预设什么观点，"主题先行"。但是我有自己的想法，现在的知识分子，包括"新文人"，应当完成"五四"知识分子没有完成的启蒙任务。"五四"为什么没有完成他们的使命呢？一方面，他们走过的路程太短，面对一个千疮百孔的古老中国，几年时间的努力不可能立竿见影，而且当时解决社会问题呀、思想问题呀都有一些实用主义的倾向，一时见不到效果的就不被采纳。

用李泽厚的话讲，就是救亡压倒启蒙，人们热衷于游行、唱歌，真正启蒙的作用没有起到。而启蒙恰恰是一个漫长的过程，甚至是几代人都看不到结果的过程。西方的启蒙之路走了几百年，所以它的思想文化基础非常牢固，它的这种思想基础对今天西方社会现实作用很大，你看东西方文化差别很大，我在我的书里讲了一个例子，就是西方政权的动荡对社会生活不会发生影响，在东方这种影响非常巨大。

另外"五四"本身还有一些问题，比如对待传统的态度上我觉得还有很多不成熟的方面，不合理。一个典型的例子就是钱玄同建议废除汉字使用拉丁字母，这种改造过于生硬，任何进步应该要有它的逻辑性、合理性在里面。

思想文化的建设是一个漫长的过程，不可能在一朝一夕就能造就，这个漫长就是需要知识分子默默地写作、耕耘。文人的武器是笔，不是枪，弃笔从戎未尝不可，但身份绝对是变了，就是战士，不是文人了。我尤其反对一些言行过激的文人，我们固然应该听到一种另类的声音，但这种声音有时会起到相反的作用。

张英　是啊，每个年代都有激进主义者，但是真正对时代和社会起到作用的是那些文化上的建设者。

祝勇　如果"五四"启蒙之路不曾中断，今日之中国绝对不是现在这种状况。那一代人的幼稚病在"新文人"身上必须克服。为什么一些"新文人"重读古典？重读古典本身就是对"五四"幼稚病的一些矫正和补充。譬如说"五四"主张打倒孔家店，打倒自汉代以来独尊儒术的局面，所谓"反霸权"，所以鲁迅主张青年不要读古书，全盘否定。鲁迅的这番话应当放到当时的环境中去理解，他对"吃人"的封建文化有切肤之痛，必先除之而后快——况且鲁迅自己并没有一刀与传统割断。李书磊没听鲁迅的话，古书还是读了，而且是专门读、系统读。把中国传统文化一刀割裂，那中国岂不要变成一个文化殖民地了吗？文化内在变动，发展蜕变的合理性是割裂不掉的，想通过强制力一刀两断是不可能的。

我们今天对待"五四"，包括对待"五四"那代人不能偶像化，他们的确是大师，他们那一代大师后人无法望其项背，但他们不是神。林贤治把鲁迅当成神了，顶礼膜拜。

张英　你觉得你们这些"新文人"找到了自己的方向吗？

祝勇　这批30多岁的"新文人"有文化上的自觉，知道自己应该干什么，不应该干什么，所谓不应该干的就是把自己当成一个大明星，不应该流入市场操作的框架里去，要保持自己独立的身份，进行这种文化的启蒙、浸润、建设，一点一滴，不要摆出决斗的架势来唬人。

张英　新也未必好，谁敢保证我们的现代意识没有发生偏差？

祝勇　目前有些人片面强调世界化，说穿了，所谓世界化实际就是美国化，连欧洲都抵抗不了美国文化的入侵。现在讲中国要与世界接轨，但是对于"与世界接轨"这个概念的理解偏差太大了，这一点与"五四"时代异曲同工，把西方的东西引进来，但是对西方根本不了解，完全是一种错误的印象。仅以建筑为例，北京八九十年代兴起大玻璃幕墙，把它视为现代化建筑的标志，实际上它在西方早已过时，而且非常不适合中国的环境。再如一些年轻的写作者都极力地表现世界化的一面，按西方的生活方式来生存，除了舞厅便是酒吧，这种"西化"实在表面化，对西方的道德价值系统完全不了解。

中国人总是喜欢新鲜刺激的东西，总是对"新生事物"充满热情，而欧洲人却恰恰相反，喜欢旧东西。一位作家曾说过，有一位北京的白领丽人去法国旅游，归来后埋怨巴黎到处是旧房子，还没有北京的高楼大厦多呢，不过瘾，简直白去了。有些人总是简单地把高楼大厦当成现代化、世界化的标志，中国的老房子就是这样被拆掉的，民族中很多本质性的东西就这样被糟蹋掉了。如果没有全民成熟的文化心态，仅靠一两个梁思成、阮仪三是无济于事的。

张英　我们已经受到历史的报复。现在全国各地区的民俗风情正在消失，各个地区的建筑特色正在消亡，我们不会觉得一个城市同另一个城市有什么差别，地域文化上的差别被彻底掩盖住了。

祝勇　表现在文学上，语言的光芒黯淡了，沈从文那种语境在"新人类"小说家身上荡然无存。

张英　表面化的西化。

祝勇　西方恰恰是与此相反。二十世纪的西方并不是这样的，二战后的 50 年，西方很强调人类发展和生命环境的和谐、经济与人文的和谐。我写《北京之死》就源于这些意识，觉得非常痛心，后来又写了一些文化方面的随笔，比如琴棋书画和笔墨纸砚什么的，都是极力挽留属于我们中国人自己的一些很美好的东西。我在写砚的那篇文章中写道，可能要不了多久，人们就不知道砚是什么东西了。

张英　这样的话，中国人的心灵就不知道在何处落脚了。实际上这种好大喜功的追求缘于一种耻辱后遗症，当年的"赶英超美"就是这样一种心理——别人有的，咱也不能少。

祝勇　你看现在的欧洲的英法等国家，它绝对不随便建那种大玻璃幕墙，绝对不建这种大而无当的建筑，它该小的时候就很小，绝对不像咱们这儿动不动就以新东安商场或者是北京西客站那样的"大而全"为自豪。

现在在建设中动不动就谈亚洲第一，或者亚洲最大等，实际上这些毫无意义。之前世界建筑师大会在北京举行，对北京的建筑提出了激烈的批评。我们对现代化的理解很片面，以为大型豪华、金碧辉煌就是现代化，实际上现代化的本质是效率。比如火车站，应当以最快捷的速度疏散人流，而现在的西客站，大而无当，旅客进去以后不知道从哪儿走，或者从这头走到那头要花半个小时的时间，甚至在里边建大商场、餐厅、吧厅、录像厅等，不但不能疏散客流反而吸引客流，这反映出文化心态上的失衡。

所以，完成"五四"的使命，不是轻而易举的事。此外，还要建设中国人在文化上的自信，我写了大量对传统文化有关的反思。董桥的散文之所以畅销，就是他试图建立中国人文化上的自信，包括伍立杨，他甚至对古典的医书、农书、历书、建筑、家具等，都很有研究。

张英　从这一点来看，实际上你们这些"新文人"肩负的文化使命和以前的文人是一样的，只不过是为了和现在的文化炒作者区分开来吧。

祝勇　孙郁认为"新文人"这个概念提得草率，不确切。他问：你们到底新在哪里？然而在我看来，将来有人不需要再去考虑"五四"设定的命题，他们会超越以往所有的文人，专注于自己崭新的文化建设，但那是将来的事，我们这代人没有这样的福气。如果我们对"五四"命题有了深层解答，就很了不得了。

《北京之死》与自我转型

张英　我想写作的人，都有过青春期写作，我们不应当为此而羞愧，应当警惕的是青春写作不应当成为一种标签和公式，被一些人作为用来骗取名利的手段，我觉得这是应该杜绝的，毕竟青春的梦想是可贵而且纯洁的，它不应当被人披上虚假华丽的外衣。你那个时候毅然告别青春散文写作，究竟是出于何种想法？

祝勇　应当说，我在写作上的变化是在六十年代出生的校园作家由最初的青春冲动转向深层的理性思考的大背景下进行的。年龄的变化使得许多事情都发生了改变，后来的发展往往超出原来的预想。比如对女性的看法、读书的兴趣都在不知不觉中发生改变，这种变化是自然发生而非提前预设的，闻一多先生就为我们提供了一个典型的个案。他早期写了很多有激情的诗歌，后来却走上了学术的苦路，于孤寂的沉思中寻找一个更加深刻而广阔的世界，他觉得写诗已经不解渴了，于是开始进行另一种精神历险。这是一种生命内部的自然而然的变化。

这时我的读书趣味已经发生了根本性的变化，从前喜欢文学作品，而这些年则对思想学术如痴如醉。我过去的写作是基于人本主义的立场，这种个人化写作相对于七八十年代文学的规范化、体制化是一种进步，但是它如果没有注入博大的内涵，没有与更广阔人群的苦难与幸福联系在一起，孤芳自赏，就显得可悲而又可怜了。完全是关在屋里闭门造车，这样的文学已不再解渴。个体生命感受固然是重要的，但是只有当它同更多的人群联结在一起，才可能产生伟大的作品。比如说谢姆那梅娃《月亮的情书》出版了，非常非常棒，在写的时候没有想到拿出来发表，都不愿意去发表，但现在出来了，每个读过的人都觉得它有普遍性。它写的那种"做情人内心的矛盾"是他人完全可以理解的一种很深层的矛盾，一种道德与本性的冲突。中国大陆的青春文化没有向前走而是在向后退，就是因为它没有超出个人的范畴，没有人文关怀，没有深入深厚的境界里去。

当然，我所强调的人文关怀与从前那种被体制化、符号化的文学准则完全不同，这里完全没有任何外力的强制，而纯然产生于一种内在的冲动，是对于人类命运与历史轨迹的个人化解说。

张英　你在什么时候开始意识到自己在写作上的转变了呢？

祝勇　如果要为这种变化寻找一个标志的话，我想它就应该是《北京之死》。写《北京之死》时我非常激动，一气呵成。我自己对中国传统文化比较感兴趣，对外国的东西在感情上相对迟钝些，不能很好地融合起来。而读中国古典就很能融合，而且特别激动，从《北京之死》开始，一下子就进入了那种状态，《北京之死》酝酿了很长一段时间，这个问题在头脑里想了很多，然后突然就觉得应该写。我时常是边读书边想问题——未必是有意识的，而是许多疑问逼着你想，你不思考也不行。比如有关二十世纪中国思想史和知识分子心路历程的著作，我读过很多，对王国维、陈独秀、鲁迅、瞿秋白、胡风等，我都有自己的看法，当时未必想写下来——在许多时候没有那么多功利性的想法，只随手做一些记录或者旁批，为进一步思考做些准备。突然有一天我觉得这种东西应该成文，不写太可惜了。我就开始动笔了。

张英　这样的话，写作状态想必很好吧。

祝勇　《北京之死》全文七八千字，我是一天写完的，写的过程中停不下来，好像被什么东西赶着跑。多年的写作使我获得一种经验：如果写作一直在一种亢奋状态下进行，写作进展得十分顺利，一点不生涩，那么写完一读，放心，肯定是好文章，有时自己都纳闷，我怎么这么能耐？

张英　你的书比较注重文图，文字与图片的互动，这是基于什么样的想法？你是想普及思想学术，以通俗的方式激发起读者的兴趣，然后使他们能够去阅读那些作品吗？

祝勇　毕竟进入多媒体时代了，图书这种传统媒体，也应多几种表现形式，这样就增大了它的传播性能。读者哪怕只看几张画也可以，或者只读几段这些文人说得比较精彩的话，当然最好是连着一起读。

学术既要深入阁楼，又要走出阁楼。走进去，最终是为了走出来，走到大众中去，否则就很难实现它的价值。我相信思想性的文章是有情感的，有一种打动人心的力量，不应该是一种僵化的、象牙塔的东西。这本书有些话写得很俏皮、很通俗，有一位朋友看了就给我写信说没有学院派的那种学究气。《手心手背》文体更短，邵燕祥先生看了以后说这是真正的随笔。

下篇

离开北京，四处漫游

张英　20 年前，你离开了出版社，开始在大地山川间文化漫游，当时为什么会这么做？

祝勇 我写散文、搞创作大概 30 年了，大概分成三个阶段：第一阶段，还在出版社工作，10 年多一点，是摸索学习的阶段；2000 年到 2010、2011 年左右，也差不多 10 年，我在全国各处游走；从 2011 年左右到现在，也差不多 10 年，以故宫为主题写作。

第一个 10 年，陆续出了一些书，但感觉写作的生活基础弱，知识结构没有很完整、很牢固地建立起来。二十世纪八九十年代，很多作家都有很厚的文化功底，以及生活积累的底子，像莫言、苏童、余华等，我这样的一些写作者对底层的了解，不像他们那么深厚。我是从校门到校门、从城市到城市这样的一个生活的经历，所以我觉得要扩大视野。那时我也年轻，无知者无畏，没考虑后果，就从出版社辞职了，到全国各地去游走，尤其是一些乡村、古村落，更广泛接触底层人群。

在上学读书时，我的成绩不错，但学到的文化、历史等知识比较表面化，要真正读懂，还是要亲身接触，即"读万卷书，行万里路"。辞职后，我去了很多地方，比如江南的乡下、古村落，接触到传统文化最基本的根脉。比如在浙江，我找到最原始的、还在用宋代方法造纸的作坊，还找到了浙江蓝夹缬（蓝染布技艺中最精细的染法）的传承人。后来我又去了西藏，那就更加绚烂多彩。

这些年游历的一个过程，人的视野被打开，对中国文化的热爱也被激发出来，那是发自内心的惊喜和热爱。在这几年的游历中，从书本上阅读的一些知识，在现实生活中，得到印证和对照，为后来历史的写作打下基础。回过头看，这是非常重要的一步。

张英 你从小我走向了一个大我，甚至又到了一种本我，自觉地找到了写作的主战场。

祝勇 是的。其中有感性成分，也有理性成分。理性成分就是，我认识到自己写作的某种先天不足；感性成分是说，我真的喜欢，接触之后，就完全不管不顾了。那时年轻，要翻山越岭，就是从一个村子看见另一个村子，可实际走就非常远，真的要从山上爬过去。

那时我的体力也非常好，而且非常兴奋，在情感上特别接受传统文化在现实中那些留存，而且乡土中国的百姓对我特别接纳，他可能不了解我干什么，我不是为了学术考察，也不是为了某个工作，我就是想用乡土中国的历史文化元素来滋养自己、丰富自己，可他们非常高兴。

比如我到藏区，村子与村子距离远，天黑了，无法赶到下一个地方，只好随便找藏族百姓家投宿，连吃带睡，可他们特别高兴，拿出最好的东西来招待。晚上睡觉时，他们用自己结婚时的被子给我盖，因为他们没有招待客人的被子，都是自己平常盖的被子，他怕不干净，就把舍不得盖的、结婚的被子（拿来）招待我。走的时候，我给他钱，他坚决不要。

有了这样的一段历程，我知道了什么叫热爱，我们经常说兴趣是最好的老师，通过这样的一段在大地上漫游的经历，觉得对这块土地，以及我们的文化，更加由衷地热爱，写作时特别有感情，能够动情，这对我后来写作的滋养，是非常丰富、非常巨大的。

张英　山川岁月一起进来了你的写作，天地就开始宽广。你的描述，有点像惠特曼当年漫游北美大陆，你一下就把自己从北京文艺场的热闹中抽身了，完全走向民间，全国各地跑，开始摆脱了以往写作审美上的限制，从而有了今天的写作。

祝勇　我觉得你这个概括特别准确，从小我走向大我的这样的过程。年轻时写作，有时会被眼前的一些现象所遮蔽，被一些热闹所吸引，但经过大面积的游历后，尤其是跟林语堂所讲的"吾土吾民"有比较深厚、比较密切的接触后，可能更能打开自己的文化视野，关注点会发生转移，即从眼前的现象，转移到我们民族文化、历史的一些更本质的东西上去。对我来说，这是一个潜移默化、自然而然的过程。能跟那些遥远的人、遥远的事，有一种息息相通的感觉，能够从更大的视角和立场去体验他们的生存状态。

我在江南游走时交通还不太方便，没有滴滴，也没有高铁，从一个县城到另一个县城，从一个乡村到另一个乡村，只能坐农民坐的长途汽车，里面挤得满满当当，都是卖瓜卖菜的，有的提着鸡鸭，车厢里拥挤不堪、晃晃悠悠，从一个地方到另一个地方，非常远。但我觉得，这样的经历很难复制了，因为今天再走这样的线路，可能找不到这样的场景了。

包括在藏区，走到哪住到哪、吃到哪，给我一个更大的视野和立场去看我们的历史和文化，形成一个更深的感悟，这个感悟不完全是读书告诉我的，很多是体悟出来的，可能比书上得来更深刻，因为是从内心、从经历中自发生成的。

最近我写了一篇关于苏东坡的文章，就是《在故宫寻找苏东坡》，是以苏东坡的家庭为视角，重新解读他。我讲到了家为什么对中国人来说这么重要，为什么一到春节，不管住在什么地方，不管离家多远，中国人都要回家，所以有春运，全世界只有中国有这一景。人们有自己的小家，但春节回家，是回到父母身边，这才叫回家，它是中国农耕文明中的血缘联系，对每个人来说，它是非常具体、非常牢固的，没有哪条法律、哪条规定要求你必须回到父母身边，这是文化的力量，是潜移默化的。

我觉得，切身认识会加深我们对自身文化的感情和理解。比如我曾去赣南，那里有很多围屋，一到重大节日，他们一个家族要办千人宴，就是家家户户一起来做饭，因为围屋中间的面积很大，每家都把自己的桌子搬出来，拼成长长的一条餐桌，1000个人同时吃饭。这种盛大的场景，在国外你见不着，这就是我们的文化。谈到文化，有很多头头是道的分析，有很多概念、很多说法，但实际上，它的最根本处，就是发自生命的一种需求、一种情感，就像春节回家一样，这需要切身感受，需要能超脱小我的束缚，从更大的立场上去回望人性。

张英　经历人间烟火，你从高度集中、提纯过的文化中，找到了一个解释它的立足点。

祝勇　是的。我写器物，写物质文明，包括写建筑，从乡土建筑写到故宫，以及写民间的蓝印花布、造纸，写故宫的古物之美……我觉得这些物质文化的背后都是人，都是人的温度，都是人性，都是人的需求。所以写这些物质文明，要有人的温度、人的情感，它们不是冰冷的纯物质，放在展览馆里供人顶礼膜拜。

比如我写蓝印花布，我写的是人的希望。蓝印花布有一种图案叫百子图，江南人用它做被面，上面画100个小孩儿，盖这个被子，就是多子多福的意思，表达了对未来生命的一种渴望，它不是纯物质的东西。

包括我写故宫的古物之美，比如青铜器，有点小众吧，可读者非常喜欢，书的销售量一直非常好，可能与我的这种写法有关，在这些物质的背后看到了人，看到了人的影子在晃动，看到了人的命运，读者觉得有生命气息，能跟自己的生命接通。

我慢慢地形成了这样的一种想法，不仅看器物，还要看背后的人，我把故宫几百年里出没的古今人物，都当成普通人来看，不管是帝王将相，还是贩夫走卒，不能简单地概念化。我在10年游走的历程中，接触了形形色色的人，对他们的心态、心情，以及如何看待我们自身的文化，有了一定了解，给我后来的写作打下了一个基础。

在故宫的 10 年写作

张英 曾有一个短暂的时间，你在北京作协当专业作家，是什么契机使你选择了故宫？

祝勇 当专业作家是我长久的一个渴望，去故宫是因为这 10 年中，我去了一趟美国，回来后，有幸读了刘梦溪先生的博士。正好故宫博物院成立了故宫学研究所，老院长郑欣淼先生在 2003 年提出了故宫学的概念，因为敦煌有敦煌学，故宫有厚重的文化基础，完全可以支撑起故宫学这样一个学科。

2010 年，故宫学研究所成立，此前我陆陆续续写过一些关于故宫的文章，与故宫博物院有比较密切的联系，互相比较了解。得益于郑欣淼老院长和李文儒副院长的帮助，读完博士后，我就进了故宫博物院。对我来说，这是一个意外之喜。

此前，我无数次去过故宫，作为合作者和作者，在故宫出版社出过书，但以工作人员的身份进入故宫博物院，对我来说，是一个特别难得的机会。我的师母，就是刘梦溪先生的夫人陈祖芬老师，她见到我说，你去了一个最适合你的地方。

张英 从故宫的一个游客，到一个研究者，感受有什么不同吗？

祝勇 作为游客，有一些猎奇的感觉，觉得特别震撼；作为工作人员，就跟故宫博物院朝夕相处了，进入了一个日常的状态，眼光会发生一些变化，猎奇的刺激感会减少，但随着了解的深入，就好像是和朋友打交道，你第一次或者是偶尔见到这个朋友给你的感受，和你跟他每天过日子（感受不同），现在的感觉是跟故宫过日子。

张英 作为研究员，在故宫中的一天是怎么度过的？

祝勇 其实很平静，或者说是平淡的。有些电视台想拍我在故宫里的工作状态，我说你不要拍，因为没什么可拍的。我不像那个在故宫里修文物的纪录片，故事挺炫的，有很多技术。我们就是在办公室里坐着，每天对着电脑，这样的一个工作状态，需要一些史料，或者提取一些文物的电子版，工作在网络上都可以进行，除非是特别需要的时候，会到仓库、现场什么的。所以正常的情况呢，就是在办公室坐着。

对我来说，在图书馆待的时间比较多，故宫博物院内部有一个图书馆，在寿安宫，一个小院里，非常安静。比如说我要是看一些《四库全书》，图书的数量非常多，占满了一间一间屋子，几千卷的书，被压缩成影印版。这样的资料，在我们的图书馆里只是沧海一粟。

我非常喜欢故宫博物院的这种安静。这些年故宫博物院比较火，游客比较了解故宫火爆的那些内容，实际上，故宫还有安静的那一面。作为个人，我非常喜欢故宫的安静，那个小院是一个两进的四合院，各门类的学者都有，偶尔在院里走路时，会遇上哪位老师，请教一个问题，什么专家都有。

所以我就说故宫是一所现成的大学校，是永远都毕不了业的大学。在这里，永远有你不知道的东西，每个学者都有他的领域，每个人的知识都有他的边界，但你在故宫里，随时可以找到老师，对我来说，这是特别好的一个滋养。

我在故宫呢，永远是个小学生，因为说到碑帖，你可能很茫然，可人家一辈子从事这个；说到玉器，人家一辈子在搞玉器，参加过无数次的考古挖掘。所以见到的都是你的老师，而且互相之间非常平等，不论老幼，不论地位高低，非常平等，和谐友善，我特别珍视故宫这个环境，觉得很温暖。

正常的学术研究和写作不会火爆，也火爆不了，但静水流深，很安静很长远，这就是我的日常工作状态，我特别喜欢这个状态。

张英　听上去真让人羡慕，有点像传统书院的日常生活，但如何将它与写作相结合呢？

祝勇　写作要向内在去挖掘，离得近了，观察、思考会更近一些。比如《故宫六百年》里我写到慈禧，把中国推向半封建半殖民地社会、最黑暗的深渊，慈禧有不可推卸的责任，但近距离观察，会有很多视角，会更加细致。

很多人都关注这个慈禧吃什么、穿什么，非常奢华，正赶上甲午战争，她非要过六十大寿。但我可能变一个视角——慈禧一进宫廷，就开始宫斗，这个宫斗身不由己，她青年丧夫、老年丧子，从个人生活看，她什么都没有，没有家庭温暖。一个孤老太太，一直到死，她对物质生活的近乎变态的这种需求，比如造颐和园，就可以做一个解读。她一生削尖了脑袋去争，结果是什么？就是要通过奢华的生活来实现她的权力的自我满足。

她能吃多少？她能喝多少？她对物质的欲望已经超过正常人的正常欲望，慈禧对国家衰败负有责任，但她为什么会这样？我们只知道历史书上这么写，可为什么会这样？从历史的海平面上，我们看到的只是岛屿露出水面的部分，但你还要看看海平面之下的部分。

在故宫可以慢慢沉下来，尤其是在这样安静的环境里，可以沉潜于史料，慢慢梳理，了解她的精神脉络。我觉得，这对我写作特别重要，不是简单地告诉读者，慈禧大年初二干了什么，大年初五干了什么，那只是表象，表象后面的东西更重要。

张英　因为你获得了平视的视角，从普通人的角度理解慈禧，颐和园是她送给自己的一个生日礼物，她开心是没问题的，可放在一个国家中，这就是大问题。

祝勇　对。她当时是清朝的实际上的最高领导人，她不仅要对自己负责，她还要对黎民百姓负责。我们把这个脉络梳理清楚，对历史和对历史人物，可能认识会更深刻。

张英　大家喜欢你的故宫，因为你是带着今人的视角去看这些事物，采取了一种平视的态度，你用自己的生命印迹和人生经验在画它，与很多书写故宫的作品视角不一样，很有亲切感。

祝勇　"平视"这个词，总结得特别好。我写过许多"大人物"，不管是康熙、乾隆，还是汉武帝、秦始皇，还有前不久写苏东坡。

对于写苏东坡，我也曾踌躇，因为苏东坡的知识结构特别庞大，河北人民出版社出了20册的《苏轼全集校注》，我认认真真学习，对于他的那个知识结构，我高山仰止，对于他的文化贡献，真是望尘莫及，我有什么本钱去写苏东坡呢？

我之所以动笔，因为我觉得，苏东坡也是一个人，苏东坡也没把自己当成一个大师，拿着大师范儿，高高在上。他在黄州时，和卖酒的、卖肉的、种田的，都是好朋友。苏东坡的姿态很低，我想，我写苏东坡呢，苏东坡也不会觉得我很浅薄吧？也不会觉得你有什么资格写我，是吧？

苏东坡就是很亲切的一个人，如果我们能见面，我觉得，他就是我们的一个邻居，一个大哥，一个朋友。他不会怪罪我。了解这些后，我就把心理负担放下了，我就把他当成一个朋友，就是你说的平视的这个视角，是可以推心置腹交谈的这么一个人，我可以写他的喜怒哀乐，他也有很脆弱的时候——作为一个人，都有自己很脆弱的时候。

在我的书里，把苏东坡的姿态放平了，我自己的姿态也放平了。自我解放了，写作时就会更自由，更设身处地地把自己当成苏东坡，去考虑他当时的想法，就是一个倾心交谈的感觉，我觉得在写作中，这种感觉还是挺美妙的。如果战战兢兢、步步为营，我觉得那种写作状态不是一个很自由的状态。

张英 你当年提出新散文，到现在为止，你的写作很忠实地践行了新散文的理论。

祝勇 这些关于故宫的写作，内容上是故宫，写法是新散文。二十世纪九十年代，我提出新散文概念时，写作者基本都是六七十年代出生的，大多20多岁，年长一点也才30多岁，是应试教育培养起来的这么一代人，我们脑海里的散文都有现成的样本，对写作者的生命力形成了某种束缚。

"一代有一代之文学"，这是王国维先生说的，传统散文承载不了迅速变化的时代，小说、诗歌、戏剧从新时期以来，都有很大的发展，散文却一直是老面孔。也不是说为变化而变化，而是写作过程中所呈现的面貌，自然而然地不同了。

当时写散文的有我、宁肯、张锐锋、周晓枫、庞培、于坚、钟鸣等，都很年轻，而且互相不认识。不是说大家商量好了，咱们弄个新散文吧，而是自发地、不约而同地，在不同的刊物上发表的作品，都呈现出新面貌。所以，大家就把它总结为新散文。

一些媒体和评论家对此也提出质疑，我也写了很多回应文章，因为很多质疑者连新散文的文本都没看，人云亦云从概念出发去批判、去否定。那是被逼无奈，所以有人说我是什么新散文的理论推动者。

从后来的发展看，新散文已不是一个空洞的概念，它取得了非常丰硕的成果，涌现出很多优秀的、堪称大家的写作者。散文的复杂性、丰富性，都比原本那种一事一议的、承载力很小的散文，要丰富得多，进步得多。

事实上，今天的散文写作已不太可能回到新散文之前的状态了，等于承认了新散文的贡献，不管这个贡献有没有写在书中。我对故宫的写作，也是遵循着新散文的一个诉求——它是散文，承载着历史和文化的内容，但内容相对丰富，就像交响乐，有很多声部。它是一个相对复杂的文本，不再是那种很单薄的文本。

散文写到今天，我觉得已经可以和小说取得的进展相媲美了。我觉得《故宫六百年》那么厚的一本书，就是一个大散文。我这些年的写作以故宫为主题，以中国的历史文明为主题，一直没有背离新散文的理念，尽可能探索一些新的表达方法。

归根结底，新散文不是一个流派，而是一个创新，是在我们传统的基础上，寻找新的生长点。我觉得只有这样，文学才能进步。回顾我们的文学史，一直是这么走过来的。

像最近苏东坡引起关注，大家喜欢他的词。词这个艺术，原来也是被人看不起的，当时很多文化人称"词为小道"、小计，因为知识分子还是看中诗，诗是可以言志载道的。所以呢，知识分子、文人看重诗，词就是游戏遣兴，一个轻薄短小、不那么重要的文体。

但是苏东坡用自己的创作把词推向了一个高峰。宋代中期以后，词完全可以和诗并驾齐驱，甚至词成为一个更主要的文学体裁。文学在每一代文学艺术家手里，是不断进步不断生长的，不会停留在最原始的状态里面。

经过这20多年的发展，新散文的辉煌成就，完全可以跟小说的成就并驾齐驱。

故宫的隐秘之处

张英 在你的故宫写作中，很多文章是跨文体、互文式的写作，涉及不同领域，是不同学科的融合，我称之为有框架的集成式写作，你是怎么形成这样一种风格的？

祝勇 这与视野和知识结构的不断扩大有很大关系。新散文是一个开放性的文体，优势在于能接纳不同文体。

我今天的写作与早期文化大散文的区别，就在于综合性增加了，呈现出跨文体写作的特点，因为题材越来越宏大，单纯的散文就有点放不进去了。文化大散文还是散文，而我这些年的写作呈现出完全放开的状态，我不太考虑怎么归类，也不太考虑它到底是一个什么东西，我只是觉得能够充分地施展、表达我对历史的认知，就可以了。

我的书确实不好分类，尤其是到书店，是归文学类，还是归历史类，还是文物类，书店也搞不清，评奖时也不好分类。但我觉得这是别人的事，我还是充分张扬我写作的个性，去表达好，才是特别重要的。我的作品都有非虚构的色彩，说它是非虚构也行，散文也行。

我写作的出发点，还是平视，我在一些描述大历史的题材中，很关注普通人，尽量去照顾他们。比如《最后的皇朝》，写辛亥革命，武昌起义的那一年，也是清王朝的最后一年，帝王将相应该是主角，但我在这个作品里，还写了很多北京普通市民，有名有姓，不是虚构的，是真实存在的。我找到他们的史料，看看他们的人生经历，想在大的历史进程中看到普通人的命运，我觉得这更值得我们去关注。

包括我写《故宫六百年》。一想到故宫，大家自然会想到明清两代的帝王，注意力都在帝王权力、后妃争斗这个上面，还有一些奸臣、忠臣的传奇。但是故宫这六百年时空当中活动的这些人物，不仅仅是帝王、后妃、奸臣等，还有很多普通人，比如宫女、太监。

过去一说太监，就想到魏忠贤、李莲英，是特别负面的形象，其实不是，太监也是集权制度、封建制度的受害者。故宫这么大，没有太监是不行的，太监这个阶层的存在保证了紫禁城几百年间各种事情的运营，但他们平时又是看不见的，因为人们看见的永远是皇帝、太后、后妃等，但太监也是特别重要的一个主体，他们也是需要关怀的一个主体，他们也在某方面改变了历史的进程，有的是从正面，有的是从负面。写《故宫六百年》时，我特别注意这个群体。

一说太监，大家都笑，但是他们很悲惨，你想想，一个正常的男孩，哪个母亲舍得让他去当太监？我还是带着一种人道主义的关怀去写他们。在比较早的《旧宫殿》那本书中，我就虚构了一个小太监，写他的母亲怎么含泪把他送到（叫）"快刀刘"的阉割师那里，怎么一步步走进宫殿。阉割的死亡率很高，可不进宫做太监，成活率更低，说明当时的老百姓更没有活路，做太监或许还有一线生机。他家交不起阉割费，只能希望他有一天在宫里飞黄腾达，再回报自己的家庭，再回报这个阉割的师傅，结果他进宫那一天，清帝退位，中国不再有皇上，也不再需要太监了。

这是一个虚构的事，但和写《故宫六百年》一样，就是我对宫殿里面的普通人给予的人道主义关怀。建构大历史时，要照顾到普通人的命运。我对故宫写作很重要的不同点和出发点，即：不是看了一些史料，用比较美的语言复述一遍，不是那样，必须用一个现代人的立场，和一个新的视角去看这段历史。

张英　清帝退位后，大批太监没有地方可去，被集体安置在北京西边的寺院里，扎伙过日子。

祝勇 是的，太监离开宫廷后，他们没有谋生技能，没有地方要他们，然后他们也不知道往何处去，后来被集中收留在寺庙里，哭声连片啊，可以说他们是历史的牺牲者。他们并不在中华民国政府的清室优待名单中，是多余的人，历史不再需要他们了，也没有地方安置他们，他们成了被遗忘者。

张英 读者会很感兴趣，在故宫工作，你有多少机会去库房看平时很少展出的器物？

祝勇 我去库房的机会不多，因为有严格的制度，能用图片解决的，尽可能看电子版，实在是工作有需要，经过审批手续，也可以去看原件，但我们部门的研究更倾向于档案史料，接触原物少一些。其他部门，像书画部，比如说在材质的判断上，可能接触原物比较多一些。

张英 几年前，我邀请你在腾讯大家开专栏，叫《故宫的隐秘角落》，后来你在采访中说，故宫像藏地那么悠远和神秘。故宫神秘在哪里？你喜欢它的哪些部分呢？

祝勇 故宫有这么多宫殿，有 186 万件/套文物，它永远有新奇的东西在吸引着你，它像一扇扇门，不断在打开。故宫门多，各种大门小门，你都不知道门后藏着什么，所以知道得越多，就发现你知道得越少，不断有新东西在吸引你。

比如我在《故宫的古物之美 1》中讲到一幅画，叫《重屏会棋图》，五代时的作品，画面诡异，画中几个人物在下棋，背后放了一个屏风，屏风里又画了几个人，那几个人后又画了一个屏风……这种画中画的形式，无穷无尽，就像镜子反射，它可以无穷无尽地这么画下去，让你猜它是屏风还是真实的空间，我觉得特别有意思。

我把很大的注意力放在屏风上面，因为中国古代的绘画里，屏风是一个很重要的道具。明年（2021年）我们要推出的艺术展里面，也有好几个屏风。1000多年前、几百年前的作者，在跟我们逗着玩，耍小心眼和小聪明，抖机灵，就是这样一个意思，真的是很容易欺骗我们的视线。

有一次，我在小院里遇到余辉老师，他是著名的宋画专家，当时也在研究《重屏会棋图》，他问我个问题：你会不会下围棋？很遗憾，我不会。后来我看余晖先生的一篇文章，就是讲《重屏会棋图》里面的棋。我的视线完全被画屏吸引，实际上，画家还玩了一个高招——棋盘上只有黑子，没有白子。你觉得已是熟视无睹的东西，突然又打开了新的一扇门。

故宫2015年在《清明上河图》那个展览上，展出了这个《重屏会棋图》，也没有什么人去认真看，大家的注意力都在《清明上河图》上。你看画的话，原作上那个棋盘和那个棋子更小，但是你通过电子版放大，可以看得很清楚，一看确实是只有黑子，没有白子，这在干吗？我们就要去破解它这个背后的秘密。

我为什么写《故宫的古物之美》，那些文物别人已写过很多次，但我的导师刘梦溪给我一句话，让我至今受用，已经成为我写作的一个很重要的原则，就是：不说别人说过的话。你不能网上扒点资料，修改一下就变成自己的了，你一定要有自己独特的认识、独特的发现。引用别人是可以的，但不要把别人的观点变成你的观点，这就不合适，你要有自己的发现。

很多文物，大家看得多了，熟视无睹，而你又可以有新的发现，等于在这个门的后面又打开一扇门，不断有些新的角落被你发现，不断吸引你永无止境地去探寻下去。《故宫的隐秘角落》写的是宫殿，是针对古建筑空间来讲的，不断地有些新的角落被发现。实际上，整个故宫里面的文化都是这样，充满了未解之谜，会不断地吸引你，去永无止境地探寻下去。

张英　说到器物，大家一是会想到沈从文先生在服饰等方面的研究，再一个是你从今人普及的角度解读故宫。你怎么看沈先生研究的价值？

祝勇　首先，我跟沈先生不能相提并论。沈从文先生跟故宫博物院的关系，我专门写过一篇文章，因为我从故宫里查了与沈从文有关的一些档案。

写这篇文章，由头是看到张新颖先生的《沈从文的后半生》。一次开会，我碰上张新颖，我说：你写这书怎么不跟我打招呼？沈从文后半生很重要的一段经历，是在故宫里，我可以帮你找资料。《沈从文的后半生》的资料基本来自《沈从文全集》，都是公开出版的资料。当然，这本书写得特别好，我也非常喜欢，他也把台湾版的签名本送了我一本。但我总觉得这一段历史还可以去挖一下。

还有像陈徒手先生，也是我特别好的朋友，他在《读书》杂志上写过一篇《午门城下的沈从文》。一说到午门，很多人就自然认为是故宫博物院，后来我查了《不列颠百科全书》，"沈从文"这个词条里提到，沈从文在中华人民共和国成立后，分别在国家博物馆、历史博物馆和故宫博物院工作。

沈先生有没有到故宫工作过？后来老院长郑欣淼先生写过一篇文章，叫《沈从文与故宫博物院》，他找到了原始文件，就是故宫博物院给沈从文的调令，调令边写了三个字：没有来。沈先生没到故宫博物院工作。那么，为什么大家都以为沈先生在故宫工作过？

我咨询了故宫博物院的一些老先生，比如古琴专家郑敏中先生。郑先生前几年过世了，终年95岁，他90多岁时还在上班，就在我们小院里上班。他说，沈从文手把手地教过他文物鉴定。

我又查了一些资料，把沈从文和故宫的关系基本梳理清楚了，写了一篇《沈从文与故宫博物院》，一直放到 2020 年的《新文学史料》第二期发表，结论就是沈从文一直是兼职，故宫博物院常请他来参加工作，他也有办公室。

二十世纪五十年代，沈先生为故宫博物院做了一些工作，比如鉴定、收藏文物，编写教育部相关教材，包括带文物修复和研究人才队伍，起到了非常大的作用。这篇文章发出来以后，沈先生的公子沈虎雏先生托人找我，想要这些档案资料照片，说以后可以补到《沈从文全集》里面去。我在故宫里面查到了这些档案，能够理清他人生后来的一些线索，对研究来讲，也是非常重要的一些资料。

怎么看故宫的 600 年？

张英　到目前为止，你已给故宫写了九本书，你有一个完整的写作规划吗？

祝勇　没有太完整的写作规划，基本上是跟着感觉走，这是兴趣在什么地方，就写什么地方。但这几年看，无形中形成了一个脉络和线索，就是写器物。面对故宫珍藏的 186 万件文物，我挑一些比较感兴趣的进行解析，出版了《故宫的古物之美》三本书，是写具体的文物的。

后来写《在故宫寻找苏东坡》，把他与故宫博物院里的文物（联系起来），找一个具体的点写一个面，深入地去探讨一个历史人物的命运浮沉。《故宫的隐秘角落》，则是写故宫的建筑、一些历史事件的传奇故事。

后来写《故宫六百年》，是一个综合性的书，讲述故宫前世今生的几百年的传奇。我觉得前面写的这些书，为《故宫六百年》起到了一个铺垫作用，是水到渠成。如果一开始就写《故宫六百年》，还真写不了。

张英　《故宫六百年》是你写故宫的 10 年的集大成之作，你是怎么来找到这样一个坐标的，就是一个是时间，一个是空间，同时又是一种打破了以前以地方象限为主体的叙事视角的？

祝勇　说复杂也复杂，说简单也简单。准备写时，很多内容已在我心中，如何去组织？就像吃苹果，第一口从哪下嘴，还是颇费思量。《故宫六百年》的任务庞杂，历史庞杂，建筑空间也庞杂，怎么开始，这个也很难，但我非常明确的就是，不想把它写成一部政治史，也不想按 24 个皇帝的顺序排下来，写出帝王历史，那是"明清二十四帝"，不是《故宫六百年》。

想了很长时间，后来呢，我还是采取了一个最简单的办法，就是从游客的视角展开叙述，从午门进，走走中轴线，然后东西路走一走，最后从神武门出来，基本上是这个路线。在走的这个过程当中，看到的不只是空间，这个大殿那个大殿，而是看到像过电影一样，用走的方式来看故宫六百年，我觉得是最直观的方式。每一章都附有一张地图，简单地说，就是（用）一个"空间带时间"的方式去写。

张英　故宫已经有 600 年的历史了，它对我们这个时代，意味着什么呢？

祝勇　意味着时代的主语发生了变化。朱棣 1420 年建成紫禁城，到今天是 600 周年，这 600 周年里面，帝制占了 505 年，就是从 1420 年到 1925 年故宫博物院成立，这 505 年，是有皇帝的故宫，故宫的主语是皇帝，故宫的一切都为皇帝服务。紫禁城是北京的中心，北京是天下的中心，就是这么一个同心圆结构，皇帝是至高无上的中心。

1925 年之后到今天，已经过去了 95 年，成了没有皇帝的故宫，有皇帝的宫殿变成过去式了。"故"就是从前的、过去的，"故"就是这个意思，过去的宫殿。今天是什么？今天是故宫博物院，核心词是"博物院"，"故宫"是个修饰词。

故宫是说这个博物院的地方是在故宫，但它的主体是博物院，那么博物院的主体是全体中国人，所以故宫博物院是全体中国人民的博物院，不再是帝王的博物院，里面的 186 万件文物是属于全体中国人的，发生了根本的变化。

张英　皇家历史变成人民的历史。

祝勇　对。比如说乾隆非常喜欢收藏，我们有一个数据，乾隆收藏的文物字画，占清宫收藏文物的 80% 以上。

但乾隆不会想到，他的这些收藏最后成了博物院的收藏。如果是站在乾隆的立场上，他的收藏是为他个人的，最后变成了博物院的收藏，是属于全体国民的，他可能想不到会有这么一个变化。这就涉及我们今天以什么样的眼光去看故宫，这也是我的作品中一直想渗透的思想。

在作品中，我不是那么直白地去表达。但我想，紫禁城的建筑之美，还有里面的文物之美，故宫的古代建筑之美，承载的是中华五千年文明的结果。

朱棣建紫禁城，也不是完全按照他自己的意图，想怎么建就怎么建，它承载的很多是《周礼》中的内容。从汉代的东西开始，一代代传承到他，他按祖先的规制做。故宫承载的是中华五千年文明成果，创造这个成果的主体是全体人民。至于朱棣、乾隆，他们啥也不会，都是中国的老百姓制造的这些璀璨的文明结晶，承载的是五千年文明长河不断流，聚合了全体中国人民的文明和智慧。我们今天在看待故宫博物院价值的时候，就在于它是我们五千年历史辉煌文明的一个载体。

有个别游客一到故宫，比较关注龙椅、后宫、宫斗等，好像故宫是宣扬封建王权的场所，其实完全不是。我特别希望我的这些作品，通过对故宫的详细解说，能够让读者更深刻地认识到我们文明的价值，而不只是说去故宫，故宫已经没皇帝了，还在宣扬帝制，事实上不是这样的。只看看龙椅怎么样、三宫六院怎么样，我觉得在导向上有问题，我特别希望展现我们文明的辉煌和璀璨。

张英　你到故宫工作已10年了，如今故宫学也包括沈阳故宫、承德避暑山庄等，逐步形成了大故宫的概念，你怎么看这个概念呢？

祝勇　大故宫也是我们老院长、故宫学的提出者郑欣淼先生提出的概念。故宫和故宫文化是一个整体，在历史环境中，它们是浑然一体的，彼此是不分的。

这几十年里，因行政隶属关系变化，如今颐和园、景山公园归北京市，故宫博物院归文化和旅游部，但在清代来说，它们都是一体的。皇帝夏天会去颐和园、圆明园、避暑山庄避暑，这些地方在文化上分不开，是一个整体。我们做研究，如果把它们割裂开来，很多时候就会割裂它们内在的联系。

老院长提出了大故宫的概念，我进行了一些具体的写作，在写作中，我也深切感受到，很多东西分不开。举一个简单的例子，我在《故宫的隐秘角落》里讲到，文渊阁《四库全书》藏在紫禁城里面，沈阳故宫文溯阁也有《四库全书》，圆明园也有《四库全书》，但被英法联军火烧圆明园时毁了，沈阳故宫的《四库全书》还保存着，但去了甘肃，北京故宫的去了台北故宫博物院。以这一套文物为例，就可以看出故宫学是一个完整的系统，割裂研究根本不可能实现。

老院长提出的"大故宫"这个概念，我觉得特别地认同。我在具体的写作过程当中，也没法去背离这样一个概念。

张英　今年以《故宫六百年》为契机的书呢，也有好几套，你的书和其他的书的区别是什么？

祝勇　我翻过一些其他的书，没有完全通读。至于区别，可能我有我一以贯之的写法，就是从人性化的视角、人道主义的关怀出发，不仅写政治，写更加丰富的紫禁城的历史等。这些写法，不仅在《故宫六百年》里有体现，在我其他的书里也有体现。往好听了说，是写作个性。

我是先开始文学写作，然后进入历史，最后进入故宫，这对我今天的写作有一定影响。周作人先生讲，文学归根到底是人学，表达了人的生命的历程、生命的情感，而且除了文学，没有哪个学能更深入地表达人的精神世界。

医学只能解决病理问题，有什么病治什么病，至于你忧郁了，医学管不了这个事。但文学不一样，文学研究人的精神世界，表达人的情感，所以我写作中注重情感成分、人道主义成分和精神内心世界成分，这对我今天写历史、写故宫，有很大影响。

但我在写作过程中没有演绎，必须是非虚构，从历史档案出发，只不过进入的方式有文学写作的影子。可能与学考古专业、学史学专业后进入写作的作者会有不同。

张英　从作家或学者的视角看，哪个皇帝是比较好的？

祝勇 乾隆。因为乾隆的世界非常复杂，到今天为止，我觉得仍没有很深入地研究。我《故宫六百年》肯定要讲到乾隆，讲到他的个人情感、家庭生活，在《故宫的古物之美3》中，也讲到乾隆，因为他有很多很奇怪的画，有点像《重屏会棋图》，他坐在前面的榻上，后面摆一张屏风，屏风上画着他，和榻上坐的乾隆一模一样。乾隆的内心世界挺幽深的，我觉得他是一个特别值得琢磨的人。

乾隆对古代艺术品有超乎寻常的痴迷，他的收藏也成为他很重要的一项成就。他还是一位执迷于艺术的皇帝……书法题字非常地多，画过一些、临摹过一些文人画和山水画，一生作诗四万多首，一个人PK《全唐诗》，因为《全唐诗》就四万多首。

不论从哪个角度来看，他都是特别有意思的、值得解读的一个皇帝，是挺有文艺情结的一个皇帝，艺术造诣不太高。艺术世界里面的乾隆，和政治生涯里面的乾隆，完全是两个人。你说皇帝怎么可能超脱、看破红尘出世呢？他要掌控政治权力，管理天下，每天行使最高掌权者的职能，他怎么可能像文人和出家人一样超脱呢？但他在艺术上，又偏好于那些比较超脱出世、飘然世外隐居的比较潇洒自由的艺术家，所以我就觉得他的脸谱有两面性，这个皇帝特别复杂和分裂。

怎么看待"故宫学"？

张英 除了10年写故宫外，你工作的职务也是传播故宫学。你现在正拍的纪录片《故宫文物南迁》，从中有什么新的发现吗？

祝勇 进入新世纪后，故宫博物院不断通过新方式来传播故宫文化。从中央台拍的12集纪录片《故宫》，到《故宫100》等，也一直在推进。

2018 年，我们第一次以故宫为主题做文化综艺节目，这是一个尝试。这三年做了三季，得到单院长的很大支持，受到广大观众的欢迎。此外，2021 年因疫情关系，网络直播等也在做，我也参与了其中的一些活动。

至于《故宫文物南迁》，它是大故宫的概念，它跨越了大半个中国，还跑到国外。抗战时期，文物南迁期间，故宫还在国外办过几次展览。我们想通过这样一个纪录片，讲述故宫百年的沧桑，以及国难当头时，故宫人的担当。

在拍摄过程中，我们尽可能地摒弃以往纪录片的套路，也不会太媚俗、太庸俗化，因为这毕竟是一个很宏大、很正能量的主题。所以，我们也不断在调整、探寻一个与故宫文化内涵相匹配的，同时能为当下大众所接受的传播方式。

这个项目刚刚开始推进，还在探索的过程中。希望最晚在后年，能推出一个让观众耳目一新的片子。

张英　这几年，故宫在传播中，运用了很多数字新技术手段，你怎么看这种更年轻化、更流行化的尝试？

祝勇　我觉得是一个好的现象，因为故宫的游客本身也在年轻化。过去故宫以中老年人为旅游主体，近年来，年轻人所占比例大增，说明他们不是不喜欢传统文化，关键在于怎么能把中华优秀传统文化的魅力表达给他们，让他们发自内心地喜欢。我当年去各处游走，是自发的，千辛万苦地寻找，都是出于个人兴趣。在文化普及中，要能引发出这样的一个兴趣来，让他对传统文化感到有兴趣、感到好奇，然后一步步地再去了解、去研究。

这些年的尝试，都有风险，但我觉得，冒的风险都值得，从结果看，的确引起了年轻朋友们对故宫的喜爱。我觉得下一步要让更多年轻朋友深入了解故宫文化的内涵，而不是停留在表面上。现在还有点儿停留在表面上，比如说穿个古装去故宫里穿越一下，拍几张照片，在朋友圈里一发，对背后的历史信息、历史价值，可能没有深入了解，还停留在感性的阶段。

现在故宫提出"四个故宫"的概念，就是：平安故宫、学术故宫、数字故宫、活力故宫。我觉得，平安是基础，没有平安，没有文物的安全、建筑的安全，没有游客的安全，一切都无从谈起。

我个人理解，学术故宫是核心，数字故宫和活力故宫是一个创造，是一个表现。这个表现必须以学术故宫为基础，没有学术故宫作为核心，就变成戏说，变成哗众取宠，这是不行的。

我非常希望故宫的游客，尤其是年轻的朋友，能够看到故宫的文化文脉、我们民族的文脉、我们民族的文化价值在什么地方，从而能够找到我们的文化自信。这个自信是我们文化自身的价值，它带给你的是油然而生的一种自信，不是说强制性的一种灌输。当你了解我们这些文化的价值，它们是怎么创造出来的，它的价值在什么地方，自然就会有这种文化自信。我觉得这是我们下一步工作需要努力的一个方向。

张英　你怎么看待数字化尝试，比如腾讯公司运用科技手段，把《清明上河图》变成动画片式的，甚至用三维、四维直接还原在艺术展的现场，这种尝试的前景如何？

祝勇　我觉得是挺好的一个尝试，腾讯作为高科技企业，有自身的技术优势和文化优势。

另外，腾讯对文化，尤其是传统文化，一直比较喜欢。我觉得科技的背后也是文化，这些年腾讯与故宫博物院有非常密切的合作，我们是战略合作伙伴，而且腾讯也是我们故宫基金会的成员之一，所以合作非常多。

腾讯的优势跟故宫的文化资源相结合，能碰撞出很多新的火花。《清明上河图》动画片这种形式是一个尝试，其实在很多领域，还可以有新的尝试。这个前景非常广阔。

张英 故宫作为传统的经典文化符号，在未来，它的生命力和创造性上还有哪些文章可做的？怎么让现代人更好地理解故宫的内在美？

祝勇 仅就传播这方面，我想故宫文化传播要与时俱进，要逐渐地尝试、探索新的表达方式。像《上新了，故宫》这种综艺方式，让更多人去接受、去理解，但背后呢，还要有深度，所以要借助故宫自身的学术基础。

广度与深度，不是背离的关系，不是说要广度就没深度了，挖得深，可能更有广度。我觉得，不能把深度和广度割裂开来，单纯取悦观众而牺牲我们自身的严谨性、学术性。两方面能够并举，能够往前探索推进，是一个挑战，但也有很大的机会。工作有压力，也有动力，因为有创造性在其中。

张英 故宫是博物馆，但观众很难看完它。现在西北海淀有一个院，在副中心那边好像也要建一个院，什么时候才能够正式大规模布展呢？

祝勇 就我了解，故宫北院正在推进，会是一个专门为展览而设计的空间，展陈面积大大提升。紫禁城是古代居住和办公的空间，是古建筑，尽管这些年，故宫博物院三任院长致力扩大开放面积，不断增加展览空间，但开放会给古建筑保护带来一定压力。

此外，故宫当初是为人居住而设计的，空间有限，不太适合展览。专门设计展览空间对提升故宫文物的展览率有很大作用，可能未来几年，故宫北院区会落地，会投入运营。至于具体时间，现在很难确定，但未来几年吧，我觉得应当可以。

香港那边也有一个故宫博物院在建设中。另外，故宫也在扩大跟地方博物馆合作，争取我们的文物能走出去。比如我经常去成都，成都博物馆曾和故宫博物院合作办了一届乾隆展，在国内外引起很大轰动，成都博物馆乘胜而进，后来又办了敦煌展。

张英　如今故宫学成为一门学科，你觉得未来它还有哪些新的角度和新的可能？

祝勇　2003 年，郑欣淼老院长提出故宫学的概念，到今天已过去了 17 年，这个概念取得了长足发展。郑先生写了《故宫学概论》，是第一部专门阐述故宫学的专著，已经出版了，此外他带起了故宫学的一个研究队伍，加上后来三任院长的努力，现在故宫学的研究队伍不仅在故宫内部，也不仅局限在故宫学研究所，整个学术系统，都是在故宫学的这样一个旗帜下，这个概念经过不断发展，早已经溢出于故宫之外。

从外部看，现在很多大学都开设了故宫学，硕士生、博士生、博士后都有了。故宫学的范围、领域非常开阔，在全国到处开花，越来越多的年轻人介入。学术研讨会也越来越多，未来会有更大的发展。

张英　故宫学在国际化这方面推进状况如何？

祝勇　故宫学也在国际化，世界上许多国家也有很多研究故宫学的专家，故宫学研究所和他们也有非常密切的学术往来，以及合作关系。

故宫学研究院聘请了很多外国的故宫学专家，比如雷德侯写过

《万物》，还有一些德国、英国、法国、美国的学者，已纳入故宫学这个体系中。

此外故宫不断在举办国际学术研讨会，故宫的一些大展，都有国际学术研讨会，比如2015年《石渠宝笈》那个展览、《清明上河图》那个展览，国外重要的、研究中国艺术史的专家，还有研究故宫的艺术史专家，几乎都来了。

我们和世界五大博物馆间的合作也非常多。比如大英博物馆、大都会博物馆等，收藏了大量的中国文物，其中有一部分是故宫流散文物，也在大故宫的范围之内，需要国际学者共同合作，才能完成对它的研究。

张英 你写了《故宫的风花雪月》《故宫的隐秘角落》《在故宫寻找苏东坡》《故宫的古物之美》《在故宫书写整个世界》，以及《故宫六百年》，下一本会写什么？

祝勇 刚交稿一本是写书法的，关于故宫收藏的一些书法，从秦代的写起，但宋代的比较多，因为写完苏东坡后，我觉得那一代人非常厉害。

苏东坡的同时代人，老中青都是百科全书式的人物，包括欧阳修、王安石、司马光、晏殊、蔡襄、米芾、黄庭坚等，太多了，如满天星斗。

苏东坡被认为是千古风流人物，林语堂说他"不可无一难能有二"，实际上苏东坡不是天外来客，也有时代基础，与他身边那么多大师孕育的文化环境分不开。我们今天说高原高峰，如果苏东坡是高峰，那是因为他生长在一个高原上。所以，我觉得意犹未尽，开始写这些人。

我现在手头在写全新的、可能体量比较大的一本书，前不久我看了威尔·杜兰特和阿里尔·杜兰特的《文明的故事》，整整 15 册，我觉得我应当写一个大部头的、对得起故宫的作品。我目前的想法是用 10 年时间，写一部更大体量的、关于故宫的作品，不急着出版，慢慢去写。

张英　对于作家来说，至少还有 30 年的创作成熟期，你统统要花在写故宫上？

祝勇　我现在想不了那么远，首先，能不能活 30 年还是个问号，如果按马识途的写作长度算，我还有 50 年，这个不太好说。但我 65 岁以前的事，基本已安排好，就是写这一部大书，能写成多少卷不好说。

杜兰特夫妇写《文明的故事》，是从古希腊、古罗马开始，一直写到近代，是一个纪念碑式的工程。我觉得年轻时的积累，到这个年龄，应当结出成熟的果子，这是一个自然而然的过程。50 多岁是一个作家或学者的黄金年龄，是真正的青春时代。我觉得应当超越眼前的诱惑，真正去干这辈子应该干的一些大事，对得起自己的写作，也对得起故宫。

张炜

■

大地上的守夜人

在我眼里，张炜是中国当代最具创造力和影响力的作家，也是我们这个时代的大作家。

从 1973 年写下第一篇短篇小说《木头车》算起，张炜早期写了近百万字的习作。1980 年，张炜在《山东文学》上正式公开发表处女作《达达媳妇》，1982 年凭借《声音》获得了"全国优秀短篇小说奖"，与梁晓声、蒋子龙、铁凝等同台领奖，在文坛正式登台亮相。

二十世纪八十年代，张炜的创作以短篇和中篇为主，代表作品有《黑鲨洋》《秋天的思索》《秋天的愤怒》《蘑菇七种》等。评论家郜元宝评价说，张炜的《秋天的愤怒》《秋天的思索》从"伤痕""反思"的主流中另辟蹊径，提出"侮辱""损害""复仇""蔑视""忍受""宽恕"等思想主题，明显带有十九世纪俄罗斯文学经典作家托尔斯泰和陀思妥耶夫斯基等影响的痕迹。这在当时可谓空谷足音，至今在我国文学中仍然属于十分稀罕的探索。此后，俄罗斯经典作家思想情感的真诚与高贵，一直贯穿于张炜的创作历程。

1986 年，张炜的长篇小说处女作《古船》在《当代》杂志首次刊发，次年出版单行本。这部长篇小说一出版便引起阅读风潮。至今，《古船》被海外誉为"五四"以来最伟大的长篇小说之一，被评为世界华语小说百年百强，入选改革开放 40 年最具影响力小说，还被法国教育部和科学中心确定为高中考试教材。世界最大的出版机构哈珀柯林斯公司向全球推出现当代文学史，《古船》是唯一入选的中国当代小说。

进入九十年代以后，国内"长篇小说热"持续升温，张炜把主要精力放在了长篇小说写作上，陆续发表了《九月寓言》《柏慧》《远河远山》等长篇小说。其中，《九月寓言》在《收获》杂志1992年第2期上发表后，很快就获得了文学界的广泛认可。一些评论家甚至认为《九月寓言》在艺术上超越了《古船》，是二十世纪"中国文学的压卷之作"。陈思和在《中国当代文学史教程》中肯定《九月寓言》是"在民间大地上寻求理想"，"通过对大地之母的衷心赞美和徜徉在民间生活之流的纯美态度，表达出一种与生活大地血脉相通的、因而是元气充沛的文化精神"，在这个意义上，他认为这部作品"可以说是二十世纪中国文学的殿军之作"。

　　让张炜获得茅盾文学奖的大河小说《你在高原》系列，则是中国文学史上的一个奇迹。张炜用22年的时间，完成了这个庞大的写作计划。在漫长的时光里，张炜把全部时间、精力、心血都放在这部大书之中，分阶段完成了这部当代文学史上绝无仅有的长篇史诗。小说完成以后，他又花了三年时间，对这部巨著进行修改和完善，进行大刀阔斧、伤筋动骨的修改，有两三部之前单独出版过的小说，主要内容部分几乎完全废掉重写，推倒重来。

　　如今，从专业作家岗位上退休后的张炜，在山东财经大学诗学研究中心担任主任，还出版了几本个人诗集和十几本研究古诗的著作。

　　这次的采访，主要围绕"一个作家的写作和他的时代"展开，从张炜的人生经历到文学写作，从文学代表作品到作品对应的社会、时代变化展开。

　　在长达50多年的文学创作过程中，张炜共写下2000多万字的文学作品，涵盖了小说、散文、诗歌等不同文体，有20多部长篇小说、200多万字的散文、十几本诗歌集和古诗研究作品。

　　在漫长的岁月里，张炜在文学创作的道路上潜心探索，笔耕不辍，以其品质卓越的作品，为繁荣中国文学事业做出重要贡献。在不同的时期里，用文学作品直接参与了当代文学的历史发展进程，这是很少见的。

童年与故乡

张英　1956年你出生在山东龙口，渤海莱州湾畔的一片林野。你们家是你出生前迁到那的，当时是出于什么原因搬迁的呢？

张炜　我们家二十世纪三四十年代迁到海边林野，一片原始自然林的深处，只有我们一家。这是外祖父的朋友早年购置的一块"地产"。外祖父是医生、虔诚的基督徒、同盟会北方地区的革命党人。他牺牲后，朋友把失去庇护的外祖母和母亲接到那里。父亲青年时代在青岛，后又去东北的沈阳、大连等，直到结识外祖父来到龙口。他从五十年代起一直在南部山区的水利工地。

这段记忆我在非虚构作品《我的原野盛宴》中写过。我们家在海边野林子里，是一座由几行密密的榆树围起的小院，院门由木栅栏做成。屋子不大，石基泥墙，屋顶铺了厚厚的苦草和海草。茅屋四周是无边的林子。到我们这来的人很少。偶尔来我们家的有三种人：采药人、猎人和打鱼人。他们进出林子时就到我们家歇歇脚，喝一碗水，抽一会儿烟。这些人有时会送我们一点东西：一条鱼或一只野兔。他们抽烟，讲有趣的故事，我最乐于和他们待在一起。

张英　你生长的环境，像鲁迅小时候生活的"百草园"，看起来平淡无奇，却是作家的启蒙之地，也是漫漫人生旅途中千百次回望的"桃花源"。故乡对你意味着什么？

张炜　在我眼中，对于一个人的成长，没有什么元素比故乡更重要。写作者的笔总围绕着故土。有时书写的内容似乎远离了，但精神内核、文字中弥漫的气息，是服从于生命轨迹的。出生的这片水土化为人的血脉，循环流淌。那里的自然和人文环境塑造了我，构成了最初的记忆，写作只能从那出发。离我家东南方十余里外有个住着几百户人家的村子，名叫"灯影"。当年这里没有人烟，往北走很远才能看到灯火闪烁的影子。

张英　"灯影"的名字取得很有意思。

张炜　名字是自然形成的，我小时候经常去的一个小村叫"西岚子"，也不是刻意取的：这里的荒林野地都叫作"岚子"。一开始有看护林子的人搭了窝棚，再后来，外地的流浪汉也被招引了过来，多少年过去，慢慢形成了一个17户的小村落。我小时候要穿过大片林野，再穿过那座国营林场，才能去到小村里。它就是我长篇小说《九月寓言》写到的流浪汉组成的小村。我小时候跟小村的人有很密切的接触。后来那一带发现了煤矿、浅海油田，于是矿区建起来，外地人越来越多，我的视野慢慢扩大。

张英　那是你文学故乡的集中体现，是吗？

张炜　其他作家，有令人羡慕的具体的"故乡"，我没有。"故乡"于我就是林野、旅途。如果一定要找出一个"故乡"，只有那个"西岚子"了。那有一条不成街道的"街道"；流浪汉们从很远的地方一点点聚拢到这，最终形成一个"吉卜赛部落"。我最愉快的事就是和小村里的孩子们一块儿捉鸟、捉迷藏。小村里的每一户人家我都熟悉，吃过他们的煎饼，喝过他们的水。西岚子是一个神奇、美好的存在，父亲常年在外，家里除了外祖母、母亲和姐姐，我平时能见到的只有偶尔路过的猎人、采药人和打鱼人，我太渴望看到外面的世界了。

文学的起源

张英　你的文学源头是从哪来的？

张炜　我在黄县灯影史家联合中学读初中（后合并为"果园联合中学"）时，校长酷爱文学，他办了文学刊物《山花》，鼓励我们写作，这深深影响了我的文学道路。校长是有文学梦的人，年轻时很英俊，据说对爱情十分投入，并受到了不公正待遇。今天看，这种境遇有助于他的文学倾诉。我们读中学时普遍爱文学，因为校长是大家的榜样。我造句方面的嗜好、特点，包括写作题材的偏重，多在初高中时形成。

我们的中学建在果园里，没有围墙，春天到处是花，秋天到处是果实。果园的四周全是林子，无边的丛林，跟大自然紧紧融合。回忆中学生活，最不能忘记那片海边林子和林子里发生的故事。我早期的小说创作，都以林与海为自然背景。《山花》是油印刊物，手刻蜡版印制，校长亲自制版刻字、印刷和装订。他的字特别漂亮，比得上铅字的长仿宋体。我成了这份油印杂志的撰稿人。在油印刊物上发表的那种兴奋，远比后来出一本书更重些。可惜刊物没保存下来，遗憾很大，只余与它的美好回忆。一想起来，都能感到鼻前飘过油墨的香味。

张英　上初中前，你读过哪些书？

张炜　外祖父留下许多藏书，后来大多烧掉和丢失了。剩下一些线装书和国外译书，我用它们和学校、地质队、林场园艺场的人交换。那会儿读书是一件有风险的事。我匆匆完成作业，然后去读别的，心思全用在搜集各种书上了，薄薄厚厚新新旧旧，只要是书就好，从小画书到线装书，不管能不能读懂。散发着一股霉味的繁体字老书让我舍不得，有一半或更多一些字靠猜。

我读书太快，书又太少，这成了最大的苦恼。于是我开始和其他人交换。同宿舍一个同学给我一本破了半边的老书，是为了从我这换走一本更厚的书，它是我从外祖母的木箱中偷出来的，封面上画有三根桅杆的大船，硬壳的，掂一掂好几斤重。过了十几天，那本让人日夜挂念的大书终于转回来了。后来我才知道它在这十几天里走了多远的路：先是换回一个"老书虫"手里的一本小书，后对方用它从别处换来另一本，另一本又换来别的书……"老书虫"有个传书的地下通道，在暗处，谁都不能说。我就是这样读到巴尔扎克的《高老头》的。

那时饥不择食，读得很杂，有《红楼梦》《镜花缘》和一大批武侠小说，还有巴尔扎克、屠格涅夫、托尔斯泰、雨果、德莱塞、马克·吐温、中国古诗词、鲁迅、老舍、巴金、徐志摩等，不见得全能理解。1949 年前后流行的也读了很多。

张英　你说："我从读书中得到无限的欢乐。"中国古典文学、现当代文学，包括翻译文学，在你的阅读中各占比多大？对你产生过什么影响？

张炜　中国古典文学对我影响很大，其中有些通俗文学，就写作而言，对我的影响并非全是良性的。我曾被催促着背很多古诗，这让我产生过抗拒心理。古代诗人我最喜欢韩愈。李白可爱，但以世俗朋友来交往，不太容易。这种异人，冲动起来会很突然。李商隐的诗最好，但和他做朋友，可能是无趣的。中国现代作家中，鲁迅、巴金、老舍等人的作品我读了不少。新文学也让我入迷，特别喜欢孙犁。后来读翻译文学很上瘾，也渐渐习惯了繁体字。

张英 很多人提及你的阅读，认为对你思想和创作产生影响最大的是俄罗斯（苏联）文学和作家，你觉得呢？郜元宝说："《秋天的愤怒》《秋天的思索》从'伤痕''反思'的主流中另辟蹊径，提出'侮辱''损害''复仇''蔑视''忍受''宽恕'等思想主题，明显带有十九世纪俄罗斯文学经典作家托尔斯泰和陀思妥耶夫斯基等影响的痕迹。"

张炜 俄罗斯文学中，托尔斯泰、屠格涅夫、陀思妥耶夫斯基、赫尔岑对我的影响很大，但巴尔扎克、雨果，还有一些美国作家，如德莱塞、萨洛扬、欧文和库柏等，我读得较早。

进入二十世纪八十年代，对我影响最大的是索尔·贝娄、马尔克斯等大批现代作家。欧美诗人让我入迷，如艾略特、聂鲁达、叶芝、奥登等。屠格涅夫的《猎人笔记》，每一篇我都喜欢。托尔斯泰整个的人与他史诗般的创作对我影响也很大。说他"整个的人"，是指他一生的执拗探求，他在道德上苛刻要求自己的坚韧精神。海明威的作品简洁有力，对比十九世纪的作家，他的写作给了我全新的趣味和感受。美国的福克纳，我十分喜欢。契诃夫的短篇令我着迷，他的作品饱满、精确，极为幽默。俄罗斯作家的辽阔与苍凉，在许多时候让中国作家格外动心。还有一些国内外的作家，他们的文字教给我的，远比在课堂上学到的多。让我受到更大影响的，还是中国作家，如鲁迅、伟大的诗人屈原和李白、杜甫、韩愈、苏东坡、李商隐等。

张英 改革开放后，西方现代派（现代主义）作品的大规模传播和拉丁美洲的"文学爆炸"，对你的文学创作产生影响和作用了吗？

张炜 西方现代主义文学对我们这一代的影响巨大，可以说是决定性的。这时期的主要译作我都读过，当时的自己像一台吞吐机，日夜吞食从不疲倦，消化力也好。我特别喜欢阿斯图里亚斯的《玉米人》。我读过马尔克斯和索尔·贝娄当时的所有译作。米兰·昆德拉的《玩笑》《生命中不能承受之轻》我也喜欢。我那时很少漏读现代主义的重要作家。

文人与写作

张英　在当代作家里，你最接近传统文化意义上的"文人"，除写作，还修炼书法、乐器、绘画。在高中时，你已经在学习弹琴，是古琴吗？持续了多久？

张炜　我酷爱乐器，多少受校长的影响。他精通至少十几种乐器，二胡和小提琴最好。但我恰恰最怵这两种乐器。我认为所有乐器中，二胡是最难的，扬琴和手风琴最易。我一度想去演出团体，拼命学习乐器演奏，还拜过杨宝森的琴师为师。这条路最终没有走通。我最爱的还是文学，20岁后就不太触碰乐器了。

张英　我不知道你是诗人，你出版了诗集，包括古诗鉴赏的专著，才知你在诗歌领域里，有很深厚的童子功。

张炜　我从"果园联中"毕业，因为不能被推荐上高中，就和一帮同学成立了"诗歌小组"，这是受校长鼓励。我们立志要写诗，成为诗人。我们疯狂地阅读和写作，有少年的狂妄和热情。几十年过去，我遇到了其中一个，是在海边，我都没认出来：他只比我大一岁，满脸皱纹，只剩下两三颗牙齿。我们没有多少寒暄，他只是握着我的手问我的创作情况。他还在坚持写诗，我没见他有发表。他跟我说的一句话，我到现在都未忘记，他说："写诗这件事，不能算完。"

哪有什么功利，就是爱。这样的爱，该是生命中多么顽强、多么持久，又是多么迷人的力量。有这样的力量，我们遇到困惑，遇到挫折，遇到各种各样的幸与不幸，就都有办法解决。类似的力量在支持我往前，这对我才最有意义。我相信文学对很多人，对他们的生存、生活，大概也是这样吧。

诗歌是文学的核心，也是艺术的核心。它外在的形式可以是戏剧、绘画、语言，从文学上讲，可以是散文、小说……但最核心的，还是诗。很难解释什么是诗，需要自己去意会。写诗在这个时代、在文学的形式里功利性最小。没听说写诗的能在社会上有很大影响，能赚钱，它最纯洁。

1972 年我写了许多可笑的诗，只有一首《溪水曲》保存了下来。我从开始写诗至今一直没中断，先后出版 10 多部诗集，包括三部长诗。二十世纪九十年代，于《上海文学》和《青年文学》发表了几千行的长诗《皈依之路》。长诗《铁与绸》是我全部创作中的代表作之一。

张英 你出版了好几本研究古诗的书，比如人民文学出版社最近推出了"张炜古诗学六书"，2000 年出版《〈楚辞〉笔记》，2014 年出版《也说李白与杜甫》，2016 年出版《陶渊明的遗产》，2019 年出版《读〈诗经〉》，2020 年出版《斑斓志》，2022 年出版《唐代五诗人》……

张炜 我这些年读中国古典诗歌较多，多年来花了不少精力，领会中国古诗的巨大魅力。它或许已在个人文字生涯里留下了很深的烙印。现代主义和中国古典美学不是简单的二者相加，不是镶嵌与组合，而是复杂的血缘接续。"古诗学六书"是我在大学与师生们切磋的记录，涉及的诗人和诗都是中国传统的大经，关于它们的文字汗牛充栋。我们容易不停地重复别人的看法、观点、故事，哪怕添一点点新的都非常困难，都要付出成吨汗水。

张英　从二十世纪九十年代以来，你先后体系化研究了屈原、李白、杜甫、陶渊明、《诗经》、苏东坡，以及王维、韩愈、白居易、杜牧、李商隐，同时开办多场讲座。你很警惕目前的古典诗词"鉴赏"和"自传"热，不愿意让自己的作品与之为伍，为什么？

张炜　我很看重"个人性"：必须要有个人的见解，而不仅仅是建立一条便捷、通俗的路径。这决定了我的书不能是多种说法的汇集，也就不属于诗学的层面了。比如李白、白居易、杜甫的代表作，教科书里反复讲到他们最好的诗是哪首。当我们面对文本，会惊讶地发现，他们最好的作品不是教科书里列举的。网络时代会将诗人传奇化、娱乐化、符号化，怎么有趣怎么讲，怎么通俗怎么讲，这令人厌烦。好多书是重复的，同一套话语，同一个说法。

张英　关于绘画，从素描到油画，你的学习和训练持续了多久？

张炜　我爱画成痴，学习国画并找过老师，后来发现完全不具备这方面的才能，就转向油画了。从几十年前开始，一到国外就会去艺术博物馆。我年轻时出版过一本油画方面的书《远逝的风景》，仍还再版。油画还画一点，因为笔下无功，在方家眼里大概很是可笑的。我有一个奢望，想把出生地的主要景物全画出来，作为文字的补充。这始终停留在空想里。

创作处女作

张英　你文学创作的兴趣是怎么来的？

张炜　从小在林子里的孤独，还有校长的引导，就有了对写作的酷爱。也许一个人口中话少，心里的话就多了。

我的写作，与一本书有关——美国萨洛扬的《我叫阿拉木》，一本薄薄的小书，是关于一个淘气孩子、他的叔父和朋友的故事。孩子从小住在叔父家，那有一个不大的葡萄园。他帮叔父在园里干活，下雨天或夜晚，就在小屋里写书，写了一叠又一叠纸，最终写出了这本有趣的小书。我读过好几遍，抚摸书的封面出神，我太熟悉葡萄园了。我唯一没有做的，就是下雨天或夜晚趴在桌上写书。这真是不错的事。我想象着那个幸运的孩子，像自己。我终于知道自己做梦都想干的事到底是什么。我在葡萄园，把一摞摞纸全都写满了，那是心里的故事，是林子和大海、各种野物的故事。

张英 你18岁写了小说《狮子崖》，那是一个什么样的故事？

张炜 《狮子崖》写少年儿童与阶级敌人做斗争。那时的作品，一写到阶级敌人，就一定要让他们搞破坏，比如农村的敌人破坏拖拉机、砍牛腿和掘水坝，工厂的敌人破坏机器、工业设施等。他们都有很强的破坏欲。这部小说中的敌人更甚，专门偷窃支援亚非拉的东西，幸亏被少年英雄们识破。

张英 这部小说在43年后才发表出版（2016年5月发表于《天涯》第3期，2017年1月由山东教育出版社出版），为什么？

张炜 我在七十年代写了许多作品，大都没有发表，到八十年代，经常从中抽出一篇应付约稿。这是不好的习惯。为断绝后患，一气之下把旧稿烧了。烧毁前，明天出版社社长刘海栖先生挑走了20多万字，出了一本《他的琴》，真要感谢他。

《狮子崖》是二十世纪七十年代上海少年文艺杂志社的退稿，退在推荐此作的一位老作家手里，如不是他2015年春节提起，我早就忘了。算失而复得。今天看书中的故事既荒唐又有趣，有一种说不出的荒诞感，甚至能产生冷幽默的效果。我们今天看那个时期的许多作品，从电影到戏剧，都多多少少有类似感觉。时过境迁，一旦思维跳脱开来，就会忍俊不禁。

张英 儿童文学是你的书写主题，贯穿你漫长的创作生涯，出版的著作也很多。有哪些代表作？

张炜 我不太刻意划分"儿童文学"和"成人文学"，不愿创作进入任何"类型文学"。我只用心写好，适合儿童阅读，就算这种文学了。到现在为止，《海边童话》《寻找鱼王》《半岛哈里哈气》《兔子作家》《少年与海》，这些孩子可读的已积累上百万字。《橘颂》像《寻找鱼王》一样获得很多教师和少年读者。它没有捏着鼻子说话，也就没有那种许多人熟悉的"大小孩"腔调。同样因为这个，有人犹豫该不该叫它"儿童文学"。不叫岂不更好。

张英 对今天的中小学生，你会给他们推荐哪些作品？为什么？

张炜 给孩子推荐外国的书，当然是安徒生和萨洛扬，特别是马克·吐温。不过马克·吐温和安徒生这些作家，并不强调自己写的是"儿童文学"，甚至否认自己是这样的作家。真正的、最好的儿童文学，只有这样的文学认知才能写出来。如果将"文学协会"比喻成"皮革协会"，不能因为习惯了"人造革"，就要祭出一条古怪的标准：只有"人造革"才是真正的"皮革"。这是畸形的思维，是因为惯性而造成的误解。

张英 中国原创儿童文学过于在消费文学和类型文学上下功夫，一直没有出现像苏联《白轮船》那样厚重杰出、有优秀文学意义的作品。你怎么看这个问题和现象？

张炜 中国儿童文学作家可爱而努力，成就很大。前进中，也许会进一步脱离类型化写作，变得落落大方，心手统一。特别像"儿童文学"的，不会是杰出的，而很可能是从文学肌体上割下来的小赘肉。有人常常谈及"儿童视角"，其实并不理解什么才是这种视角：作家要从一生未能泯灭和关闭的那扇心灵之窗去看世界，才会葆有一份童年的纯稚和新奇。相反，只机械地以儿童为主人公，不一定能确保这种视角。

在路上的游荡岁月

张英 你初中毕业无法升学，进入校办工厂工作，1973年4月才入高中就读，为什么？

张炜 因为特殊的政治环境，要靠"推荐"才能上高中，与上大学一样。

张英 正是在那个时候，你开始了少年游荡的岁月，思想和精神世界里有了少年早熟的孤独，四处结交志同道合的文友，"到世界上去"。当时的社会和政治运动，包括从大海到山川，地理环境的变化，对你的阅读和思想认知，产生了怎样的影响？

张炜 在半岛地区游荡的日子，是我一生最重要的经历，这成为我的一次"大学习"。

我高中毕业不久到了栖霞，那里被称为"胶东屋脊"，地势是半岛上最高的。栖霞和龙口尽管相隔并不遥远，可地理风貌差异很大。从小在海边长大，突然来到山里很不习惯。我有几年在半岛上游荡，毫无计划地游走，到处寻找新的文学伙伴。到20多岁，我还有这样的野心，就是把半岛上的每个村子、每一座城市、每一条河湾、每一座山都跑遍。我做了大量录音和笔记，还搜集了一些民间文学。遇到老人，只要是阅历广的，我就想和他攀谈。后来发现，要真的走遍是困难的，我只走了部分地区。

我将搜集到的奇人异事资料整理出来，装满了好几个箱子。也许这些资料一辈子都用不上，但重要的是拥有它们。我知道读书和学历之类只是"小学习"，那还远远不够。要真正做点事，需要一生的"大学习"。没有这场游走，起码《你在高原》没法写。

张英　1978 年，中国开始改革开放，这一年你 22 岁，考入烟台师范专科学校中文系。当时的社会环境和政治气候变化，对你有什么影响？

张炜　我 1978 年高考入学后，就不再游走，算安定下来了。一入校门，突然有了大量的书可读，真是大喜过望。烟台师专的前身是莱阳乡师，校史至今已近百年，有一大批作家在这里学习和工作过，如何其芳、臧克家、马少波、萧平、曲波等，名字可列出长长一排。这里的文学传统和丰富藏书是最大的优长。自己能进入这所学校，是最值得庆幸的事。当年《三月雪》《墓场与鲜花》的作者萧平，是中文系主任。我们有幸受他的指导，创办了文学社和学生刊物《贝壳》。那段文学生活蓬蓬勃勃，令人一生难忘。走出校门，我们的同学有多位活跃在省内外文坛，被称为学校的"作家群"。

张英　大学二年级，你参与创办的刊物《贝壳》创刊，你担任主编，在创刊号发表小说《春生妈妈》。《贝壳》是一本怎样的刊物？

张炜　《贝壳》是中文系 77 级、78 级、79 级部分同学，尤以 78 级为主体创办的油印文学刊物。当年出了两期，第一期是手刻油印的，第二期是打字油印的。《贝壳》的核心成员后来大多都经常发表作品，还很活跃。

张英　大学对你的职业选择和文学创作，影响有多大？

张炜　学校图书馆的藏书多，读不完；文学社的文友多，气氛好。这三年极难得也极特别。没有这个经历，我的阅读得不到拓展，也不可能去济南定居和工作。杜甫说"海右此亭古，济南名士多"，显然不是随口一说。只有在这座城市住下来，才知道它的文化气氛有多浓厚，泉与山有多好，深知自然与人文环境的朴实和内美。

张英　毕业后，你被分配到山东省档案编辑处工作，那段经历与写作的关系大吗？

张炜　从 1980 年 7 月到 1984 年 7 月，这几年我有大量机会接触档案史料，有段时间编纂《山东革命历史档案资料选编》，全书有1000 多万字，从中受益很大。档案内容可以帮助我深入理解历史和生活，对原来的一些认识和想法有矫正作用。从真实记录出发，再配合实地勘察，能让思维材料变得坚实。档案是凝固成文字的历史，它与生活互补印证，非常重要。

一个人的八十年代

张英　很多人怀念八十年代，因"思想解放"，现代主义、先锋派、女性主义、性别意识陆续在中国落地。以个人的角度，你怎么回望那个时代？

张炜　二十世纪七十年代末，是整个民族的转折期，也是几十年发展的基础。世界文学的窗口开得更大，翻译作品几十倍增加，一些从前只闻其名或闻所未闻的重要作家，大部分都能读到，特别是"现代派"的涌入，对我们这代人是一种惊喜。

到二十世纪八十年代中期，我的文学坐标得以扩展，这才有可能重新评估以往，特别是林野和游走时期接受的全部文学。这很关键，有在更大范围比较和鉴别的可能，也就有了否定和疏远。重读中外经典，对我的"再出发"太重要了。几乎是同一历史时段，世界其他地区的文学艺术正进入令人眼花缭乱的探索，而我们还在津津乐道于"张大娘淘完了米，再把饭来做"这种僵化单一的叙述格调。

张英　二十世纪八十年代的现代主义和先锋派，对你的创作产生过冲击和影响吗？

张炜　西方现代主义和先锋派，对我的影响难以估量。我从此不大可能认同那些粗老笨重的"现实主义"。在后工业化时代，这类创作不仅是文不对题，而且不真实。那是一种刻舟求剑式的写作，只能是蹩脚的。有人会用受众的数量去肯定它们，岂不知对于有志"量"的写作者来说，那根本不在话下。利用低级趣味、所谓的重口味去吸引受众，是可笑且没有远见的。今天所有非先锋、非现代意义的写作，都不会是杰出的。这不该有什么异议。当然，要除去对西方文本的照葫芦画瓢，我说的"先锋"不是这种小孩玩意儿。

张英　你在山东省委办公厅工作四年后，调到山东省文联当专业作家。1983年凭借《声音》获得"全国优秀短篇小说奖"，与梁晓声、蒋子龙、铁凝等同台领奖，在文坛正式登台亮相。1984年是你的文学关键之年：你完成中篇小说《秋天的思索》，并开始写长篇小说《古船》。

张炜　我的理想是写作，在省直机关，大量时间消耗在公文事务上，有说不出的焦虑和痛惜。我从进入的第一年就渴望调到一个宽松之地。那时在40岁以前能当专业作家，近乎神话。我算极幸运的，调入省文联创作室时只有28岁，从此拥有大量的写作时间。这对我是最大的恩惠。一系列被耽搁的中长篇小说写作计划可以开始了。

《古船》是1984年动笔的，写得很快，第二年就完成了。它出版稍晚，是因为当时的出版社特别慎重。人民文学出版社来人，我用一块从栖霞山带来的印花布包好一大叠纸稿，它是一笔一画写成的，似有脉动，灼热烫人。后来的《九月寓言》也包在这块花布包中。凡包在这块花布包里的稿子，都很吉祥。多年后这块花布在北京一次辗转中丢失了，我不得不重新弄了一块深蓝底花布。

张英 从结果看，你是文学的"幸运儿"。1982年3月，你的创作研讨会在济南举行，短篇小说《看野枣》获泉城文艺奖。这之前你已走出山东、走向全国，在《上海文学》《青年文学》等刊物上发表作品，并在次年加入中国作协，获得全国优秀短篇小说奖。这是很幸运的青年作家之路。你怎么看自己早期的文学历程？

张炜 我从1972年学习写作，到二十世纪八十年代初，至少积累了三四百万字的习作。散文和短篇小说记不清写了多少，长篇小说也写了好几部，还写过戏剧。创作之路太难了。我最初的发表全是自由投稿。当年的文学园地连现在的十分之一都不到，发表极为不易。我积累的习作数量巨大，从林野再到半岛地区游荡，一直装在背囊里，又一路携到学校和机关，正式发表的却只有区区几篇。不知是否有人像我一样，在文学路上走得这样艰困。

张英 那个时期你创作的小说，很有"个性"和个人价值立场，与当时的主流小说——"伤痕""新时期""争鸣"不大一样。你在首部短篇小说集《芦青河告诉我》后记里说："我厌恶嘈杂、肮脏、黑暗，就抒写宁静、美好、光明；我仇恨龌龊、阴险、卑劣，就赞美纯洁、善良、崇高。我描写着芦青河两岸的那种古朴和宁静，心中却从来没有宁静过。我常常想，世界上如果全是善良正直的人多好啊。"那个时期的小说，"芦青河系列"里，有哪些是代表作，是如今的你，觉得"不过时"的？

张炜 我在二十世纪八十年代发表的作品，通常被称为"芦青河系列"。其中《声音》《一潭清水》《蘑菇七种》《梦中苦辩》《海边的雪》《冬景》好一些。特别是《蘑菇七种》，这部九万字的大中篇，比我获得全国奖的要好太多。

张英 你的文学世界和根据地是从哪个时期开始确定和建立的？怎么看家乡的风土人情、地理风貌对你创作的影响？

张炜 我的"文学世界"和我的"文学故乡"，这二者是同一的：林野和游走。这是我真正的"故乡"，也是我所记录和描述的内容，它们深深影响了我作品的风貌与气质。写什么，怎么写，大致由林野生活和游走之路决定。在这个过程中，我有过无数遭逢，也有过无数经验。我有判断事物的方法，虽然这还有待完善和修正。

张英 你怎么看待短篇小说和中篇小说在创作上的不同之处？以你自己的作品为例。

张炜 短篇小说的创作需要凝聚心力，一般会在体力特别好的时候去写。这是文学短跑，讲究速度和冲刺。中篇，特别是长篇，可以悠着来，强调的是耐力、生活贮备和丰富的写作经验。如果上了年纪还热衷于短篇小说创作，那大概是很了不起的人。

我越来越怯于创作短篇小说了，心力变弱了。我写了一百三四十个短篇，全是心弦紧绷的时刻。写中篇小说有舒放感，从容许多。从短篇到中篇，再到长篇，徐徐放开的过程也许更好。诗的写作要更早，它最好能作为一个人文学的开始，让其贯穿一生，居于写作生涯的核心。它是雅文学的魂魄。

张英　你的文学观在文章中早已显露无遗："作家不是通过某一个作品说明和完成他自己的，而是通过他一生的创作。""创作不是做买卖，不需要那么机灵。文学是'愚人'的事业，有时可以嘲笑他的'愚气'，但到后来却不能不正视他这些年辛苦的耕耘、这些年有力的挖掘。"多年来，面对社会、经济、政治、历史的变化，你有过摇摆吗？

张炜　随着时间的推移，文学操练会有一些局部的探究和调整，但根本立场和态度、一些原则是不会变的。我不热衷也不认同文学的工具化，会警惕以"正义"和"责任"为借口，堂而皇之地背离文学的审美特质与艺术理想，寻找所谓的机遇。说白了这是一种机会主义。不同方向的工具性和功利性说到底都是一样的，是硬币的两面。如果作家真的热爱真理，那么他对文学本身的忠实、诚实的劳动与坚持，恰好能表达这种韧性和勇气，也是一个令人信服的、可靠的鉴定。这不会有什么例外。

远离各种文学机会主义和投机行为，回避机灵和巧智，是一个合格作家必须具备的敦实与定力。这是困难的，却是漫长写作生涯中必须接受的考验。

《古船》40 年

张英　在八十年代，你的文学观、价值观已经成熟，后来评论家说的"道德理想主义"在这一时期已基本成型。这个阶段，哪些人是你思想和文学的启蒙导师，对你产生过重要影响？

张炜 即便在二十世纪八九十年代，我也不认为自己是"道德理想主义"者，有时面对这个工整而深奥的命名，有点惶惑和莫名其妙。它在大多数时候尽管是一种赞许，却让我深感不安。

这种"主义"其实蕴含了粗暴。我深知这种说法只是求近就便、不求甚解和粗枝大叶，是人云亦云。我的资源是复杂的，经历是漫长的，没那么黑白分明、对立和简单。我对乌托邦的神话并不相信。作为一个写作者，我常常陷入矛盾和困惑中，处于自我怀疑和自我否定中。我受到的影响也不仅是儒家的，从歌德到托尔斯泰再到鲁迅，从卢梭到弗罗姆再到艾柯和哈耶克，一长串名字都深刻感动过我。就文学家而言，我特别认同艾略特和奥登这些人的思想。我还沉迷于索尔·贝娄的作品，他创造了后工业时代现代主义文学的奇迹。

评论者所谓的"道德"和"理想"，那种"主义"，在我眼中既陌生又突兀，深知有其粗暴与强迫的非现代属性，让我感到硬塞入寞臼般不适。

张英 1984 年你开始写《古船》，小说生动刻画了一个古老农村在急速化历史嬗变中的心灵阵痛与文化冲突。1986 年 10 月，小说在《当代》发表。11 月 27 日，你出席人民文学出版社举办的《古船》讨论会并发言。1987 年 8 月，《古船》由人民文学出版社出版。《古船》发表时有争执，人民文学出版社出版单行本时也有争执。为什么？

张炜 《古船》在我的写作生涯中，是非常重要的一部书。它写的仍是那个半岛与那条河流，但评论界和读者已不再把它（包括它以后的小说）看作是"芦青河系列"了。

我写《古船》，去半岛地区搜集材料，直接到胶东的粉丝厂，了解收入如何、领导结构如何，一个镇子的政治和经济情形、历史。比如具体到土改，死了多少人，重要的事件有哪些，冲在前边的人是哪部分，这部分人现在到哪去了。做了很充裕的准备工作后，才开始写《古船》的发表和出版，是原稿完成一年后的事。这拖延的一年就是等待。

围绕《古船》指责的主要问题是所谓的土改方面的描写。公开发表在报刊上的没多少这方面的批评，但私下里、会议上，有人还习惯使用我们都熟悉的那种"极左"语言。出版社最终表现出的勇气，让我感动。书中有些部分，因为以前没有现成范本可做参照，有些争执和犹豫也是正常的。文学总要在表达形式和内容上往前走，这是出版社最终决定发表和出版的理由。真正的出版家是有主意的人，他们和作家一样。

张英 当时胡乔木对发表的《古船》有异议。而后文学界有几人还写了信。两年后胡乔木让人转来他的一封谈《古船》的信，信中说他当年那样做不对，说今天看来，《古船》"瑕瑜不能互掩""这样一部书更需要时间的检验"，等等。这段故事可以说吗？

张炜 胡乔木的信不是公开发表的，不能谈得太细。他鼓励作者并表达了歉意，也算难得。以他的震怒，引起当时特别是后来的巨大波澜，对一个写作者造成的困境是可想而知的。他信中说自己因为"耳食之言"才有那样的失误。可见"耳食"之可怕。热衷于输送"耳食"并以此为志业者，终究是人生悲剧。

张英 我很敬佩一个作家发表的长篇小说处女作能"平地起高楼"，《古船》起点太高。这部长篇小说的灵感来自何处？酝酿了多久？

张炜　《古船》不是我的长篇处女作，之前的字数或比它长，或和它差不多，都因各种原因没能出版。《古船》写作时我已 28 岁，当时认为年纪很大了，再加上以前的长篇创作失败造成的不甘，十分努力在准备。它可能押上了最重要的情绪和生活积累，酝酿时间漫长。这部长篇的影响超过我以往所有的作品，发表不久即引发激烈争论，并延续很久。但文坛与读者对它始终给予热情的维护，他们普遍把它和《九月寓言》看成我小说的代表作。

　　今天看，无论它有多少不足，都会让我明白：对文学而言，青春的纯洁和勇气才是最宝贵的。近几十年来，它的印刷数量已很难统计。不过文学的主要价值不在于销售量和大众接受度，那些因素作为评判标准往往是廉价的。我说的是它的质地，它的朴实和诚恳，它投射的生命力量。就我个人而言，这才是最难超越的。

　　张英　还记得那段创作时光吗？

　　张炜　写作《古船》时，是激越而沉着的状态。当时的社会氛围也在支援这次劳动。一笔一画写下去，每天只写一点，生怕笔滑。就这样写了六个月。这种工工整整的纸上创作习惯，一直保持到今天。潦草的笔迹一定会影响心情。自己在用钢笔刻字，缓慢、有力。

　　张英　小说是"一气呵成"还是修改了好几次？

　　张炜　《古船》是一口气写出来的，只有一稿，修改不多。那时候年轻，记忆力好，不像现在容易遗忘。小说大的集中改动有两次，一次是在济南南部山区一座废弃的变电所里，另一次跑到了胜利油田的海边。最后发稿前我住在北京一个招待所里，编辑随时提出问题，我认为有道理，可以随时调整。

张英 《古船》艺术的完整性和思想性在小说里完美融为一体，难能可贵。很多长篇小说一表达作者的思想就会影响小说的艺术表达，甚至影响故事、人物、语言对白等的完整和圆润，你怎么看这个问题和现象？

张炜 小说的"思想"一般不能依靠"言说"实现，就是说，作者不能直接站出来宣示。但这是一般的情况。文无定法，有人可能反其道而行之。不过，我不欣赏也做不来这样的事。我的小说中好像从来没有作者的直接宣示。人物的言与行是两回事，人物是自由的。有人偶尔会把人物的思与言当成作者的，这是误读。它们有严格的区别。

张英 《古船》发表和出版后，像一颗"原子弹"爆炸：先后在山东济南、北京等地，开了好几场作品研讨会，也得到了评论家的高度认可。雷达在《民族心史的一块厚重碑石》中指出："《古船》震撼力的全部秘密在于，张炜不但要帮助人们恢复'记忆'，而且是以自己的身与心、感觉与理性、反省与忏悔来重新铸造'记忆'，并且与当代人的困境联系起来。"公刘也撰文《和联邦德国朋友谈〈古船〉》："我认为，这是迄今为止我所接触到的反映变革阵痛中的十亿人生活真实面貌的杰作，它超过了《天堂之门》，也超过了另外几部获得好评的作品。"

张炜 我当年读了其中的大部分，都是很有影响的、感人的评论。评论家以自己的勇气，给作者以鼓励和支持，也成为我文学路上重要的提醒。

张英 最近，人民文学出版社重新出版了《古船》手稿本。

张炜 《古船》的手稿本我看了觉得亲切。我1984年开始写作，那时纸很少，很好的稿纸更少，所以就养成了一个习惯，一定要一笔一画，想好了再写。到了一定年纪，看年轻时的笔画，会有一种激动。我用钢笔写，中间用了一段时间电脑，似乎不如钢笔，最后放弃了。电脑打字比较快，但压垮骆驼的最后一根稻草，可能就是速度对脑子的催促。我们这代人可以很熟练地打字，甚至可以盲打，但有人仍然选择了钢笔。一个好朋友跟我讨论，他说电脑无非是把脑子里的东西记下来，有什么不好。我实在没法跟他讲清楚。后来在饭馆吃饭，他跟人要手擀面，我说手擀面与用笔写的道理是一样的。

民间文学与《九月寓言》

张英 1988 年 10 月，你参加民间文学讨论会并发言："民间文学给了我们真正的滋养。它既是一个品种，又是一个根源。它常常能够给作家注入创造的活力，使其生气勃勃。"怎么理解"民间"与"传统"对你写作的意义和带来的变化？

张炜 民间文学指口耳相传、最后由文人整理成的作品，如中国四大名著中的《西游记》《三国演义》《水浒传》。它和通俗文学是不同的，后者有具体作者，民间文学由无数人经过漫长时间才完成。从民间文学中吸取营养，对写作者而言是必须的。广漠的民间是文学艺术的土壤，具有无限生长的可能性，生机勃发。阅读中最让我兴致勃勃的，是一些中外民间文学集。我们所熟悉的"荷马史诗"，正是民间文学。它和杰出的文人个体写作一起，构成一个民族语言艺术的代表。

张英 长篇小说《九月寓言》是你在《古船》之后创作上非常大的一个转向，这部小说的灵感、文本、结构、主题是怎么得来的？

张炜 它差不多和《古船》的创作冲动一起出现，只是还没准备好。《古船》发表后，要考虑怎样把它落实到纸上。这时陷入的是新的激动，它以童年时代流连日久的那个小村，那个由流浪汉汇聚的17户小村为蓝本。那种生活留下的印痕太深了，简直溶化在血肉中。这样的写作是回忆也是畅想，格外流畅、愉快和感动。就这点来说，我还没有任何一部作品能够与之比拟。我在这次写作中有陶醉感。我不能掩饰这种心情，我喜爱这次写作，这是一次不可重复的精神漫游。

张英 《九月寓言》是在什么环境里写出来的？听说当初的发表有些波折。最初你把《九月寓言》给了《当代》杂志，没想到主编秦兆阳反对刊发作品。在何启治保留的信中，记下了秦兆阳关于《九月寓言》的10条意见，批评意见主要集中在三个方面：首先是对小说描写的"生活"及其"真实性"表示怀疑，尤其与"解放后的农村实际情况"做对比，认为小说表现得不真实；其次，在于小说所体现出的"片面认识""偏颇思想"，他认为小说中的"抽象人性论""人命意识论"，抹杀了农民要求出路的阶级本性以及"有组织有领导的理性作用的必要性"；再次，是他对小说采用"寓言"这一艺术形式不满，他认为这部小说所寓之意是"针对生活"的，并且在假托性和寓意性两方面都不成功。

何启治在《是是非非说"寓言"》一文中，讲述了《当代》杂志未能刊发张炜长篇小说《九月寓言》的幕后故事：时任《当代》副主编的何启治与青年编辑洪清波都主张刊发，但由于主编秦兆阳的反对意见，这部小说被撤稿，没能在《当代》发出。不久，这部小说在《收获》杂志1992年第3期上发表，却很快获得了文学界的广泛认可。

多年后，《当代》杂志编辑汪兆骞回忆："《收获》全文发表了《九月寓言》，震动文坛。那年秋天在劳动人民文化宫书市上，兆阳先生竟重提《九月寓言》，他说，当初眼疾甚重，无法全读，看了一部分，主要听汇报。对《九月寓言》的错误判断，过多考虑刊物的安全，是初衷，但多虑而失察，酿成判断失误。这是一个老编辑的失职，对张炜不公，对《当代》也是一大损失。最近他又让家人读了一遍。他说，《九月寓言》里的精神固守，包蕴着大地的苦难和诗意的栖息，小说已进入诗性和哲学的层面。此外，兆阳先生仍坚持他对《九月寓言》的批评：处理历史、道德与审美关系上的失当。"此后，《九月寓言》先后获第二届上海长中篇小说优秀作品大奖长篇小说一等奖、"八五"期间全国优秀长篇小说奖、"九十年代最具影响力十作家十作品"、入选北京大学的《百年中国文学经典》、"新中国70年70部长篇小说典藏"。

张炜 《九月寓言》原要在《当代》杂志发表，后因故移到了《收获》。《古船》和《九月寓言》发表时都遇到一些波折和坎坷，一本书顺顺利利出版的情况很多，遇到坎坷的情况也很多，这没什么。

我很尊重的一位文学前辈，曾对《古船》称赞得不得了，一直给我很大的鼓励。但他看了《九月寓言》送审稿后，竟然说，再也不能把我们的社会、我们的农村写得一团漆黑了。实际上《九月寓言》写得更多的是劳动的欢乐和人的顽强，是坚忍不拔、跋涉千山万水寻找新生活的信念。至于说小村人生活得苦，那只是现实而已。我是从那个时期过来的人，小村里的每一户人家我都熟悉——吃过他们的煎饼，喝过他们的水，怎么会不知道他们的生活？《九月寓言》里写他们吃地瓜干——地瓜不好保存，那里地下水位比较高，不像南部山区，山区人可以打一个"地瓜井"，把地瓜放到里面保存到来年春天——小村人必须将地瓜切成片晒干，装到囤子里保存，太阳好的时候还要赶紧拿出来晒一遍。这是一年的口粮，要谨防发霉。我亲眼看到小村人将长出绿毛的地瓜干晒一下，然后拍拍打打重新装回囤子里。这要吃上一年。这次发表耽搁了也有好处，就是经过仔细考虑，我将原稿中"忆苦"两章删除了一章，精简了两万多字，使整部书变得更简洁、更有张力。

张英 读《九月寓言》，《古船》里那种因沉重的历史而透不过气来的紧张、压抑感被一扫而空，《九月寓言》是大地上人间烟火的天地人结合出来的"元气"，是人在大地上劳作、生存的欢乐和生命的飞扬。从《古船》到《九月寓言》，你在思想和文学观念上发生了怎样的巨大变化？

张炜 《古船》是我发表的第一部长篇，对我当然很重要，任何一个作家的首发长篇对他都非常重要。在专业圈的评价里可能《九月寓言》更高一些，但综合评价，《古船》的冲击性、阅读的传播效果、社会层面的影响更强烈。它发行量很大，版本也特别多，国内外加起来有六七十个版本。《古船》发行了近40年，《九月寓言》则是30余年。《九月寓言》发行量也大，有40多个版本。

我很早开始接触西方经典作品，近20年阅读中国经典比较多。当然，西方的现代主义对中国当代文学具有重要贡献。追溯西方传统经典，会发现它拥有古典主义的崇高，深深地感动了读者；而现代主义以全部的复杂性，使读者沉迷。中国当代文学应当从古典的河流一直流淌下来，随便舀出一勺化验，仍能分离出崇高和震撼。

《古船》和《九月寓言》美学品格不同，甚至呈现极端化的差异，但共同的一点是，作者的心弦都同样紧绷，都来自深刻难忘的记忆，都发掘于心底的痛楚和欣悦。我知道代价是什么。单从字迹看，它们都是正楷刻纸，那是庄敬的心情。从第一部到第二部，我没有想过改变，只是在心中抄写：它们早就贮藏在那了。

张英 上海的评论家们甚至认为《九月寓言》在艺术上超越了《古船》，指出前者在艺术表达上"举重若轻"，把重的思想和小说主题用"轻"的方法处理，在地域传统上，"鲁"文化里的"沉重"换成了"齐"文化里的"诗意"；小说立场从历史、正史变成了民间立场的"世道人心"，"精神士大夫价值观"变成了"大地上漫游的民间说书人"。你的散文《融入野地》，"人实际上不过是一棵会移动的树"。从《古船》到《九月寓言》，"走向民间"，你的精神谱系从此定格：民间立场和大地情怀。为什么？

张炜 评论家的思维有学术的清晰，还有理论的高蹈和圆融。作者自己常常是盲目和沉醉的，有时甚至感觉不到立场的移动和改变。他只是往前，走向另一段里程。每一段旅途都是不同的，景致也会变换。在我的经历中，大地漫游的感怀更为强烈。我一旦回到这种记忆和感受中，要说的话会增多。《九月寓言》和《融入野地》是刚刚打开的一扇门，我知道这门今后还要更开敞。

张英 关于《九月寓言》，和《古船》一样，当时所有重要的评论家都为《九月寓言》写下了评论，这些评论，大大拓展了作品的意蕴和艺术解读空间。

张炜 这些评论家的敏与思，不仅是对一部书和一个人的。他们的洞见刻在了文学记忆中。功利主义盛行的时刻，这样深刻的言说就会停息下来。评论家与作者一起感知和成长的时代，才是美好的季节。那样的季节一旦过去，生长的就应该是其他东西了。

张英 《九月寓言》里有中国古典传统的表达（蒲松龄的《聊斋志异》），也使用了现代主义的文本、结构。你在长篇小说领域中对本土表达的"自觉"和坚守是怎么来的？

张炜 这些大致还不是方法的自觉，而只是气息和气韵的把控。我不想照搬西方文本，也防止向古典直接取力。只有在日常持久的阅读中接受的启示和营养，才会呈现一种有机性。我信任沉浸，让自己陷入真实的情感海洋中，自林野时期到后来几十年的文学阅读，更包括游走的长旅，开启的一扇又一扇门让我通过。我们这一代幸运地经历了那么多荒唐，又经历了国门开启的热风涌入，接受了现代和后现代的洗礼，也就不会轻信和天真，标准不再单一和盲从。

张英 在文学的意义上，你怎么看自己创作中的传统和现代？

张炜 一个写作者不能获得传统的力量，就不会现代，那只可能成为一个描红者、一个另类老土。中国现当代小说学习西方比较多，这里指雅文学，中国的小说传统，大部分中国现当代小说家没法继承，因为没有清晰的路径。中国传统中最发达的不是小说，而是散文和诗。传统小说大致是通俗文学，属于广义文学的范畴，而纯文学（雅文学）是狭义的文学，四大小说名著中只有《红楼梦》是雅文学，另外三部是民间文学。因此，中国现代小说不得不大量借鉴西方。但整个雅文学的传统是源远流长的，如《诗经》、诸子百家、《史记》等经典。当代小说或将努力向中国雅文学的源头靠近。

张英 你怎么理解"现实主义"，以及先锋退潮后对现实主义的回归？

张炜 "现实主义"作为刻板和固守的概念，在写作实践中不容易被认可。杰出的作家应该是才情飞扬的。有人想用那种老旧的学术概念取代优秀和杰出的创作，这是行不通的。如果真要"现实"，那就一定是与数字时代相谐配的"现代主义"。真正的先锋永远不会退潮，它一定是与时俱进的。如果将"先锋"当成一张随意穿着的形式主义毛皮,那是可笑的。"先锋"是血脉,不是毛发,也不是"皮之不存毛将存焉"的皮。

九十年代"人文精神"和商业化

张英 针对社会商业化和物欲主义横行,人文主义的精神萎缩,你写下的随笔《诗人,你为什么不愤怒》在"新人文精神讨论"中引起了争论。时过境迁,你怎么看当时那场"人文精神大讨论"?

张炜 那场"人文精神大讨论"已过去多年,许多人还记忆犹新,时常问起。他们把我看成当事人"二张""二王"对峙中的一员,其实并无这种对峙,只是新闻报道和争论中形成的说辞,与真实情形相去甚远。我没有直接参加这场讨论,只是作品被广泛引用而已。作家都是独立的,不可能那么容易捉对厮杀,或被命名。

我仍认为,那场讨论是最优秀的知识人读书人发起的,他们的命题具有极大针对性,属于时代先锋。这场讨论是无法终止的,会默默进行,因为它始终横亘在每个读书人面前,无法回避。

张英 你说:"在那个横行无忌的年代,不少人在用一支笔去迎合。在如今的商品经济大潮中,又有不少人在用一支笔去变卖。不同的时代构成了不同的刺激,在这种种刺激中,总会有人跳起来。""文学已进入普遍的平庸状态,不包含一滴血泪心汁。在这种状态下,精神必然枯萎。"《柏慧》是一部特别的长篇小说,由于探讨了中国社会转型期知识分子的独特地位、责任及精神状态,与一系列传统价值观念发生冲突,引起了始料不及的争执,但"我始终认为它是我面向这个时代的、理应留下的声音"。为什么?

张炜 所有好的作品，一定都是紧扣时代心弦的。这与什么题材无关。讲到雅文学，是否紧扣时代心弦，也是重要的衡量指标。只要努力写作，向着那个既定的纯文学目标进发，就会留下自己的声音。这是自然而然的。

张英 你怎么看市场经济、商业化和消费主义给文化环境（包括文学创作）带来的改变？

张炜 任何时代环境对文学创作的助力或干扰都会有，我们不能只求好的一面。当然有时困难大一些，有时少一些。写作者面临的最大困境，永远是自己。在好的作家那，有些问题是不在话下的。写作既为心灵之业，那就难以出卖和套现，所以大可安心地做下去。我说过，用重口味去争取市场和大众，不仅庸俗，而且短视和愚蠢。软弱和没底线的人一听到"大卖""得奖"就慌了，立刻俯首称臣。这其实真的没什么。

张英 在全球化时代，在文学领域，你怎么看思想、精神和娱乐、消费之间的关系？

张炜 广义的文学包容很多，狭义的文学，即雅文学，是不需要考虑亲近商业主义的。文学，诗，本来就很深奥很深邃，出锅热卖不可能。杰作只能留给时间。

今天的作家要承受来自消费时代和商品社会的压力。我想起1962年聂鲁达在大学的一次演讲。他谈到写作出版的情况时说："那些被商品环境逼迫得走投无路的作家，时常拿着自己的货物到市场上去竞争，在喧嚣的人群中放出自己的白鸽。残存于昏暗的傍晚和血色黎明之间的那一丝垂死的光，使他们处于绝望之中，他们要用某种方式打破这令人窒息的寂静。他们喊道：'我是最优秀的，没人能和我相比！'他们不停发出这种痛苦的自我崇拜的声音。"二十世纪八十年代读到这段话一点都不理解：一个作家通常是自尊和矜持的，怎么会那样喊叫？今天，相信大家完全可以理解他诗意的描述、残酷的描述、不留情面的描述。我们应该恐惧：这样的呼叫似曾相识。因为我们都生活在一个"被商品环境逼迫"的空间，有时也不免沮丧。

是的，我们会被聂鲁达的发现和描述深深震撼。在西方，二十世纪六十年代就存在这种情形了。海明威活着的时候，他的大量短篇小说，更不要说长篇和中篇了，都被拍成了电影和连续剧，那时候其他娱乐形式已经对文学构成挤压。今天物质挤压又加强了许多倍，我们终于面临甚至超越了当年聂鲁达他们所感受到的一切。在这种情况下，不仅是一个写作者，即便是一个体力劳动者，也面对怎样处理个人生活中的诸多新难题、新现象，以及如何保持自尊的问题。

一个人对文学的热爱，往往是从小读书以及被各种感动和召唤所吸引，还由于先天所具备的多种美好元素而形成，那时候既没有稿费和翻译的问题，也没有评奖的问题，更不会考虑其他。那种爱是多么纯粹、多么可靠，是最原始的动力，这个动力永远不要失去才好。作家永远不要走到"昏暗的傍晚和血色黎明之间的那一丝垂死的光"里。这是需要谨记的。

大河小说与《你在高原》

张英　1988 年，32 岁，你开始写 10 卷本"大河小说"，历时二十几年才完成。《你在高原》这部长河小说，它的创意和想法，它的结构、时间线、叙事，是怎么一步步形成的？你为什么会花几十年的时间，创作这部长篇小说？

张炜 写到 30 多岁，我的文学苦旅已走了 10 多年，就要奔向 20 年了。我觉得一场更大的劳动在催逼自己。没有一次集中而浩漫的文学表达，让我不安。牺牲的外祖父和所有先辈，自少年时代开始的游荡，都需要一场文学跋涉去面对和回应。有多少水发多少电，满溢和压力正在生命深处。用 20 多年时间、450 万字的篇幅，长还是短、大还是小，只有自己回答了。

我知道文学精短之重要，也知道如何做出生命的呼应。我有信心也有责任，然后才有开始。作家蒋子龙说："创作'精品'是好的，不过能说长城是'精品'吗？"老兄一语戳破"精品"二字，这是个用之四海而皆准的神话。我不敢自诩砌造"长城"，但认同它的道理。蒋子龙说的是一种"长城美学"。

我在序言中说："我起意的时候是二十世纪八十年代中期，动手写下第一笔是八十年代末。它源于我的挚友宁伽及其朋友的一个真实故事，受他们的感召，我在当年多少也成为这一故事的参与者。当我起意回叙这一切，我想沿他们走过的每一个地方全部实勘一遍，并且给自己制订了一个需要落实的、严密的计划：抵达那个广大区域内的每一个城镇与村庄，要无一遗漏，并同时记下它们的自然与人文，包括民间传说等。当时的我正值盛年，不知道这是种怎样的豪志，又将遭遇怎样的艰难。后来果然因为一场难料的事故，我的实勘行走计划只完成了三分之二，不得不停下来。这是难以补偿的大遗憾。因为更真实的追求才要沉湎和虚构，因为编织一部心史才要走进一段历史。在这部小说里，我特别要提到五十年代出生的这一茬人，他们是小说的主人公，这可是了不起的、绝非可有可无的一代人。他们的个人英雄主义、理想和幻觉、自尊与自卑、表演的欲望和牺牲的勇气、自私自利和献身精神、精英主义和五分之一的无赖流氓气、自省力和综合力、文过饰非和突然的懊悔、痛哭流涕、大言不惭和敢作敢为，甚至还要包括流动的血液、吃进的食物，统统搅在一块，成为记忆的一部分。我们不需要美化他们一丝一毫，一点都不需要！因为他们已经走过来，那些痕迹不可改变也不会消失。"

那时候年轻，野心很大，总想做庞大的，做的功课也就特别复杂。很自信，总以为无非10年，就可以把它写完。各方面的准备，包括读书，到民间，什么都读，并立志要行万里路读万卷书。做起来才知道有多难——如果那么容易，很多人早就做了；但又不能把已经做出来的全都扔了，那就前功尽弃了。时间拖下来，渐渐就不急了，知道这不是一鼓作气的事，索性慢慢做。做完了想一想，很不容易。从1988年做到2010年，不可谓不长。时间教给人的很多，不是聪明能替代的。有些短时间想不明白，比如它的结构、技术层面、工艺层面，连这些相对简单的问题也需要在时间里来解决。有些解决不了，只得交给时间。很多思想、形象，包括情节，诸多元素会随着时间改变，22年是不停修理和补充的过程，是一次次扭转局面的过程。

随着年龄的增长，写这部小说的过程中，有两方面在改变，一是个人劳动的速度在减慢，再是对各种事情会想得更细更周到。这两方面的改变使这本书拖了很长时间，加上疾病，身体不如过去，最后写了22年。

张英　2010年10月，10卷本"大河小说"《你在高原》由作家出版社出版，包括《家族》《橡树路》《海客谈瀛洲》《鹿眼》《忆阿雅》《我的田园》《人的杂志》《曙光与暮色》《荒原纪事》《无边的游荡》。9月中国作家协会主办的"张炜《你在高原》作品研讨会"，中国作家协会主席铁凝作了题为《他对文学始终葆有一颗赤诚之心》的发言。

2011年8月，《你在高原》获得第八届茅盾文学奖。序里写道："自然，这是长长的行走之书。它计有10部，450万言。虽然每一部皆可独立成书，但它仍然不是一般意义上的系列作品。在这些故事的躯体上，跳动着同一颗心脏，有着同一副神经网络和血脉循环系统。"作家出版社副总编辑杨德华撰文《〈你在高原〉审稿六记》："一是它深沉的思想和强大的道德勇气。""二是它强烈而真实的现场感。""三是它百科全书般的容量与质地。""四是它描绘的令人震惊的众生相。""五是它艺术探索的难度和勇气。""六是它和作家其他作品形成的奇妙关系。"

从世界文学范围来看，长河史诗小说更像是二十世纪的遗产，但在中国，这样的现象才刚刚出现。《你在高原》大气磅礴，是新中国文学至今最长、最大气、最厚重的长篇史诗小说。你怎么看文学史上已有的长河史诗小说？比如《静静的顿河》《约翰·克里斯朵夫》《战争与和平》这样的作品，它们的价值如何？和这些外国作品相比，你觉得中国现当代文学中有没有这样具有史诗品格的作品？

张炜 它们的时代已过去，中国当代文学没有它们的影子，也不必追求。如要写得这样长，就要有致命的理由，还要考虑一定的阅读策略。《你在高原》是大河小说的体制，但有"系列小说"的特征：它从头到尾是一个整体，有相同的一拨主人公、一个大故事，同时每一部又可以独立存在。这在读者那就有了阅读的方便。以往的大河小说，一部书只是一个环节，要一部接着一部读下来。巴尔扎克的《人间喜剧》不是大河小说，而是系列小说，因为它们之间是完全独立的，并非是同一个大故事。

张英 遗憾的是，还没看到与200年来中国社会、历史经历相称的，能反映中国人生活变化、精神变化的长篇小说，为什么？

张炜 对中国当代文学的鉴定还需要时间。这种巨量的重大的判断，当代人离得太近，还看不清楚。也许浮在面上的是小鱼，也许水太浑看不见其他鱼。

张英 作家出版社的编辑对我说，《你在高原》出版前，还删了一些文字内容。

张炜 《你在高原》与我以往的书全都不同，如比作动物，它算是形体较大的。虽不能说大的就一定是好的，但它实在是不同的生物品种。大动物和小动物的举止不同、活动空间不同。比如大动物都有一副平静的外表，却会在特别时刻，表现出巨大的腾跃和冲决力，在远比过去阔大的空间展示其截然不同的两极形态，这是一次尝试，涉及作品结构和美学品质等诸多问题。

小说原稿是510万字左右，篇幅缩小了大概60多万字。删掉的60多万字有部分需要去掉，起码还有一半文字，就是30万字，可以重新添上——这样整本书会更饱满、更自由，空间更大。这个"大"不是为求大而大，是有深意的。删了的部分，将来有机会也可恢复一些。作家出版社的编辑有两个考虑：一是太长发行更成问题，篇幅不要过分庞大；二是希望进一步压紧——有一部分压紧是有好处的。编辑建议我把游离于线性故事外的压缩掉，删除的有各种东西，比如从社会层面看比较强烈的，从叙述技法看过于旁逸斜出的——许多时候这种繁复的层次是需要的，这么大的长篇，应允许它们的存在，这符合它的美学品质。

这本书的结尾和开头改了几十遍，先用笔写出来，再打到电脑上，为了反复修改方便。如果没有电脑，再过两年也拿不出来。改得厉害，遍数多，要不停抄出来，多麻烦呀。这部长长的小说在22年里完成，其间经历的变化不知有多少。如再拖下去也拖不起——22年后很想再写10年，这行吗？没有这种条件，我是说生命的条件。不停修改、调整，以便能让时过境迁的人理解，以便准确再现，这给写作者带来很大困难。

22年中，我饱尝了反复修改、推翻另来的折磨。大的跌宕，已把原来的结构搞得支离破碎，我需要一次次收拾碎片——精神的碎片、事件的碎片，重新去整合。在一些技术工艺层面，真是苦不堪言。但如从捕捉全书的基调，包括一些思想、心路方面看，收获是很大的。有时候，小说的改动会影响到书的其他部分，因为它会辐射到很多方面，这又有了与全书衔接的问题，还要再次对榫。有时候虽只有千把字，却要改动几十遍。也许未来能出版小说的原稿版，就像电影的导演版。那些小说内容如恢复了，会更饱满和强烈。因为这部长篇小说不是单行本，不是选择别致、精致的那种审美品质，而是比较开、比较大。这与粗糙无关，相反，它追求局部的精雕细刻。

《河湾》与互联网时代

张英 长篇小说新作《河湾》很接地气，小说讲述主人公傅亦衔在数字时代的重压下追寻超脱凡俗的"异人"，在目睹好友的挫败和恋人的蜕变后，独自走向河湾重建生活的人生历程。你写了互联网、数字时代的年轻人，写了"网暴""无爱"等现象，以家庭这一"社会的最小单位"为核心展开故事，写尽了网络时代的步步惊心。这部长篇小说是怎么得来的？

张炜 我重视《河湾》，它是我全力以赴的、与现实关系最近的一次文学表达。全书围绕网暴事件展开，跟书中讲述的家族的痛苦历史和个人遭际的坎坷"一脉相承"，只是残酷的历史沉渣在"娱乐"时代的重新泛起而已。小说主人公傅亦衔为爱做好了一生的准备：忍受一切，当它的奴隶。他实在太爱"她"了。最后却还是不得不割舍这种爱，可见他面临的问题之严峻。其实每个人正视一下自己的生活，会发现多少都面临着类似的严峻问题。能否割舍，关键在有无强烈的自尊。网络时代还要这样专注和认真地谈"自尊"，大概是此书的要害所在。无与伦比的世俗之爱，还是比不上正义和自尊，想想真是无奈，真是惊心。我看到和发现了这种无奈和惊心，被深深震撼了。我不能无动于衷。

张英 《河湾》依然写到了主人公的家族和历史，是半自传小说吗？

张炜 书中主人公的家族故事，读者容易看成"自传"，因为这是第一人称的缘故。它在行文中已标明是主人公的回忆录。从《你在高原》开始，只要写到家族历史这部分，都要努力绕开，因为作者最怕对号入座，这次也有相同的顾虑。《河湾》主人公的回忆严格依据母亲和外祖母当年的讲述，这样才有意义。

张英 你会关注互联网时代数字生活里年轻人的状态吗？

张炜 我非常关注年轻人的状态。他们有苦难，还有厌倦，这二者一块儿加在他们身上。我写《河湾》，主要是给年轻人的，好比是给他们的一封长信，地址不详，不知他们能否收到。

《河湾》写于数字科技发展繁盛的当下。数字时代不仅给人们带来了便利和愉悦，也带来了众多亟待处理的精神和物质问题，人类的长河流淌到当下的数字时代，再次面临拐弯的时刻；《河湾》中的人物面对数字时代的各种诱惑、创伤的冲击，始终致力于摆脱从众的潮流，寻找自己的一个角落进行思考和生活。《河湾》的主人公们要处理数字时代带来的无限问题和压力，这是每个人都会遇到的情况。《河湾》写了当下人们所面临的各种不可解脱的激烈矛盾，写了他们心灵的动荡，写了他们的溃败、胜利和逃脱。

今天，谁都无法绕开互联网这张巨网。它将互不相干的人拢在一起，让他们近在咫尺。无法调和的争执，更有暴露和鉴别，一一罗列开来。精神难以遮蔽，灵魂再无逃处。面对他者的撞击和撕裂，每个人都可以感受到强烈的冲击。在撕裂的网络面前，许多人都有类似的感受和痛楚。一对朋友，一个群体，互不相容，这是以前极少发生的。血缘、学历、友谊，甚至是聪慧，这时一概帮不上忙。一个正直聪明的人，在黑白分明的大是大非问题上，竟会昏聩到令人心身寒彻。这每每让人始料不及，陷入悲绝苦境。撕裂实属必然，告别在所难免。这是必须经受的惊涛骇浪。一个人的心弦没法松弛，最后只有崩断，渗出血来。

张英　如何紧跟时代的变化，在写作上保持"同频共振"？

张炜　任何时代包含的东西都特别复杂，如真的能追随时代——也不可能不追随，人不可能离开自己生活的时空。但一个时代包含的东西太多，作用于人的又大不相同。生活没有"前沿"和"后方"，也没有"生活的第一线"。打仗可以有第一线，工厂生产有第一线，但文学创作，要看写作对象。马尔克斯有篇小说，写一个人被一颗病牙折磨得死去活来，那么牙齿问题就是他的"第一线"。不能把他人的生活领域和兴趣强加给别人，作为个体，要根据写作的命题，深入自己的"第一线"。认真生活，不要把追求真理当成一句空话。要较真，太想得开的人，不太可能是好作家。想得太开，太超脱，更有可能是一个趣味作家、特色作家。托尔斯泰、歌德和鲁迅，都不是超脱于生活之外的人。作家有钱，能比托尔斯泰资产更多？托尔斯泰却那么痛苦，最后还是"想不开"。

张英 你从事文学创作 50 多年，写了 2000 多万字，可谓巨大的收获。你怎么看文学与时代的关系？

张炜 我学习写作较早，1972 年就组织了诗歌小组，苦于晚成。《木头车》是我文集里收录的所创作的第一篇小说，算起来已有 50 年，很像一场马拉松长跑。实际上，我对自己充满怀疑，也有疲惫的时候。我怀疑自己的能力，怀疑走过的道路。这并非不自信，而是不停劳动中自然出现的现象。这种怀疑和探寻让我产生往前奔跑的动力。我的创作有兴奋和满意的时候，但总体上不满意，总觉得能做得更好些。

长篇小说写作

张英 长篇小说对一个作家重要吗？你为什么会写长篇小说？

张炜 写作者到了一定年龄，积累的生活与心语渐多，不得不搬动更多的文字。长篇的重要性不言而喻，它可以集中体现精神的广度和深度，还有思想与艺术的纵深与厚度。它是实现复杂语言艺术最重要的途径。当然其他方向也不是没有综合完成的可能，如契诃夫和鲁迅，这两位大师都没有长篇小说的创作。他们是罕见的文学天才，应是个案。我如果不写长篇，对自己和家族的"秘书"工作就完成不了，因为有太多淤积的东西需要倾吐，有太多话需要诉说。

张英 你怎么看长篇小说的"长"和"厚"，思想、艺术表达上，包括篇幅上字数长短的"大"和"小"？

张炜 长篇小说写得越短越好，短篇和中篇小说也是同样的道理。数字时代尤其如此，大把地奢侈地使用文字的巴尔扎克时代一去不复返了。史诗也不再产生，如《奥德赛》，断不能出现在二十世纪之后。一部长篇小说，哪怕比应有的篇幅长出一万字，都需要很多坚实的理由。今天，文字阅读正面临空前挑战，纯文学写作者来到一个自我苛刻的时代。今天，要让文字变得精粹，一眼看去，是只有经历严格专业磨炼才能抵达的高度。

张英　你怎么看长篇小说的"长"和"重"？

张炜　长篇小说的"长"很重要，少于12万字通常不能称作长篇小说。但它的重量却不仅是长度造成的。轻率的长度没有重量。到了数字时代，堆积字数已非难事，而要做到精短却更难。精短又不失重量的长篇小说，是真正宝贵的。山东诗人孔孚有一首诗，内容极简，把减法做到了极致：内文只有一个"雾"字，快简得没字了。但他的大方向是对的。看托尔斯泰、巴尔扎克等大文豪写的经典名著，都是大把使用文字，写人物及风景，洋洋洒洒几万字。现在的文学作品已不可能这样奢侈了，必须使用减法，要尽可能用极简练的语言，更用心地领悟，用更绝妙的方法，达到与前辈作家同样的精准和力度。其实越用减法难度越高，要记住网络时代可读的文字太多，人们消遣的方式太多，正因如此，今天文字的使用才要更苛刻。一个作家把别人吸引到自己的文字前，需要多刻苦的训练和坚守，才能达到一点点效果。

张英　你欣赏什么样的长篇小说？

张炜　马尔克斯的《霍乱时期的爱情》《百年孤独》《迷宫中的将军》，索尔·贝娄的《赫索格》《洪堡的礼物》是最棒的长篇小说。阿斯图里亚斯的《玉米人》前三分之一写得最好，因为太好，以至于让人不好意思说整部书不好。格拉斯的《铁皮鼓》也是这样，前边写得特别好，让人不好意思说这部长篇不棒。帕慕克《我的名字叫红》结尾庸俗，但整部书缛密华丽。要举的例子太多。这些杰出的书有一个共同特点，都不突出工具性，而首先具备独特的、难以抵抗的生命魅力，是真正迷人的语言艺术。他们没有投人所好的宣示性和姿态性的"勇猛"，也不想在这方面显示自己的聪明。他们不属于东方。

张英 长篇小说热到现在已有几十年，你怎么看中国特有的长篇小说热现象？

张炜 大多数读者，喜欢长篇无非是追求曲折有趣的故事，因为长篇小说有丰富的情节元素。一般来说，这不是真正具备文学阅读能力的一部分人。真正深谙语言艺术的，并不在乎长短。比如鲁迅和马尔克斯的短篇，真是绝美，就吸引力来说一点都不比长篇差。中国当代文学阅读的总体品质还不够好，这是显而易见的。迎合他们，只会坏作家自己的事。

张英 长篇小说多，优秀作品少，你怎么看这个现象？

张炜 与二十世纪八十年代相比，如今的书店已是书山书海，其中有大量"文学"。这么多的纸质印刷品最后到哪去了？有人说绝大多数是垃圾，姑且不论这样说是否准确，就算是垃圾，它们大部分还是流到了读者的"胃"里。

纸质出版物排山倒海，网络上的"文学"更是波浪汹涌。我以前去韩国，当他们得知如今中国的文学写作者已达到了100多万，都表示震惊。仔细想一下又何止百万？朋友告诉我，中国每年大约有几万部长篇小说在网上流动，纸质印刷的长篇小说也有一万多部，中短篇、散文和诗更多。这么巨量的文学传播，这么多的写作者，真是史无前例，无论多么杰出的作家，多么新的面孔，都很容易被淹没掉。被誉为文学黄金时代的二十世纪八十年代，一年出版三五部长篇已算丰收。主流作家都在冲刺"全国优秀中短篇小说奖"，人们通常认为那是一个了不起的文学时代，但与今天相比，那时巨大的文学创造力还没被呼唤出来，参与者也远远没现在这样多。

国外的窗口被进一步打开，各国作品越来越多地被翻译进来，国内作品也越来越多地被翻译出去。这种交流的密度，也是前所未有的。作品外译应是正常的交流方式，却无形中成为中国人评价文学的某种标准，甚至变成了焦虑、渴望和向往，这是特殊时期的怪异现象。种种诱惑对写作者构成的压力是可以理解的，也是当今写作者遇到的困难。虽然每个时期都各有难题，但仍不同。现在发表的园地多了，网上也可以发表，挑战却变得更大：容易被蜂拥而至的泡沫覆盖。

万松浦书院与杂志

张英　你创办龙口万松浦书院有什么想法和目的？

张炜　我在《筑万松浦记》中说过，创办书院是为了衔接中国古代书院的内美，为流水线式的教育做个弥补。

二十世纪九十年代，我到一些大学演讲，多次被学生问到同一个问题："你当年有没有这种痛苦？我最好的青春年华，就这样被浪费在这，每天上课下课，听的都是我不需要的知识，有的甚至是十分讨厌的，可又不能退学。"不少人同意这样的看法：现在的大学很糟，许多问题积重难返。原因复杂，包括很多方面，比如教师队伍的扩充难以保证师资质量，比如大量扩招不能保证学生的质量——到处都在急剧地膨胀，建筑物越来越高大也越来越土气。有理想的师生越来越少，有责任心的越来越少。一切都是市场，是商业主义在统领——市场在选择教育，教育在破坏人文。让人有种窒息感。在这种可怕的教育环境里，越是低劣的品质，越容易脱颖而出。很多大学，正成为批量生产、贩卖知识、贩卖文凭的"工厂"。有的大学号称"国之重器"，却培养了一些缺乏家国情怀的利己主义者。

我们的教育能不能找到更好的方式，作为现代大学的一种补充形式，在一定程度上来解决这一问题？后来，我和朋友灵光闪现，想到中国历史长河中的书院。大家都感到亟须恢复中国传统教育，比如书院的个性传承，这种形态更有生长力。今天创办一座现代书院，以继承中国这笔了不起的文化遗产，延续其流脉，多么困难又多么有意义。一想起"书院"两字心里就发热。后来到不少有意思的地方看过，总想从荒林野地里看出一座书院的雏形。起源于唐、兴盛于宋、延续于元，影响波及全国，集讲学、藏书、祭祀等主要功能为一体的古代书院，在中华文明传承中发挥了十分独特而重要的作用。应天、岳麓、嵩阳、白鹿洞"四大书院"，因规模之大、持续之久、人才之多，闻名全国，威震八方。范仲淹、范成大、朱熹等一代代文化巨人，著作丰硕，影响深远。如果没有这一座座古代书院，没有这一代代文化巨擘，中华几千年文明的传承不可想象。

龙口地处半岛上的一个小小犄角，深入渤海，像是茫茫中的倾听或等待，更像是沉思。更好在它还是那个秦代大传奇的主角——徐士（徐福）的原籍，是他传奇人生的启航之地。滦河入海口处的古港曾被认为是他远涉日本的船队泊地，当然更多人认为是离它不远的黄河营古港：东去三华里，二者遥相呼应。一个更迷人的故事就发生在脚下：战国末期，强秦凌弱，只有最东方的齐国接收了海内最著名的流亡学士，创立了名噪天下的稷下学派。"百花齐放，百家争鸣"就源于稷下。随着暴秦东进、焚书坑儒和齐的最后灭亡，这批伟大的思想家不得不继续向东跋涉，来到地处边陲的半岛犄角"徐乡县"。这里成了新的"百花齐放之城"。而今天的滦河入海口离徐乡县古城遗址仅十华里，正是当年的出海口。

2003年9月29日，万松浦书院正式落成，由复旦大学、山东大学等国内名校共同倡议发起，具备传统书院的基本元素，如独立的院产、讲学游学及藏书和研修的功能、稳定和清晰的学术品格、以学术主持人为中心的立院方式、传播和弘扬文化的恒久决心和抱负等。

张英　你怎么看现代书院的功能与作用？

张炜　古书院素有三大要务：一是讲学，二是积书，三是接待游学。今天三大要务须一一承续。我在《筑万松浦记》中说："万松浦书院立起易，千百年后仍立则大不易。"21年只是走过了一小段路，还有漫长的道路等待我们坚定从容地走下去。我们要以"百年书院"为目标，要具有纯粹性和现代性，具体地做，扎实地做，不贪虚名，不求虚荣。对于书院的文化建设，我们有敬畏，有定力，有信心。书院是平等交流的论坛，智慧和思想在这里碰撞、交锋、升华，参与者努力发出自己最真实的声音。万松浦书院在建院之初，就做出一份文化保证，要继承传统书院讲学、积书、接待游学三大要务，但要屹立在现代社会，就需要像《万松浦》杂志的三个关键词所表述的——"纯粹、雅正、现代"。

张英　书院成立至今，已有21年，办刊、讲学、研究，达到你的目的了吗？

张炜　21年过去，基本上达到了原来设定的目标。讲学一直未断，学术成果也很多。书院的重要功能便是讲学，建成后有序组织了多种研讨交流活动，从书院本身到文学艺术，从教育到生活，涉及范围非常广泛，研讨内容非常深入。我们努力克服当代研讨会的种种弊端——假话、套话、不疼不痒的话、人云亦云的话，甚至阿谀奉承的话。这里没有权威，只有平等基础上的对话。这里没有客套，只有智慧的交流、观点的碰撞、思想的交锋。

书院自建院以来，定期举行的"万松浦讲坛"已形成独特的文化品牌；先后接待海内外学者数百人次；完成了开创性文化工程《徐福辞典》的编撰及出版发行；编辑大型书系"万松浦文库"；2008年设立"万松浦文学奖"，该奖项为世界华语文学奖，已连续举行14届。

创作与评论

张英　超越俗雅界限是所有好小说家的愿望，为什么只有很少几个作家在这个意义上取得了成功？

张炜　文学的俗与雅是不能调和的。俗就是俗，雅就是雅，自古如此。这当中不包括民间文学，那是另一回事。中国文学史上没有任何一部通俗小说进入了经典行列。当代文学也如此。通俗文学无论博得多少受众，都不会作为杰作长存。文学写作讲"段位"，不讲"人气"。一个民族的文学内核，通常十分坚硬，不是热闹不热闹。

通俗文学、雅文学是有分别的，专业读者大致一眼能看出来。举例讲，中国有四大名著，《红楼梦》《三国演义》《西游记》《水浒传》，只有一部雅文学《红楼梦》属个人的文学写作，其他三部不是通俗文学，是民间文学。民间文学是在漫长时间内，在极大范围内由无数人创造和传播，最后由文人整理记录而成。一般读者容易混淆一部作品是通俗文学还是雅文学，可用一两个办法判断：比如读到一部长篇，觉得很过瘾，但讲给别人时觉得没什么意思，因为无法转释，不能重复。雅文学是写给人看的，不是用来听的，需要一个字一个字、一个标点一个标点地去阅读。作家个人的语言、用词、结构，是一个系统。走进这个系统，才能进入他的作品。《红楼梦》这种书，读的时候特别有意思，如让说书人讲，就差很多。读起来过瘾，转释没意思或意思减半，这是纯文学的特征。语言与故事等元素的不可剥离，正是纯文学的一个重要特征。还有一个特征，即看了这部书感觉里面的人物既特异有趣，又有一定的不适应和陌生感，这大致会是一部雅文学作品。反过来，如觉得这本书写得太好，感觉书中的一切，从人物到故事，都像自己经历过的一样生动，像平时听过的差不多，那这很可能是通俗的、社会化的写作。雅文学中的人物与故事，只会出现一次，不会出现第二次：某些局部会在生活中重复，但总的来说它们在现实生活中几乎永远不会发生，这便是雅文学，是个人文学。

张英 小说家为什么都那么看重童年？童年生活经验对你的小说作用有多大？

张炜 童年是原初和规定。作家的童年时代对其一生的成长与书写都极重要。童年生活是开端，是不可替代的特殊阶段。虽童年经历只是人生很少的一部分，但它是记忆的"老巢"，各种各样的生活都从那开始，都堆积在那。那时的记忆尤其新鲜，所以也最难忘记。马尔克斯有一句妙语："生活不是我们活过的日子，而是我们记得住的日子。"一个人走了很长的人生之路，回头一看，会发现一路上的很多事和一些细节都忘掉了。每当回想往事，我们常常会有一种遗憾：这长长的一段时间里，能清晰记起来的并没有太多。这些记得住的片段叠加在一起，才构成我们平常所说的"日子"。从这个意义讲，童年时光是最难忘怀的，所以它在人生的经历中占据的比重更大，以至于形成了一个巨大的生活团块。童年经历会深深影响一个人，在很大程度上决定他的现在和未来。作家迷恋童年，回归和幻想、追寻自己的童年，当然有深刻的原因。最高的文学属于童年并通向童年，每一个写作者都感叹自己的童年一去不返，这不仅仅是留恋青春，更是留恋曾经拥有的认识力、那个时期的单纯、不顾一切指出真实的勇气。

张英　怎么看作家在写作上自觉和不自觉的重复现象？

张炜　一个作家写了 10 年，精神饱满，但 15 年、20 年后依然不重复自己，就比较难了。总是写一个地方就是重复？并非如此。有评论说，"从福克纳邮票大小的土地上看到世界"，这是一个比喻。是否重复，在于是不是仍然保持一种饱满的张力，有新的思考，是否回应了时代的新问题。会读的人能看到作家的精神，听到时代之弦被叩响的声音。好的文学一定是紧扣时代之弦的，看时代的精神之弦有没有叩响。

张英　你在写作上取得了一些成功，读者和批评界对你期待甚殷，这对你产生的是激励还是压力？

张炜　写作者的深刻自省要来自心灵，而不是外界的反映。这个关系一旦反过来就糟了，会被牵着鼻子走。写作者强大与否，主要看这一点。

张英　作为小说家，写作带给你的最大快感来源于哪方面——心理分析？行文时的节奏及语感？构造故事？陶醉于自己的才能？与读者对弈时迸发出的智慧火花？

张炜　好的写作虽然很累，但总体上还是对自己的一次犒赏。事实上往往是这样：最成功的写作首先会让自己陶醉。如果有这样的过程，其他人的反应就不太重要了。美好的写作就此完成，其他皆是以后，或者说皆不重要。

张英 作家的创作进入低潮期，对自身会形成消极的暗示作用，这是一道难过的关隘，你如何面对？

张炜 创作的低潮期就是困境期，这是正常的。好的作家，一般只要休息得好、身体好，低潮期很快就会过去。

张英 作为创作者，你怎么看作家和评论家之间的关系？

张炜 好的评论家和好的作家一样，很敏感，在语言艺术面前能够激越。没有这种能力的，成不了批评家，也成不了作家。任何时期，都会有一些批评家恪守最高的原则，当然这会因时代而不同。对一部作品，我们可以不谈，但不能把糟糕的作品说成好的作品。

张英 什么样的评论才是好评论？它通常有哪些特点？

张炜 好的文学评论应该是从语言的门进入，应该多评论"文学"本身。现在的文学评论大多不是在评论"文学"，而是在指点"社会"和"道德"，关心的事太大。还是要做真正的"文学"批评，这是主要的。文学既是语言艺术，就要关心语言，这是进入作品唯一的门。现在的门外之议太多。

张英 二十世纪八十年代，精读作品，尊重文本，和作家进行心灵对话，充满感性、审美、艺术性的评论，如今越来越少。

张炜 在我眼里，好的评论家也是作家，只是换了一种表述方式。作家有糟糕的，评论家也有糟糕的，但我们要跟踪、寻找这个时代的优秀者。有人说当代没有好作家，过去才有，外国才有，不足够遥远就不愿意说好，这是胆怯的表现。当代有好的作家，要去寻找。

作家是广义的，有的写散文，有的写诗，也有的写评论。好的评论家就是作家，他们在内容的敏感、语言的精准、思维的高度、精神的力量等方面，与作家是同行。千万别把翻译家、小说家、儿童文学作家、评论家等分得太清，他们的表述方式、运用的逻辑推论等不尽相同，但内在的难度和高度是相同的。

张英　在学院派崛起后，西方社会学、哲学、符号学等很多方法被引入文学评论，文学评论大于文学文本的现象、学理高于文本的现象屡见不鲜，你怎么看这些变化？

张炜　评论中的学院套话和社会套话是硬币的两面，都是缺乏审美能力的表征。只要不是从语言这扇门进入文本的，再时髦再宏大的话语，都没什么文学价值，不过用来评职称还好。

文学的现在与未来

张英　在有了发达的电影、电视之后，小说是否已经完成了它曾经担负的使命？就今天的情况看，小说的优势和专长在什么地方？

张炜　语言艺术是核心，也是基础。一个民族的文明结晶，最坚硬的仍是文学。它有娱乐功能且是深度的和强大的，但主要还不是我们所熟知的那种"娱乐"。电影和电视主要是娱乐大众的，是通俗艺术，它们构不成艺术中的硬通货。今天的小说已经不是传统意义上的了，它综括了更多要素，特别是诗与思这两个部分。所以所有传统意味较强的、缺乏现代主义内质的小说，都很难是一流的。这样的小说早该让电视之类取代。

张英 文学要被大众接受是否只能通过小说改编成为电影、电视剧？如果单纯靠小说自身的魅力打动读者，获得市场，是否意味着小说必须向大众的趣味妥协、靠近？

张炜 真正杰出的文学，一定具有拒绝和抗斥改编的特性。这不是作者故意为之，而是由它的品质决定的。米兰·昆德拉说："我尽一切努力，只为了写出不能被改编成电影的小说。"马尔克斯说："一流的小说改编不出成功的电影，而二三流的小说通常最容易改成好的电影。"这二位都是方家，他们的话可作参考。

张英 公众对纪实类文学的偏好是否会最终将小说的虚构本质推翻？越来越多的小说家转向非虚构创作，虚构小说的前途已岌岌可危了吗？

张炜 第一流的虚构作品是语言艺术的结晶，它能给人提供思想的滋养与阅读的快感，在生命深层引起思悟与震撼，其他的文字类型是永远难以抵达的。这从世界文学史可以看得更清楚，今后也是这样。

张英 今年有很热的一种现象是"AI写作"。作为写作者，你怎么看AI机器人写作？

张炜 人类能够干好，而AI不能的，"诗"算一类。以诗为核心的文学，可能是人类所面临的最困难的工作，AI是无法帮忙的。

一本书打开一个世界

欢迎订购、合作

订购电话：0571-85153371

服务热线：0571-85152727

KEY- 可以文化 　　浙江文艺出版社 　　京东自营店

关注 KEY- 可以文化、浙江文艺出版社公众号，
及浙江文艺出版社京东自营店，随时获取最新图书资讯，
享受最优购书福利以及意想不到的作家惊喜